KB211133

그는 나보다 옳도다

You are more righteous than I

김양재 목사의 큐티강해 창세기9

그는 나보다 옳도다

You are more righteous than I

김양재 지음

QTM

이 책을 펴내며

1970년도에 4.53명이던 우리나라 합계출산율이 해마다 떨어져 올해 1분기에는 0.76명으로 급락했다는 기사를 접했습니다. 이런 추이라면 2024년도 현재 5천175만 명인 우리나라 인구가 2800년도에는 0명이 될 것이라고 합니다.

하나님은 우리에게 "생육하고 번성하라" 말씀하셨습니다(창 1:28). 이것은 청유가 아닌 '명령'입니다. 즉, 생명을 낳고 기르는 일은 해도 되고 안 해도 되는 것이 아니라, 반드시 지켜야 하는 말씀입니다.

요즘 젊은 부부들에게 임신과 출산은 기피하고 싶은 일이 됐습니다. '내 몸 하나 건사하기 바쁜 세상에 무슨 아이야……', '먹고살 돈도 부족한데 어떻게 아이를 낳아 양육하겠어……' 하면서 자녀 낳는 일을 마치 인생의 짐 같게 여깁니다. 그래서 고민도 없이 낙태하고, 당당하게 비혼(非婚)을 선언하는 청년들도 갈수록 늘어납니다. 곧 나라가 없어질 위기에 처했는데도 나만 편하게 잘살면 그만이라고 합니다. 모두 자기가 왕이라서, 자기가 우주의 중심이라서 그렇습니다. 이런 자기중심성이야말로 에서의 가치관, 유한한 세상 나라의 가치관이라 할 수 있습니다. 그런데 예수님을 믿는다고 하는 우리도 점점 이런 세태에 물드는 것 같아서 걱정입니다.

성경은 자기중심성이 한 나라를 넘어 '예수 씨'를 멸절시킬 수 있는 죄라고 분명히 말합니다.

열왕기하 11장을 보면, 남유다의 왕비 아달랴가 "그의 아들이 죽은 것을 보고 일어나 왕의 자손을 모두 멸절"합니다(왕하 11:1). 아달랴는 바알 우상을 숭배하는 북이스라엘의 아합 왕과 이세벨 왕비의 딸로 남유다 왕가로 시집을 갔습니다. 자신은 왕비요, 아버지도 왕, 남편도 왕, 아들도 왕인 한마디로 로열패밀리 중의 로열패밀리입니다.

그런데 그는 거기에 만족하지 않고 아들 아하시야가 살해당하자 자기가 왕이 되고자 왕의 남은 자손들을 모조리 죽입니다. 남유다는 '다윗 왕가' 아닙니까? 그러니까 다윗의 씨, 즉 예수 씨를 끊으려 한 것입니다. 여호세바가 조카 요아스를 성전으로 몰래 빼내지 않았다면 예수님이 못 오실 뻔했습니다(왕하 11:2). 하나님의 언약을 믿고 따른 여호세바가 목숨을 걸고서 꺼져 가는 예수 씨를 살려냈습니다.

우리가 이제 묵상할 창세기에도 수치와 죽음을 무릅쓰고 예수 씨를 살려낸 한 여인이 등장합니다. 바로 유다의 며느리 '다말'입니다.

한 가지 특이한 점은 그 전까지 요셉의 이야기가 쭉 이어지다가 38장에서 유다와 다말의 이야기가 느닷없이 등장한다는 것입니다. 그만큼 유다와 다말의 구속사가 중요하기에 하나님이 급하게 끼워 넣으신 겁니다.

세속사로 보면 시아버지와 며느리가 동침하여 대를 이은 유다와 다말의 스토리는 입에 담기조차 싫은 수치입니다. 하지만 다말이 욕정에 이끌려서 벌인 일이 결코 아닙니다. 오직 하나님의 언약을 잇기 위하여, 즉 '예수 씨'를 낳기 위해서 수치를 무릅쓰고 나아간 것입니다.

유다도 다말이 믿음으로 적용한 걸 알고 하나님의 언약을 멸시한 자신의 죄를 비로소 깨닫게 되었습니다. 그리고 고백하죠.

"그는 나보다 옳도다!"
"She is more righteous than I⋯⋯!"

성경에서 가장 위대한 문장입니다. 창세기의 키워드라고도 할 수 있습니다. '예수 씨를 지킨 이방 여인 다말이, 믿음의 집안이라 하면서 자기중심대로 살던 나보다 옳다'는 겁니다. 다말의 믿음의 적용과 유다의 이런 죄 고백으로 말미암아, 그들은 빛나는 구속사의 계보에 올랐습니다. 예수 그리스도의 계보에 그 이름을 찬란히 올렸습니다 (마 1:3). 할렐루야!

자기중심대로 살다가는 내 안의 예수 씨도, 우리 가정의 예수 씨도 말라 버리고 말 것입니다. 예수 씨를 지키는 길은 다른 것이 없습니다. "당신이 나보다 옳습니다"라는 고백이 예수 씨를 지키는 출발점입니다. 어떤 수치스러운 사건에서도 나의 죄를 돌아보고, 언약을 붙들기 위해 "당신이 나보다 옳도다!" 하면 예수님이 방문해 주십니다. 내 인생에, 가정에, 사회와 나라에도 예수 씨가 이어질 것입니다.

"그는 나보다 옳도다!", "하나님이 100% 옳으시다!" 진실로 고백함으로 예수 그리스도의 계보에 오르는 은혜가 여러분에게도 임하길 축원합니다.

2024년 7월
우리들교회 담임목사 김양재

차례

PART 1

벧엘로

1 장

벧엘로
올라가라

창세기 35장 1~7절

하나님 아버지, 이 위기의 때에
"벧엘로 올라가라"고 하십니다.
그 하나님의 뜻을 알기 원합니다.
말씀하여 주옵소서. 듣겠습니다.

이 말씀으로 설교할 무렵인 2010년, 천안함이 피격되는 사건이 일어
나 남북이 긴장 관계에 들어갔습니다. 옛날 같으면 온 나라가 긴장할
텐데 한쪽에서는 별로 심각히 여기지 않았습니다. 이 사태를 놓고 여
야가 대치되는 것이 오히려 더 심각해 보였습니다. 그동안 "늑대가 나
타났다"를 너무 남발해서 그럴까요? 그러나 내일 일을 모르는 겁니
다. 쥐도 궁지에 몰리면 고양이를 물고 자폭할 수 있습니다. 지금까지
남한도 고생고생하고 이만큼 살게 되었는데 전쟁이 나서 한꺼번에
파괴되고 무너지면 억울해서 어떡합니까?

6·25 전쟁 전에 우리 삶이 어땠는지를 잊어서는 안 됩니다. 하나

님의 은혜로 이만큼 살게 되었는데 다들 잊고 삽니다. 북한과 남한은 서로 다르지 않은 한 민족입니다. 저는 그 난리통에 북한에서 남한으로 피난을 내려왔으니까 영원히 잊을 수 없는 것이 있습니다. 그때 남한 백성이 북한 백성을 무조건 받아 주었습니다. 저도 이북내기라고 차별받은 기억은 없습니다. 아직도 동서 간에 지역감정이 있지만 이북에서 내려온 사람은 멸시하지 않습니다. 그래서 하나님께서 이렇게 남한을 축복하시는 겁니다. 그것을 하나님은 생각하고 기억하시는데 우리 남한 백성은 그 은혜를 다들 잊고 있습니다.

야곱도 하나님이 베풀어 주신 은혜를 다 잊어버리고 세겜에서 살다가 지금 위기를 만났습니다. 오도 가도 못하는 위기 속에서 가족까지 다 몰살당할 지경이 되었습니다. 참으로 징한 야곱입니다. 야곱만 그렇습니까? 우리도 참 징합니다.

그런데 하나님은 야곱에게 또다시 해결책을 주십니다. "벧엘로 올라가라!" 말씀하십니다. 이 위기의 때에 벧엘로 올라가서 무엇을 하라고 하실까요?

서원을 지켜야 합니다

하나님이 야곱에게 이르시되 일어나 벧엘로 올라가서 거기 거주하며 네가 네 형 에서의 낯을 피하여 도망하던 때에 네게 나타났던 하나님께 거기서 제단을 쌓으라 하신지라 _창 35:1

"벧엘로 올라가라"고 명하시는 하나님입니다. 벧엘이 어디입니까? 자신을 죽이려는 형을 피해서 도망가던 야곱이 빈 들에서 잠을 자다가 사닥다리 환상을 보고 돌 기둥을 세운 후 그곳 이름을 '벧엘'이라 했습니다. 원어로는 '뻬트 엘로힘', '하나님의 성전', '하나님의 집'이라는 뜻입니다(창 28:11~22).

이사야 2장 3절에 "오라 우리가 여호와의 산에 오르며 야곱의 하나님의 전에 이르자 그가 그의 길을 우리에게 가르치실 것이라"고 했습니다. 그렇다면 하나님은 야곱에게는 무엇을 가르치시려고 "벧엘로 올라가라!" 하셨을까요? 세겜 땅에 오래 안주하면서 잊어버린 서원을 지키도록 가르치시기 위해서입니다. 야곱이 벧엘에서 하나님께 드린 서원이 무엇입니까?

"야곱이 서원하여 이르되 하나님이 나와 함께 계셔서 내가 가는 이 길에서 나를 지키시고 먹을 떡과 입을 옷을 주시어, 내가 평안히 아버지 집으로 돌아가게 하시오면 여호와께서 나의 하나님이 되실 것이요, 내가 기둥으로 세운 이 돌이 하나님의 집이 될 것이요 하나님께서 내게 주신 모든 것에서 십분의 일을 내가 반드시 하나님께 드리겠나이다 하였더라"(창 28:20~22).

하나님은 야곱의 이 서원을 신실하게 다 이루어 주시고, 야곱을 심히 번성하게 하셨습니다. 20년간 야곱이 삼촌 라반에게 당하는 걸 다 지켜보시고 "나는 벧엘의 하나님이라 네가 거기서 기둥에 기름을 붓고 거기서 내게 서원하였으니 지금 일어나 이곳을 떠나서 네 출생지로 돌아가라"(창 31:13) 명령하셨습니다.

그런데 그동안 야곱이 어찌했습니까? 벧엘과 유사한 세겜 땅에서 10여 년이나 "니나노~" 하면서 세상에 취했습니다. 힘들 때는 순종을 잘했지만 편안하니까 세겜에 그냥 눌러앉았습니다. 물론 그곳에서 제단을 쌓고 "엘엘로헤이스라엘" 하며 예배를 드리기는 했습니다 (창 33:20). 하지만 그것은 자기 마음대로 드린 예배였습니다. 야곱의 생각에 편한 대로 드린 예배였습니다. 서원도 새까맣게 잊어버렸습니다.

『유사 그리스도인』의 저자 매튜 미드(Matthew Mead)는 "우리는 환난 날에는 맹세하지만 은혜의 날에는 맹세한 대로 행할 생각이 전혀 없어진다"라고 했습니다.

정말 그렇습니다. 우리는 "다시는 죄를 범하지 않을 거야" 하지만 이런 결심이나 약속은 죄를 없애지 못합니다. 사울 왕도 죄를 짓지 않기로 결심하고 약속했습니다. 바로도 하나님의 백성을 억류하는 죄를 다시는 범하지 않기로 결심하고 약속했습니다. 그러나 사울도, 바로도 다 죄 가운데서 멸망했습니다.

죄를 범하지 않도록 우리를 돕는 것은 새로운 결심이 아닙니다. '새로운 본성'이 필요합니다. 거듭나야 하는 것입니다.

음란과 살인과 공포의 비극이 쉬지 않는 세겜은 악하고 음란한 이 세상을 상징합니다. 하나님은 이 캄캄한 세겜의 죄악 세상에서 우리를 부르시고 "이제 벧엘로 올라가라" 하십니다. 각자 실패한 자리, 위기에 빠진 자리에서 일어서게 하십니다.

그렇다면 지금 야곱은 어떤 위기에 빠져 있습니까?

야곱은 그토록 꿈꾸던 평안을 이제야 맛보았습니다. 그러자 에서의 낯을 피해서 도망갈 때 나를 만나 주시고, 군대로 도와주신 하나님을 다 잊어버렸습니다. 인생이 재미있어지니까 '고향에 안 가면 뭐 어때?' 하며 하나님 명령 지키기는 뒷전으로 미룹니다. 그러니 벧엘에 거의 다 와서 못 올라가고 있는 겁니다.

우리가 다 그렇습니다. 야곱처럼 하나님도 잊고, 고향도 잊고, 서원도 잊고, 남은 인생을 편히 살면 얼마나 좋겠습니까? 그러나 택한 자에게 그런 일은 절대 없습니다. 비행기에서 떨어져도 산 사람이 있고, 강물에 빠져도 살아난 사람이 있지만, 하나님의 은혜의 장소를 떠나서 살아난 사람은 한 명도 없습니다.

야곱도 예외가 아닙니다. 딸 디나가 강간당하고 아들들이 세겜 족속을 죽인 일이 괜히 일어났겠습니까? 생각해 보세요. 이 믿음의 아들들이 거짓말을 해서 사람을 죽이고 세겜 족속을 멸절하니까 그 옆에 가나안의 협력 군사들이 가만히 있겠습니까? 당장 야곱을 공격하러 오는 상황이 벌어진 것입니다(창 34:30). 지금까지 숱한 위기를 겪은 야곱이지만 이번에는 그 차원이 다릅니다. 재산과 가족, 이 모든 걸 하루아침에 빼앗길 지경이 되었습니다. 그 대상도 에서나 라반 같은 일가친척이 아닙니다. 이방인입니다. 서원도 잊고 딴청 부리며 살다가 인생 최대의 위기를 맞이한 것입니다.

그런데 이때 감사하게도 하나님이 또다시 야곱을 찾아오셨습니다. 형 에서를 피해 도망가다 돌베개 베고 잠잘 때 나타나셔서 약속을 주셨던 그 하나님이 또다시 찾아오셔서 "일어나 벧엘로 올라가라" 하시는 것입니다. 안 들렸던 하나님의 음성이 다시 들리게 된 겁니다.

우리가 있어야 할 곳은 성전입니다. 갈 곳도 하나님의 품밖에 없습니다. 지은 죄가 아무리 무겁고 커도 그렇습니다. "일어나 벧엘로 올라가라" 명령하시면 당장 순종해야 합니다. 이것이 시간 낭비를 최소로 줄이는 길입니다.

여러분은 지금 어떻습니까? 이리 봐도 저리 봐도 길이 없다면 바로 지금, 오늘 일어나서 벧엘로 올라가야 합니다. 주를 떠나 있는 자는 지금은 좋아 보여도 떠나 있는 시간만큼 세월을 낭비하는 것입니다. 아무리 좋은 세상 것도 하나님의 품과는 비교할 게 못 됩니다. 주님 품을 떠나는 순간부터는 마치 땔감처럼 점점 타들어 가는 인생의 카운트다운이 시작될 뿐입니다. 그 끝에는 죄와 슬픔과 불행밖에는 남는 것이 없습니다. 그 이상도 이하도 아닙니다.

『다윗의 장막』이라는 책을 쓴 토미 테니(Tommy Tenney) 목사가 말했습니다.

"하나님과의 언약이 무너지고 부서진다면 우리의 모든 사역은 그저 일거리에 지나지 않는다. 하나님이 드시는 양식은 우리가 드리는 예배밖에 없다. 하나님이 열심히 찾으시는 한 가지가 예배자들이다. 하나님은 이미 모든 금맥과 다이아몬드 지층이 어디 있는지 잘 알고 계시다. 그런데 정말 희귀한 것은 금이나 다이아몬드가 아니고 예배자들이다."

크리스천에게는 'Balanced Life'가 참 중요합니다. 별일 없이 살면 다들 자기가 잘나서 잘 사는 줄 압니다. 스스로 삶의 균형을 잡기가 참 힘듭니다. 그래서 하나님은 우리가 균형을 유지하도록 우리 환경에 지속적인 수정을 가하십니다. 야곱을 보세요. 딸 디나가 할례받지 않는 자에게 강간당하고, 아들들이 살인하는 일까지 겪게 하셨습니다. 이렇게 해서라도 야곱이 균형 잡게 하신 겁니다. 그로 하여금 서원을 지키도록 이끄신 것입니다.

주님이 내 삶을 손보고 계십니까? 빨리 하나님의 집에 올라가 예배하고 나의 하나님을 부르시기 바랍니다. 십일조 신앙부터 회복하기를 바랍니다. 물질이 가는 데에 나의 마음도 가기 때문입니다. 이것이 균형을 이루는 길이요, 하나님께 서원을 갚는 길입니다.

+ 나는 하나님께 서원한 적이 있습니까? 그 서원은 무엇입니까? 신실히 지켰습니까?
+ 지금 나는 어떤 위기에 처해 있습니까? 이 위기의 사건과 환경이 내가 서원한 대로 행하지 않았기 때문이요, 나로 하여금 균형을 유지하도록 하나님이 지속적인 수정을 가하시는 사건임이 인정됩니까? 그래서 바로 지금 이 벧엘로 올라가야 할 때임이 믿어집니까?

가족 구원에 힘써야 합니다

2 야곱이 이에 자기 집안 사람과 자기와 함께 한 모든 자에게 이르되 너희 중에 있는 이방 신상들을 버리고 자신을 정결하게 하고 너희들의 의복을 바꾸어 입으라 3 우리가 일어나 벧엘로 올라가자 내 환난 날에 내

게 응답하시며 내가 가는 길에서 나와 함께하신 하나님께 내가 거기서 제단을 쌓으려 하노라 하매_창 35:2~3

어떤 하나님입니까? 3절에 '내 환난 날에 내게 응답하시는' 하나님입니다. 야곱은 자기 집안의 모든 식구에게 공개적인 신앙고백이 필요하다는 것을 깨달았습니다. 그래서 야곱은 지금이 환난 날임을 인정하며, 그동안 나와 함께하신 하나님께 예배를 드리겠다고 선포합니다.

사실 그래요. 지난 20년간 야곱이 라반의 집에서 수고할 때 다른 가족들에게 무슨 고난이 있었겠습니까? 레아와 라헬 사이에 시기와 경쟁이 일긴 했지만 죽고 사는 문제는 아니었습니다. 그러니 별 곤고함이 없었겠죠. 그러나 지금은 다릅니다. 음란과 살인이라는 끔찍한 사건이 온 집안을 덮쳤습니다. 온 식구의 마음이 곤고해졌습니다. 그러자 비로소 모두가 함께 예배드리게 됐습니다.

그동안 야곱이 벧엘에 올라가지 못한 이유는 또 있습니다. 야곱을 제외한 집안사람 모두가 밧단아람 출신이기에 그중에는 우상에 동화된 자도 많았습니다. 심지어 사랑하는 아내 라헬까지 드라빔을 섬기지 않았습니까(창 31:19). 그러니 그들을 이끌고 다시 벧엘로 가기는 너무나 어려웠겠죠.

아버지 이삭이 있는 헤브론까지 그리 멀지도 않은데 야곱이 다 와서는 십여 년을 지체하고 있습니다. 아버지까지 속이며 장자의 축복을 받고 떠났는데, 내 식구들이 예수를 믿는 건지 아닌지 확실치 않으니까 아버지께 당당히 가지 못하는 겁니다. 그렇게 하루, 이틀……

지체하다 보니 '그냥 이러고 살자' 안주하고 싶은 마음이 들었겠지요. "여기가 너무 좋사오니"가 된 것입니다. 자기 가족은 물론 자기와 함께한 모든 사람의 구원에 대한 관심도 점점 잃었습니다. 영적인 것에 관심을 잃었습니다. 문제 부모의 전형적인 모습입니다.

딸 디나가 강간을 당했는데도 야곱은 그 사건에 침묵했습니다. 해결은 아들들이 하게 했습니다. 그때 '하나님께 물어 이르되' 하는 아들도 없었습니다. 영적인 땅이 아닌 이방 땅 세겜에 머물다 보니 다들 자기감정에 따라 춤췄습니다. 복수심만 난무해서 급기야 살인 사건까지 난 것입니다.

믿음의 가정을 영적 권위로 다스리려면 내가 먼저 말씀에 순종해야 합니다. 말씀대로 믿고 살고 누려야 합니다. 그런데 그린 모습을 보이지 못했으니 야곱인들 무슨 권위가 있었겠습니까? 그러다 환난을 당하니까 정신을 차립니다. 세겜에서 "여기가 좋사오니" 하고 사는 게 복이 아니라는 걸 깨달은 것입니다. 그래서 모든 가족과 함께 벧엘로 올라가기로 결정합니다. 환난 가운데, 위기 가운데 집안 식구들의 구원에 관심이 생긴 겁니다.

우리도 그렇죠. 내 가족의 구원에 대해 마냥 손 놓고 있으면 안 됩니다. 자녀들이 결혼할 때가 되어서야 '안 믿는 사위가, 안 믿는 며느리가 들어오면 어쩌나……' 해서는 안 됩니다. 미리미리 관심을 가져야 합니다. 내 자녀들이 신(信)결혼할 수 있도록 어릴 적부터 두 손 꼭 잡고, 함께 벧엘로 올라가야 합니다. 함께 제단을 쌓고, 양육하고, 기도해야 합니다. 그런데 이게 정말 어렵습니다. 막상 눈앞에 문제가 들이닥치기 전까지는 적용하기가 너무 힘듭니다.

야곱이 그랬습니다. 환난을 당하고야 세겜에서 안락한 생활이 자식들에게 복이 아니고 독이란 것을 깨닫게 된 것입니다. 그리고 비로소 영적인 가장의 권위를 세워서 "우리 함께 하나님의 집으로, 하나님의 전으로 예배드리러 올라가자" 하고 말한 것입니다.

가족 구원에 대해서 확신이 없으면 이런 이야기를 아무나 못 합니다. 전도도 그렇습니다. 구원에 대한 확신이 있어야 합니다. 한번은 우리들교회 성도들과 함께 결혼식에 참석했는데, 글쎄 우리 성도들이 처음 보는 사람들 좌우에 앉아서 죄다 전도를 하고 계시는 겁니다. 확신이 없으면 그 교양이 있는 자리에서 가당키나 한 일입니까? '천국에 같이 가야지' 하는 사랑의 마음이 있고, 확신이 있고, 목적이 있으니 그럴 수 있는 것이지요.

그간 세겜에서도 예배는 열심히 드렸던 야곱입니다. 하지만 서원도 새까맣게 잊고, 하나님의 집이 아닌 곳에서 자기 마음대로, 자기 생각에 편한 대로 열심히 예배만 드리면 뭐 하겠습니까? 그것은 어디까지나 양다리 믿음에 불과합니다. 우리도 그렇지요. 한쪽 발은 교회에, 한쪽 발은 세상에 푹 담그고, 양다리 신앙으로 평생 탈 없이 살면 얼마나 좋겠습니까? 하지만 그런 것은 없습니다. 양다리 걸치고도 '나는 믿음 생활 잘하고 있다' 착각하면 안 됩니다. 야곱도 딸이 능욕당하고, 아들이 살인하는 사건을 당하고서야 양다리 신앙으로는 안 되는 것을 알았습니다.

야곱의 온 집안사람도 그렇습니다. 위기에 빠져드니까 이제야 야곱과 말이 통합니다. 하나님이 이 믿음의 집안에 이처럼 끔찍한 사건이 일어나게 하신 이유가 바로 여기에 있습니다. 집안사람 모두가 함께 예배드리라고, 모든 식구에게도 곤고한 마음을 허락하신 것입니다. 그래서 '고난이 축복'입니다.

+ 나는 집안 식구들의 구원에 얼마나 관심이 있습니까? 가족의 구원을 위해 어떤 수고를 하고 있습니까?
+ 한쪽 발은 교회에 담고 다른 한쪽 발은 세상에 푹 담고 있지는 않습니까? 돈, 명예, 성공, 쾌락, 음란, 술······ 내 한쪽 발은 어디에 푹 담겨 있습니까? 이런 양다리 신앙생활을 하면서도 '나는 믿음 생활 잘하고 있다'라고 착각하고 있지는 않습니까?
+ 나에게 '고난이 축복'이 된 사건은 무엇입니까?

회개하고 개혁해야 합니다

야곱이 이에 자기 집안 사람과 자기와 함께 한 모든 자에게 이르되 너희 중에 있는 이방 신상들을 버리고 자신을 정결하게 하고 너희들의 의복을 바꾸어 입으라_창 35:2

"의복을 바꾸어 입으라"는 야곱의 말은 곧 "구체적으로 생활을 개혁하라, 죄에서 떠나라"는 뜻입니다. 야곱으로서는 처음으로 집안 사람들에게 진정한 생활의 개혁을 요구합니다. 집안에서 일어난 강간과 살인 사건이 이방 문화의 영향 때문임을 절실히 깨달은 것입니다. 환경이 이렇게 무섭습니다.

그렇다면 야곱이 제시한 세 가지 개혁안이 무엇입니까? 벧엘로 올라가기 위해, 하나님께 나아가기 위해 우리 자세를 어떻게 바로잡아야 합니까?

첫째, '이방 신상을 버리라'고 합니다.

내가 절하던 우상 단지, 조각목들을 다 버리라는 깃입니다. 그토록 사랑하는 아내 라헬에게도 싫은 소리를 마다하지 않고 "이제는 드라빔을 버리라" 합니다. 그동안 라헬이 드라빔을 얼마나 소중히 여겼습니까? 사랑하는 아버지 라반으로부터 훔쳐 온 드라빔입니다. 그런데 라헬도 그토록 집착하던 드라빔이란 우상을 버렸습니다. 우리 아버지가 안 믿는 사람이면 그 아버지가 아무리 귀한 것을 주시더라도 이제는 좀 버려야 합니다. 보이는 우상뿐만이 아닙니다. 눈에 보이지 않는 우상이 더 무섭습니다. 자기중심적인 이기심, 미움과 시기 질투, 음란과 욕심…… 이런 것들을 다 버리라는 것입니다.

둘째, '마음을 정결하게 하라'고 합니다.

마음이 청결한 자는 하나님을 볼 것이라고 했습니다(마 5:8). 그러므로 야곱의 이 말은 곧 겸손한 마음, 애통한 마음, 상한 마음으로 회개하라는 것입니다.

셋째, '의복을 바꾸어 입으라'고 합니다.

이 명령을 먼저 문자 그대로 적용하자면, 하나님 집, 교회에 올 때 여러분의 옷 중에서 가장 깨끗하고 정결한 옷을 좀 입고 오기를 바랍니다. 어떤 사람은 회사에는 쫙 빼입고 가면서 주일에는 대충 걸치고, 면도도 안 하고 오는데 그러면 안 됩니다. 아무리 그래도 그렇지, 하나님 앞에서는 갖추어야 할 마음가짐이 있는 겁니다.

그런데 강남 한복판에서 목회하며 이런 말씀을 드렸더니 온몸에 명품을 쫙 걸치고 오는 분이 있었습니다. 그러니 이런 권면도 함부로 해서는 안 된다는 것을 알았습니다. 예의를 갖추고 제일 좋은 옷을 입는 적용도 여기가 다르고 저기가 다릅니다. 적용하더라도 남과 비교하고, 시기와 질투의 마음으로 하면 안 됩니다. 누가 보든 말든 내가 하나님 앞에서 제일 깨끗하고 정결한 옷을 입고 오는 이것이 영육 간에 의복을 바꾸어 입는 적용입니다.

야곱이 "의복을 바꾸어 입으라" 이른 것은 곧 "세겜의 의복을 벗으라"는 뜻입니다. 이제는 크리스천으로서 의(義)의 예복을 입으라는 것입니다(마 22:11~13). 우리도 그렇습니다. 어디를 가든지 의의 옷을 입고 크리스천임을 나타내야 합니다.

결혼식장에 하객으로 가서 처음 보는 사람에게 "저는 크리스천입니다. 예수 믿으세요" 하기란 그리 쉽지 않습니다. 하지만 이제는 그러라는 것이 야곱의 명령 속에 숨은 뜻입니다. 내가 크리스천임을 밖으로도 나타내라고 합니다. 야곱의 가족들도 이 말에 다 순종합니다. 순종이 제사보다 낫다고 했습니다(삼상 15:22). 히브리서 13장 7절에도 "하나님의 말씀을 너희에게 일러 주고 너희를 인도하던 자들을 생각하며 그들의 행실의 결말을 주의하여 보고 그들의 믿음을 본받으라"고 했습니다. 하지만 이렇게 적용하는 게 참 쉽지 않습니다.

우리들교회 목장 보고서를 보니 한 목자님이 "언제부턴가 목사님 설교 말씀이 안 들리기 시작하다가 사건이 딱 터지니까 다시 잘 들리더라"고 고백하셨더군요. 그러니 하나님이 사건을 주시는 게 복입니까, 안 주시는 게 복입니까?

어떤 분은 PC에 저장해 두었던 '야동'을 휴지통에 싹 버렸는데 무료한 토요일 오후가 되니까 자기도 모르게 그걸 복원해서 보려고 휴지통을 뒤지더랍니다. 또 어떤 분은 사업하면서 접대하다 보니 술을 안 먹을 수도 없고, 노래방 2차 가는 것이 늘 마음에 걸린답니다. 이렇듯 죄를 끊는 것은 쉬운 일이 아닙니다.

> 그들이 자기 손에 있는 모든 이방 신상들과 자기 귀에 있는 귀고리들을 야곱에게 주는지라 야곱이 그것들을 세겜 근처 상수리나무 아래에 묻고_창 35:4

야곱이 먼저 고백하니까 함께한 사람들이 자발적으로 우상 단지를 내려놓았습니다. 아브라함 할아버지를 흉내 내며 세겜에서 드리던 유사 그리스도인의 예배에 종지부를 찍기로 결단한 것입니다. 야곱은 완전한 적용을 위해 그것들을 상수리나무 아래에 묻었습니다. 야곱의 집안사람들로서는 세상에서 가장 귀한 것을 묻은 겁니다. 하지만 알고 보면 이것들은 세겜에서 약탈한 물건들입니다. 이방 신상들이나 금붙이 등 주술적인 것들입니다. 그런 것들을 하나님께 드린다고 모아 두어선 안 됩니다. 단호히 버려야 합니다. 세상에서 약탈한 이방 신상과 소유를 가져가면 뭣하겠습니까. 세상에 묻어야 합니다.

세겜에서의 사건은 결국 외부의 문제 때문이 아닙니다. 야곱과 그 집안의 내부 개혁이 아주 시급했기 때문입니다.

십수 년 전 우리가 겪었던 천안함 사건도 그렇습니다. 내부의 문제가 더 심각했습니다. 그 문제를 상수리나무 안에 묻어야 합니다. 부부가 하나 되지 못하면 돈이 새고, 자녀 교육이 새고, 다 새는 겁니다. 나라도 이곳저곳이 새게 되어 있는 겁니다. 북한이 대한민국 군함을 공격해서 침몰시켰는데 국론이 분열되는 나라는 세상에 아마 우리나라밖에 없을 겁니다. 여차하면 전쟁이 나서 내일 어떻게 될지 모르는 판국인데 국론이 분열되다니요. 그만큼 우리가 배부르고 등 따스워진 겁니다. '그까짓 일로 전쟁 안 난다' 하다가 나중에 후회하지 말고, 이런 일이 일어나면 나라 걱정부터 해야 합니다. 내부 개혁이 중요합니다.

야곱이 모든 우상 단지와 귀고리들을 상수리나무 아래에 묻어 버린 것은 속죄의 의미뿐만이 아닙니다. 당시엔 공인된 제사장이 없었으니 그로써 '내게 주신 모든 것의 십분의 일을 드리겠다'는 서원을 이행한 것입니다.

멀쩡하게 신앙생활 잘하면서도 "나는 여태까지 십일조를 안 드렸다"는 분들이 더러 있습니다. 그저 복받기 위해 십일조를 드리는 분도 있습니다. 다 유사 그리스도인입니다. 십일조는 신앙고백으로 드리란 말이 여기서 나온 겁니다.

히브리서 12장 1절에 "모든 무거운 것과 얽매이기 쉬운 죄를 벗어 버리고"라고 했습니다. 영어 번역 성경이 총 스물여섯 가지인데, 이 히브리서 12장 1절 말씀은 저마다 조금 다르게 번역했습니다. 어떤 성경은 "모든 거추장스러운 것을 벗어 버리라" 하고, 어떤 성경은 "장애물을 내던져 버리라" 하고, "우리를 방해하는 모든 것을 내려놓으라", "우리를 무겁게 짓누르는 모든 것을 제거하라"고 번역한 성경도 있습니다.

토미 테니(Tommy Tenney) 목사는 이런 번역들을 인용하며 '개혁이란 실제적으로 나를 방해하고, 억누르고, 무겁게 하는 모든 것을 내던져 버리고, 벗어 버리고, 제거해 버리는 것'이라고 합니다. 그러면서 자신은 '핸드폰 금식'을 했답니다.

그가 말하는 '금식'의 개념이란 예를 들자면 이런 것입니다. 좋은 친구와 차를 타고 여행하는데 내가 좋아하는 음악을 크게 틀어 놓고 신난다고 흥얼거리면 어찌 되겠습니까? 친구가 무슨 말을 해도 알아듣기가 힘들지요. 볼륨을 낮추거나 음악을 꺼야 친구의 말이 잘 들립니다. 이렇듯 하나님 음성을 잘 들으려면 방해되는 소리를 꺼야 합니다. 소리를 '금식'해야 합니다. 이런 적용이 곧 환경의 개혁입니다. 내가 개혁하지 못하면 하나님이 사건을 주셔서라도 그 인생을 개혁하게 하십니다. 환경에 수정을 가하시는 것입니다. 이런 개혁의 과정을 거치지 않으면 우리는 결코 균형을 잡을 수 없습니다.

요즘 다들 유튜브나 TV 드라마에 너무 빠져 있는 것 같습니다.

어떤 분은 "오늘 저녁에 무슨 무슨 드라마가 방영되는데 그것을 볼 생각을 하면 아침부터 설렌다"고 합니다. 예배를 그렇게 설렘으로 기다리고 드려야 하는데, 그저 악하고 음란한 줄거리가 이어지는 드라마를 더 설렘으로 기다립니다. 유튜브도 한번 보면 끝이 없습니다. 중독이 우리를 잡아 놓고 있는 겁니다.

그뿐만이 아닙니다. 핸드폰도 술도 도박도 야동도 우리를 붙잡습니다. 다 금식해야 할 것들입니다. 특히 남자들은 새로운 전자제품이 나오면 고민도 없이 바꾸는 경우를 봅니다. 이렇게 무조건 새것으로 바꾸는 것도 금식하기 바랍니다. 여자들은 치장하는 것도 금식해야 합니다. 여성도들에게 물어보니 주일에 예배드리러 오면서 화장하는 데 한 시간은 족히 걸린다고 합니다. 제가 깨끗하고 단정한 의복으로 오라고 했지, 화장을 한 시간씩 하라고 했습니까? 얼마나 시간 낭비입니까? 그 시간에 큐티하며 말씀 한 줄이라도 더 읽으시기 바랍니다.

물론 내가 그토록 좋아하는 것을 하루아침에 끊는 게 쉬운 일은 아닙니다. 그래서 회개에는 개혁이 따르는 것입니다. 이제 여러분은 무엇을 금식하겠습니까? 오직 하나님만 사랑하기 위해서 내가 끄고, 끊어야 할 것이 무엇인지 생각해 보시기 바랍니다. 여자를 끊고, 술을 끊고, 여행을 끊고…… 벧엘로 올라가는 내 발길을 붙잡는 것들을 이제는 좀 끊으십시오.

+ 회개하고 개혁하기 위해 버려야 할 '이방 신상'은 무엇이고, 금식해야 할 것은 무엇입니까? 벧엘로 올라가는 내 발길을 무엇이 붙잡고 있습니까?

+ 주일이 되면 깨끗하고 정결하게 의복을 바꾸어 입고 예배를 드립니까? 그런다고 값비싸고 화려한 옷으로 치장하고 예배드리지는 않습니까?

예배가 목적이 되어야 합니다

6 야곱과 그와 함께 한 모든 사람이 가나안 땅 루스 곧 벧엘에 이르고 7 그가 거기서 제단을 쌓고 그 곳을 엘벧엘이라 불렀으니 이는 그의 형의 낯을 피할 때에 하나님이 거기서 그에게 나타나셨음이더라 _ 창 35:6~7

1절에서 하나님이 "벧엘로 올라가서 제단을 쌓으라"고 명령하셨습니다. 그리고 3절에서 야곱이 그 말씀을 듣고 '벧엘로 올라가 제단을 쌓으려' 했습니다. 본문 7절에서는 야곱이 "거기서 제단을 쌓고 그 곳을 엘벧엘이라 불렀으니"라고 합니다. 그러자 "하나님이 거기서 그에게 나타나셨음이더라" 합니다. 지금 예배 이야기가 얼마나 많이 나옵니까? 서너 번 나옵니다. 벧엘의 하나님을 부르고도 모자라서 '엘벧엘 하나님'을 또 부릅니다.

미국의 대표적인 복음주의 목회자인 A. W. 토저(Aiden Wilson Tozer)는 그의 저서 『예배인가, 쇼인가』에서 "예배를 드리고 싶어 하는 것은 인간의 본능"이라 말하며, 예배를 이루는 요소로 다음 네 가지를 들었습니다.

첫째는 '감탄'입니다. 예배하지 않고 감탄하는 것은 가능하지만 감탄하지 않고 예배하는 것은 불가능하다는 것입니다. 둘째는 '존경'입니다. 누군가를 예배의 대상 삼지 않고 존경할 수는 있지만 존경하지 않는 대상을 예배할 수는 없다고 합니다. 셋째는 '매혹'입니다. 우리를 매혹하는 것이 아니면 예배의 대상이 될 수 없다는 겁니다. 감탄과 존경만으로는 부족하며 매혹하는 신비로운 힘이 우리의 마음을 완전히 사로잡아야 예배할 수 있는 것입니다. 넷째는 '사랑'입니다. 어떤 대상을 예배하지는 않으면서도 사랑하는 것은 가능합니다. 하지만 사랑하지 않으면서 예배하는 것은 불가능합니다.

토저 목사는 "서로 화합하여 드리는 예배는 피조물 전체의 교향악이며, 예배가 없는 곳에는 끊어진 현(絃)과 불화만 있을 뿐"이라고 말합니다. 그는 그저 내 마음을 안정시키고 달래기 위해서 교회 가는 것에는 동의할 수 없다고 합니다. 예배드릴 때 우리 마음이 안정되고 평안을 얻는 것은 사실이지만, 이것이 교회 출석의 일차적 목적은 아니라는 것입니다. 교회 출석의 일차적 목표는 '예배'가 되어야 한다고 강조합니다.

교회는 우리가 이 땅에서 하나님을 만나기 위해 가시적으로 정해 놓은 장소입니다. 예배를 드리기 위해 정해 놓은 벧엘, 하나님의 집입니다. 그러므로 우리는 교회로 매주 올라가야 합니다. 나아가 한 발짝 내디딜 만한 작은 땅까지 전부 거룩하게 해야 합니다. 몸과 마음을 다해 주님을 찬양하는 것뿐만 아니라 이 세상을 건강하게 만드는 것도 예배이기 때문입니다. 행여 내일 당장 걱정과 근심에 눌려서 꼼짝 못 할 일이 생겨도, 또 약속 시간에 쫓겨서 하나님을 생각할 시간이 잠시 없을지라도, 내가 거룩하고자 힘쓰면 하나님은 여러분의 예배를 받으십니다. 항상 진심이 중요한 것입니다.

+ 나의 예배는 하나님을 예배하는 것이 목적입니까? 하나님이 기뻐 받으시는 예배입니까? 소원을 이루거나 혹은 힘든 마음을 위로받는 것만이 내가 예배드리는 이유 아닙니까?

예배가 목적이 되면 사탄이 두려워합니다

그들이 떠났으나 하나님이 그 사면 고을들로 크게 두려워하게 하셨으므로 야곱의 아들들을 추격하는 자가 없었더라 _창 35:5

사면(四面) 고을들을 두렵게 하시는 하나님입니다. 그래서 주변의 가나안 족속들이 야곱을 추격하지 못하였다고 합니다. 하나님이 가나안 족속들에게 두려움과 공포심을 갖게 하셔서 그들이 야곱을 공격하지 못하게 하셨다는 것입니다. 하나님의 역사입니다.

하나님이 함께하는 사람, 하나님이 보호하는 사람, 하나님이 지켜 주시는 사람은 감히 누구도 어찌할 수 없습니다. 하나님의 뜻대로 적용하면, 시작만 해도 내 곁의 사탄이 한 길로 왔다가 일곱 길로 도망갈 줄 믿습니다.

"그까짓 예배가 밥 먹여 주냐?" 조롱하는 사람이 있습니다. 네,

예배가 밥 먹여 줍니다. "그까짓 예배가 모든 것을 해결해 주냐?" 비아냥대는 사람이 있습니다. 네, 예배가 해결해 줍니다. "그까짓 예배가 그 사람 마음을 바꿔 주냐?" 네, 마음을 바꾸어 줍니다. 그러니 두려워하지 마십시오. '그까짓 예배'가 아닙니다. 내가 예배드리기로 작정하고, 교회 가기로 작정하고, 목장 가기로 작정하고, 이혼하지 않기로 작정하고, 힘든 상사에게 복종하기로 작정만 해도 사면 고을들이 두려워 떨 줄 믿습니다.

두려우면 전도도 못 합니다. 내 옆에 처음 보는 사람, 교양 있는 사람, 나보다 잘난 사람에게 어떻게 복음을 전할 수 있겠습니까? 하지만 내가 하나님 때문에, 예배 때문에 감탄해서, 사랑해서 전도하기로 작정만 하면 그 두려움의 사탄이 한 길로 왔다가 일곱 길로 도망갈 줄 믿습니다. 저도 그랬습니다. 누구를 만나든, 어디를 가든 매사 두렵지 않으니 그 자리에서 전도했습니다. 그래서 오늘날의 제가 되지 않았겠습니까?

저는 지하철에서도 전도해 보았습니다. 총신대에서 피아노를 가르칠 때는 총신대 역에서 전도했습니다. 당시 제가 전하는 복음에 대부분 귀를 기울여 주었죠. 또 이태원 해밀턴 호텔 앞에서도 전도했고, 올림픽공원 앞에서도 했습니다. 동작동 국립묘지에서도 전도했는데, 일하시던 분들이 다들 저를 피했습니다. 그런 일도 당해 봐야지 어쩌겠습니까? 하나님이 저에게 목회를 맡기시려고 사전에 이것저것 다 해 보게 하셨습니다. 그래서 지금 여러분에게 이런 이야기를 할 수 있는 겁니다. 여러분도 노방전도 하세요. 노방전도 시키면 꿔다 놓은 보릿자루처럼 뒤에서 쭈뼛대는 분들이 꼭 있습니다. 교양이 하늘을 찔러서 그렇습니다. 그러니까 집안 식구의 구원이 요원한 것입니다. 교양이 밥 먹여 줍니까?

야곱은 소위 지도자 아닙니까. 그런데 그 집안에 강간과 살인 사건이 일어났습니다. 지도자의 집안에도 이런 수치스러운 일들이 일어납니다. 말 못 할 사연이 없는 집이 어디 있습니까?

목사, 의사, 교사, 변호사 등등 소위 사회 지도층인 분들의 가정도 여느 가정에 못지않게 갖가지 문제로 몸살을 앓는 걸 봅니다. 게다가 이런 집의 자녀들은 사기 이야기를 맘 놓고 털어놓지도 못합니다. 그래서 우리들교회 주일학교에서는 해마다 일명 'VIPS 캠프'를 엽니다. 힘든 가정의 아이들을 VIP로 초청하여 경치 좋은 장소에서 맛있는 것을 먹으며 말씀으로 교제하는 자리입니다. 이때 어디서도 받지 못한 황송한 대접에 마음이 활짝 열린 아이들은 그동안 누구에게도 말하지 못한 자기 이야기를 내놓습니다.

올해 캠프에서도 많은 학생이 자신의 아픈 사연을 오픈했습니다. 한 아이는 알코올의존증인 아빠가 칼을 들고 가족들을 위협했답니다. 그야말로 음란과 살인과 미움이 가득한 집안입니다. 아이는 결국 우울증에 걸리고 학교도 다니지 않고 있답니다. 또 한 아이는 아빠가 목사인데 교회에서 쫓겨나 사업을 하다가 망하는 바람에 감옥까지 다녀왔다고 합니다. 또 그 후에 교회를 개척했다가 실패하고는 요즘은 술만 드시고, 모든 게 망가지셨다고 합니다. 변호사인 아빠가 바람을 피운 사건이 드러나서 엄마가 자해를 하고 가출한 가정도 있습니다. 교사인 아빠가 도박으로 빚지고 파산해서 반지하 단칸방에서 사는 집안도 있습니다. 또 어떤 가정은 엄마가 전도사인데, 아빠가 바람이 나서 집을 나갔다고 합니다. 또 한 아이는 장애인 오빠, 뇌경색 엄마와 힘겹게 사는데 할아버지와 아빠는 술에 빠져 툭하면 칼을 들고 난동을 부린다고 합니다.

그런데 말입니다. 이 아이들이 이런 고난 때문에 벧엘로 올라갑니다. 상한 심령이 되어 예배드리고 말씀에 귀 기울입니다. 나아가 공동체에서 자기 아픔을 고백하며 그 영혼이 살고 가정이 살아납니다. 하나님의 역사로 한 길로 왔던 사탄이 일곱 길로 다 도망간 것입니다.

한번은 우리들교회 초등부 교사 스무 명이 정신과 의사 강의를 들으러 갔습니다. 그 의사분 말씀에 의하면 "학교생활 잘하던 아이가 갑자기 성적이 곤두박질치고, 태도와 행동의 변화가 생기면 딱 두 가지 질문을 해 보라"고 했답니다. 첫째는 "요새 부모님이 싸우시냐?", 둘째는 "너 요즘 학교에서 괴롭힘당하냐?"입니다. 아이들이 대부분 이런 문제들로 아프기 시작한다는 것입니다.

또 "부정적인 명령을 하지 말라"고 했답니다. "너, 게임하지 마", "그런 행동하지 마"라고 하기보다 "큐티하자", "엄마 이야기 좀 들어 줄래?" 하는 식으로 권유하라는 것입니다. 그리고 야단 한 번 치려면 스무 번 칭찬하고 격려하라고 했답니다. 무조건 야단만 치면 하나도 먹혀들지 않는다고 합니다. 또한 "피드백은 즉시 해 주고, 잘했을 때나 못했을 때도 즉시 알려 주라"고 했답니다. 하지만 이것이 거저 됩니까?

우리 유치부 아이들의 큐티의 위력을 소개합니다.

한 여집사님이 어버이날을 맞이해서 친정에 갔습니다. 그런데 일곱 살 딸아이의 큐티 책을 차에 두고 왔더니 계속 "큐티 책, 큐티 책" 하면서 갖다 달라고 귀찮게 하더랍니다. 집사님은 짜증을 내면서 "네가 직접 가지고 와" 하며 딸에게 차 키를 건네주었습니다. 그러고는 안방에 누워서 텔레비전을 보고 있는데 거실에서 무슨 소리가 났습니다. 문을 열어 보니 아직 한글도 떼지 못한 일곱 살짜리 딸아이가 큐티 책을 펼쳐 놓고는 외할아버지에게 보여 주면서 "할아버지 예수 믿으세요" 하더랍니다. 외할아버지가 "왜 믿어야 하는데" 하니까 "할아버지 지옥 가고 싶으세요?" 하고 되묻고, 할아버지가 "지옥에 가면 어떻게 되는데" 하고 물으니 "거기 뜨거운 불이 있단 말이에요. 빨리 예수님 믿으세요" 했답니다. 외할아버지도 결국 "그래, 그래, 알았다. 믿을게" 했답니다.

집사님은 큐티 책을 흔들면서 외할아버지에게 예수님을 전하는 딸의 담대한 모습에 너무 감동했습니다. 맨날 장난만 치니까 말씀을 안 듣는 것 같아도 이렇게 조용히 말씀이 딸아이에게 들어가고 있다는 것을 새삼 느꼈다고 합니다. 그런데 더 기막힌 것이 있습니다. 이 일곱 살 딸아이가 말씀을 전하고는 외할아버지 손을 잡고 "우리 할아버지 불쌍히 여겨서 구원해 주세요"라고 기도를 드렸다는 것 아닙니까! 정말 큐티의 힘이 대단합니다.

그래서 우리는 어떤 방법을 써서라도 내 자녀들을 데리고 예배를 드려야 합니다. 함께 큐티해야 합니다. 비록 내 자녀들이 디나와 시므온과 레위처럼 위기의 사건 가운데 있어도 그렇습니다. 부모인 내가 그들을 데리고 벧엘로 올라가면 하나님이 그 사면 고을들을 크게 두려워하게 하십니다. 내 자녀들을 추격하는 자가 없게 하실 것입니다.

+ 지금 위기의 사건 가운데 있는 자녀가 있습니까? 그런 자녀를 스무 번 칭찬하고 격려합니까? 무조건 야단만 치고 있지는 않습니까?
+ 내 자녀가 지금은 든든지 아니 든든지 함께 예배드리고, 큐티하고 있습니까? 자녀와 함께 벧엘로 올라가기 위해 어떤 수고를 하고 있습니까?
+ 하나님 때문에, 예배 때문에 감탄해서, 존경해서, 사랑해서 전도했더니 내 집안에 사탄이 한 길로 왔다가 일곱 길로 도망간 간증이 있습니까?

하나님은 이 캄캄한 세겜의 죄악 세상에서
우리를 부르시고 "이제 벧엘로 올라가라" 하십니다.
각자 실패한 자리, 위기에 빠진 자리에서
일어서게 하십니다.

결혼하기 전 예비 장인, 장모님은 제게 "교회에 다녀야 결혼을 승낙해 주겠다"고 했습니다. 그래서 교회를 다니기 시작했지만, 하나님을 인격적으로 만나지는 못했습니다. 결혼 후 말씀을 들으면서도 악하고 음란한 세상 문화에 빠져 이방 신상들을 섬기며 살았습니다(창 35:4). 그러다가 한 여자의 유혹을 뿌리치지 못하고 외도를 저질렀습니다. 그리고 사기 투자에 연루되어 거의 전 재산을 탕진했습니다. 스스로 생을 포기하기 전 마지막으로 찾은 기도원에서 저는 극적으로 하나님을 만났습니다.

그러나 그렇게 낮아진 환경 속에서도 저는 남 탓, 환경 탓만 일삼으며 악한 습관과 행동을 끊지 못했습니다. 그런 제 삶의 결론으로 현재 자녀들이 많이 아픕니다. 잔병치레를 많이 하던 셋째 아들은 군대에 가서 공황장애를 앓았습니다. 휴학과 복학을 반복하다 지금은 박사과정을 앞두고 있지만, 여전히 인간관계에 어려움이 많습니다. 막내딸은 3년 전 집을 나간 뒤로 지금까지 소식을 끊고 살고 있습니다. 딸은 교우 관계로 마찰이 있기는 했지만, 저는 가출할 만큼 심각한 일이라곤 생각하지 않았기에 딸의 가출 사건이 이해되지 않고 곧 돌아올 것이라고 믿었습니다. 그 후 1년간 딸이 학교를 잘 다니고 있다는 소식만 듣고 있다가, 조심스럽게 실종 신고를 하여 딸과의 통화가 이루어졌습니다. 그러나 딸의 마음이 예상보다 더욱 굳게 닫혀 있다는 것만 확인했습니다. 다시 1년 뒤에 저는 큰아들의 결혼식을 앞두고 딸이 일하는 가게를 몰래 찾아가 멀리서 얼굴만 보고 돌아섰는데, 그 사실을 알게 된 딸은 종적을 감추었습니다.

그동안 교회 공동체에서 자녀 문제를 나누고 또 물으면서 자녀들이 제 온전한 회개와 구원을 위해 수고하고 있음을 깨닫게 되었습니다. 여전히 세겜에 머물고 있던 야곱에게 하나님이 "벧엘로 가서 제단을 쌓으라"고 말씀하신 것처럼(창 35:1), 제게도 세겜과 같은 이방 문화를 떠나라고 자녀 고난을 통해 말씀하십니다. 자녀들의 상처가 회복되는 그날까지 하나님의 부르심에 감사하며 예배의 제단을 잘 쌓겠습니다.

하나님 아버지, 지금까지 하나님이 베풀어 주신 은혜를 다 잊어버리고 세겜에서 눌러살다가 위기를 만난 야곱의 모습이 우리에게도 있음을 고백합니다. 이 위기 가운데 벧엘로 올라가라고 하시며 해결책을 주시니 감사합니다. 그 명령대로 우리가 하나님의 집, 벧엘로 올라갈 수 있도록 인도해 주옵소서. 내 생각과 삶의 영역까지 하나님이 거하시는 성소가 되어서 모든 시간과 장소를 하나님께 드릴 수 있도록 도와주옵소서. 환난 날에 맹세했던 서원도 잊지 않고 잘 이행하기를 원합니다. 십일조 신앙이 회복되게 도와주옵소서.

온 식구가 함께 벧엘로 올라가라고 내 집안에 위기의 사건을 허락하십니다. 그 어떤 사건도 말씀으로 해석함으로 해결될 수 있도록 도와주옵소서. 이제는 우리 중에 있는 이방 신상들을 버리고, 집착하던 세상 것들을 상수리나무 아래에 묻고, 회개하고 개혁하기를 원합니다. 어디를 가든지 의의 옷을 입고 정결한 그리스도인임을 나타내는 우리 모두가 될 수 있도록 역사하여 주옵소서. 결심만으로는 되지 않으니 본성이 바뀌게 도와주옵소서. 삶의 목적이 예배가 되어서 감탄과 존경과 매혹과 사랑으로 예배드리는 우리가 되게 하옵소서.

벧엘의 하나님 아버지, 특별히 위기의 가정 가운데 있는

영혼의 기도

우리의 자녀들도 살펴 주옵소서. 벧엘로 불러 주시고, 그 길을 인도해 주옵소서. 불쌍히 여기시고 그 아이들의 기도를 들어 주옵소서. 가족이 변화되게 도와주옵소서. 부모가 하나가 되게 도와주옵소서. 가정이 살아나게 지켜 주옵소서. 하나님이 그 사면 고을들로 크게 두려워하게 해 주옵소서. 더 이상 우리의 자녀들을 추격하는 자가 없게 하여 주옵소서. 살펴 주시고 살려 주옵소서. 예수님 이름으로 기도하옵나이다. 아멘.

2 장

다시 주시는 복

창세기 35장 8~15절

> 하나님 아버지, 하나님께서 복을 주셔도
> 우리가 제대로 누리지 못합니다.
> 불쌍히 여기시고, 다시 주시는 복을 잘 누릴 수 있도록
> 말씀하여 주옵소서. 듣겠습니다.

하나님 나라 백성으로 택함을 받은 우리에게 하나님은 많은 복을 주셨습니다. 그런데 지금 우리는 그 복을 얼마나 잘 누리고 있습니까? 하나님이 주신 복이 무엇인지도 모르고, 잘되면 내 탓, 안되면 하나님 탓을 하고 있지는 않습니까? 아니면 세겜 같은 세상 복에 푹 빠져서 하나님이 주신 복은 옷장 깊숙한 곳에 모셔 두고 있지는 않은지요?

여태껏 야곱이 그랬습니다. 세겜에서 편히 살다 보니 서원대로 이루어 주신 하나님의 은혜도 잊어버렸습니다. 하나님이 주신 복만 챙기고, 자신이 서원한 것은 이행하지도 않고, 마냥 '여기가 좋사오니' 하고 살았습니다. 그래서 위기를 만났습니다. 모든 집안이 몰살당할 지경까지 되었습니다. 그래서 상수리나무에 우상 단지를 묻고 벧엘, 하나님의 집으로 올라갑니다. 하나님은 그런 야곱에게 다시 복을 더하여 주십니다(창 35:9). '다시 주시는 복'은 무엇인지 살펴봅니다.

차별하지 않는 복, 구속사적인 평등을 아는 복입니다

리브가의 유모 드보라가 죽으매 그를 벧엘 아래에 있는 상수리나무 밑에 장사하고 그 나무 이름을 알론바굿이라 불렀더라 _ 창 35:8

상수리나무 아래 우상 단지를 다 묻고 나서 야곱은 별 인생이 없다는 것을 알게 됐습니다. 그런데 왜 이 시점에서 성경은 리브가의 유모 드보라를 장사 치른 이야기를 기록하고 있을까요?

학자들은 야곱의 어머니 리브가가 결혼해서 고향을 떠날 때 유모 드보라도 같이 갔을 것이라고 이야기합니다. 고대 근동에서는 딸을 시집보낼 때 유모를 딸려 보내는 것이 일반적인 관습이었기 때문입니다. 그런데 야곱이 형 에서를 피해 도망갈 때 이 유모가 같이 따라갔다는 견해도 있습니다. 야곱이 벧엘에서 머물며 드보라와 깊은 영적 교제를 나눴기에 직접 장사를 지내 준 것이 아닐까 추측합니다. 하여튼 드보라가 굉장한 여인인 것만은 분명합니다.

'드보라'라는 이름은 '꿀벌'이라는 뜻입니다. 그로 보아 아마도 그녀는 매우 부지런한 여인이었던 것 같습니다. 하지만 종의 신분입니다. 그녀인들 태어날 때부터 종이 되고 싶었겠습니까? 예수님의 십자가를 억지로 지고 간 구레네 사람 시몬처럼(마 27:32) 원치 않는 인생이었을 것입니다. 그러나 그녀는 꿀벌처럼 부지런히 일하며 리브가를 잘 돌보았습니다. 그 덕에 리브가가 이삭의 신부로 택함받고 아브라함의 집으로 갈 때 함께 가게 됐습니다(창 24:59). 나아가 그녀는 하나님을 경외하며 야곱까지 2대에 걸쳐 언약의 가문을 돌봄으로 성경에 찬란히 그 이름을 남겼습니다.

마태복음 25장 21절에 "착하고 충성된 종아 네가 적은 일에 충성하였으매 내가 많은 것을 네게 맡기리니 네 주인의 즐거움에 참여할지어다"라고 했습니다. 내가 여종이든지 유모이든지 하나님이 맡기신 일에 충성하면 하나님이 즐거움을 주십니다. 무슨 일을 해도 즐겁지 않다면 그 일이 하나님의 일이 아니고 나의 일이기 때문입니다.

지난 말씀을 돌아보세요. 야곱이 얼마나 험하고 별난 인생을 살았습니까. 그럼에도 드보라는 야곱의 곁을 떠나지 않았습니다. 그 수고를 하나님이 보시고 그녀의 이름을 성경에 찬란히 올려 주셨습니다.

8절에 "상수리나무 밑에 장사하고 그 나무 이름을 알론바굿이라 불렀더라"고 합니다. '알론바굿'은 '통곡의 상수리나무'라는 뜻입니다. 그만큼 야곱이 심히 통곡하고 슬퍼했다는 뜻입니다. 성경도 드보라의 죽음과 장지까지 밝히고 있습니다. 이만한 복이 어디 있습니까? 아브라함의 늙은 종 엘리에셀도 창세기 24장에서 길게 언급되고 있습니다. 두 사람 다 종이지만 하나님과 사람에게 그만큼 크게 인정받았습니다.

특히나 드보라가 묻힌 곳이 어디입니까? 하나님의 집, 벧엘 아래에 있는 상수리나무 밑입니다. 이는 여호수아서 24장 26절에 나오는 '여호와의 성소 곁에 있는 상수리나무'와 동일한 것으로 알려져 있습니다. 그러니 얼마나 성스러운 곳입니까? 야곱의 어머니 리브가도 그곳에 묻히지 못했습니다. 이후 35장 19절에 보면 라헬은 길에 장사됩니다. 그러니 하나님이 드보라를 얼마나 높여 주신 것입니까! 야곱의 어머니나 야곱의 아내보다 더 높여 주셨다고 생각합니다. 드보라를 그곳에 매장했다는 것은 그만큼 드보라를 귀히 여겼음을 의미합니다.

그렇다면 야곱은 왜 비천한 여종을 이토록 높였을까요? 벧엘에 오르고 나니 야곱에게 영적인 안목이 생겼습니다. 아무리 여종이라도 자기와 한 지체임을 알게 되었습니다. 드보라가 자기보다 믿음이 더 좋다는 것도 깨닫게 되었습니다. 차별하지 않는 복, 구속사적인 평등을 아는 복을 얻게 된 것입니다.

육적 가족만큼이나 중요한 관계가 믿음의 지체입니다. 예수님은 "하늘에 계신 내 아버지의 뜻대로 하는 자가 내 형제요 자매요 어머니이니라"(마 12:50) 하셨습니다. 혈육만 가족이 아니라 믿음의 지체가 진짜 가족, 영적 가족이라는 것입니다. 야곱에게 드보라가 그랬습니다. 그런데 우리가 자꾸 육적 가족에게만 매여 있으니까 지경이 넓어지지 못하는 겁니다.

자기 결혼식 때 아버지 얼굴을 처음 보았다는 한 집사님이 계십니다. 아버지 장례를 치르며 아버지 얼굴을 두 번째로 보았답니다. 또 어떤 집사님의 아버지는 재혼한 후로는 전처 자식들을 나 몰라라 한답니다. 그 아버지가 돈도 잘 벌고 잘사는데도 만나 주지를 않는답니다. 그러니 그 자식들의 마음이 어떻겠습니까. 그 아버지를 미워하느라 평생 지옥을 삽니다.

자식이라면 누구 할 것 없습니다. 다들 부모 사랑에 목이 멥니다. 하지만 이게 원대로 됩니까? 부모 자식 사이라도 사람은 믿음의 대상이 아닙니다. 사랑받겠다고 집착하면 내가 지옥을 살 수밖에 없습니다.

그러나 그 안에 하나님이 거하는 사람은 내 가족이 어떠하든지 얼굴이 항상 밝습니다. 외모나 환경과 상관없이 늘 밝고 기쁜 얼굴을 하고 있다는 것은 곧 성숙의 표시이기도 합니다.

야곱이 그랬습니다. 형 에서를 편애하는 아버지 이삭으로부터 사랑을 제대로 못 받았습니다(창 25:28). 오히려 차별당했습니다. 그런 상처 때문에 보란 듯이 성공하고 싶었을 것입니다. 그래서 형 에서보다 더 많은 복을 받고자 애썼습니다. 태어나면서부터 형의 발꿈치를 잡고 나온 야곱은(창 25:26) 끝내 팥죽 한 그릇으로 형의 장자권을 쟁취했습니다(창 25:31~33, 27:36). 이후에도 세상적인 가치관으로 살면서 산전수전 다 겪었습니다. 그런데 그렇게 30여 년을 살다가 벧엘로 올라가서 사람이 달라졌습니다. 구속사적인 가치관을 갖게 된 것입니다.

제가 이 말씀으로 설교할 무렵인 2010년경입니다. 당시 전면 무상급식화 정책을 놓고 갑론을박이 뜨겁게 벌어졌었습니다. 한 매체의 조사에 따르면 교육감 선거를 앞두고 전국의 교육감 후보가 84명인데 그중 74명이 무상급식에 찬성했다고 합니다.

그런데 한 일간지에서 '무상급식은 감상적 평등주의'라는 칼럼을 읽었습니다. 당시 칼럼 내용 일부를 인용합니다.

가난한 아이들이 학교에서 눈칫밥 먹는 것을 막아야 한다며 전면 무상급식을 주장하지만, 오늘날 초·중·고등학교에서 무상급식을 하는 나라는 고소득 복지국가로 이름난 북유럽의 네 개 나라뿐이다. 가난 때문에 무료급식 받는 아이들의 수치심을 막기 위해 모두 공짜 밥을 먹어야 한다는 이 사상은 아마 세계에서 유일하게 한국밖에 없을 것이다. ……무상급식을 주장한 한 교육감이 초등학교 5, 6학년 급식예산 816억을 책정하기 위해서 학력 신장 예산 115억, 유아유치원 교육비 35억, 장애아 교비 23억, 외국어 과학 교비 184억 등등을 폐지하려고 했다. 따라서 한국의 무상급식은 서민이 복지나 교육 향상을 주장하는 것이 아니다. 오히려 '평등한 밥상'이라는 감상적 평등주의를 위해 장애인과 유아 등에게 돌아갈 지원을 막고 이들의 희생을 강요하는 것이다.

그렇습니다. 여유 있는 집 아이들한테는 급식비를 받고, 어려운 집 아이들에게는 안 받으면 되는 거지, 왜 모두 무상급식을 합니까? 제가 '만민은 평등하지 않다. 그러니 차별을 해서 받을 사람에게 받고 없는 사람에게는 받지 말자'라고 하는 게 아닙니다. 집마다 애들 공부시키고, 먹고살겠다고 열심히 돈 버는 거 아닌가요? 전면적인 무상급식 주장이야말로 감상적 평등주의 맞습니다. 그런데 우리가 이걸 분별하기가 너무 어려운 겁니다.

마리아가 예수님의 장례를 위해 향유 한 옥합을 깨뜨릴 때 제자들은 "이 향유를 삼백 데나리온 이상에 팔아 가난한 자들에게 줄 수 있었겠도다" 하며 마리아를 책망했습니다(막 14:5). 이때 예수님이 하신 말씀이 무엇입니까? "가만 두라 너희가 어찌하여 그를 괴롭게 하느냐 그가 내게 좋은 일을 하였느니라…… 내가 진실로 너희에게 이르노니 온 천하에 어디서든지 복음이 전파되는 곳에는 이 여자가 행한 일도 말하여 그를 기억하리라"(막 14:6, 9) 하셨습니다.

예수님은 왜 '가난한 자를 돕는 게 낫다' 하는 제자들을 편들지 않으셨을까요? 값비싼 향유로 가난한 자들을 돕지 않은 마리아를 오히려 칭찬하신 이유가 무엇입니까? 가난한 자들의 처지를 몰라서가 아닙니다. "가난해도 돕지 말자"라는 것도 아닙니다. 부유하든 가난하든 우리에게는 예수 믿는 것밖에는 소망이 없습니다. 하나님은 가난을 통해서 우리를 훈련하기도 하십니다. 그러므로 구속사적으로는 가끔은 차별해야 할 때도 있습니다.

그렇다고 여기서 제가 "여종이 야곱 때문에 출세했다" 하며 드보라를 차별하는 게 아닙니다. 비천하고 낮은 사람이니 동정하는 것도 아닙니다. 비천한 여종이었을망정 드보라는 그 누구보다 훌륭한 삶을 살았습니다. 야곱도 영안이 밝아지고 구속사가 깨달아지니 그런 드보라를 알아보았습니다. 존경해 마지않았습니다.

하나님은 강한 자가 아니라 비천한 사람들을 통해서 늘 역사하시는 것을 봅니다. 그러므로 믿음 안에선 '잘나고 못나고'가 없습니다. 모두가 평등합니다. 구속사적 평등입니다. 하지만 예수를 안 믿는 건 죄입니다. 죄는 차별해야 합니다.

저는 요즘 동성애에 대해서도 '어떻게 해결해야 할까' 묵상을 깊이 합니다. 요즘 드라마를 보면 건강하고 멋진 청년들이 동성애자 역할을 맡습니다. 그러니 다들 '동성애도 괜찮다'라고 여깁니다. 또 너무 멀쩡한 사람들이 나와서 "소수인권은 보호받아야 한다" 하며 동성애를 감쌉니다. 멋진 사람들이 멋진 말로 그럴싸하게 옹호하니까 다들 동성애가 멋진 사랑인 줄 착각합니다. "괜찮네, 뭐 어때" 합니다. 구속사적 평등을 모르면 한 사람의 주장에 우르르 따라갈 수밖에 없습니다. 여기에 음모가 숨어 있습니다. 소수의 의견이 존중받아야 할 때도 있지만 그것이 세속적이고, 구원의 일과 동떨어질 때는 절대 따라가선 안 됩니다. 그렇다고 무조건 죄악시해서도 안 됩니다. 죄는 미운 것이지만 죄인은 사랑해야 하기에 이런 문제는 구속사로 슬기롭게, 멋있는 방법으로 풀어 가야 합니다.

이 민감한 시기에 왜 제가 무상급식과 동성애를 이야기합니까? 다들 세상 가치관으로 옳고 그름을 판단하고, 만민 평등만을 주창하기 때문입니다. 선지자로서 구속사적인 평등을 제대로 가르쳐야 하는 책임이 있기 때문입니다. 이야말로 십자가 길을 가는 것입니다.

+ 하나님이 내게 맡기신 일은 무엇입니까? 지금 그 일에 즐거운 마음으로 충성하고 있습니까? 아니면 날마다 힘들다 하며 불평하고 있습니까?
+ 하나님의 일에 충성하므로 하나님이 주신 즐거움의 선물은 무엇입니까?
+ 힘든 이웃을 잘 돕고 있습니까? 그 도움의 목적은 무엇입니까? 그들의 구원 때문입니까, 훗날 내 상급을 위해서입니까?

다시 주시는 복

'본성(本性)이 돌아오는 복'입니다

야곱이 밧단아람에서 돌아오매 하나님이 다시 야곱에게 나타나사 그
에게 복을 주시고_창 35:9

야곱이 밧단아람에서 돌아오매 하나님이 다시 나타나셔서 복을
주셨다고 합니다. 본문은 야곱이 밧단아람을 떠나 가나안 땅에 들어
온 지 10여 년이 지난 시점입니다. 그런데 성경은 마치 이제야 야곱이
가나안에 이르렀다는 듯이 그가 '밧단아람에서 돌아왔다'라고 기록
합니다. 세겜도 가나안 땅인데 그곳에 도착했을 때는 '돌아왔다'라고
기록하지 않았습니다(창 33:18). 왜 그럴까요? 야곱이 세겜에서는 죄만
짓다가 이제야 진짜 돌아온 겁니다. 마음과 몸이 다 돌아왔습니다. 그
런 야곱에게 하나님이 '다시' 나타나셔서 복을 주십니다.

우리도 그렇습니다. 제멋대로 살면서 하나님을 근심시켰어도 돌
아오면 '다시' 복을 주십니다. 하지만 교회를 떠났다가 다시 왔어도, 바
람을 피우다 다시 집으로 돌아왔어도 몸만 오면 안 됩니다. 마음이 돌
아와야 합니다. 그리스도인으로서의 본성이 온전히 돌아와야 합니다.

야곱도 다시 주시는 복을 얻기까지, 본성이 돌아오는 복을 얻기
까지 가나안에서 또 10년의 세월을 지내야 했습니다. 하나님이 우리
에게 복을 주셔도 복의 개념이 이렇게 어렵습니다.

하지만 하나님이 야곱에게 다시 주시는 복, 본성의 복은 그동안
누리던 처자식의 복, 재물의 복과는 비교할 수 없습니다.

저도 어려서부터 교회를 다녀서 받은 복이 너무나 많다고 생각합니다. 어릴 적 고아 아닌 고아처럼 살아서 얼마든지 비뚤어질 수도 있었습니다. 이렇게 도와주는 이 하나 없는 상황에도 불구하고 공부하고 피아노 친 것이야말로 제게 주신 하나님의 복입니다. 그러나 결혼 후에는 그런 어려움과는 비교도 안 되는 고난을 겪었습니다. 무서운 시댁과 남편 아래서 문밖출입조차 어려운 시험을 당했습니다. 그리고 지금은 과부로 사니까 성경이 말하는 불쌍한 처지를 다 겪었습니다. 그런데 이런 과정을 잘 통과한 후에 '다시' 주신 복은 보시다시피 그간의 육적인 복과는 비교도 안 됩니다.

사실 저는 내려놓은 것이 하나도 없습니다. 그런데도 하나님은 제가 가시적인 것, 저의 학벌이나 능력을 내려놨다고 봐 주시고 이렇게 복을 주십니다.

밧단아람으로 신붓감을 찾으러 갔던 야곱으로서는 믿음의 아내 레아만 데리고 곧 돌아왔어야 했습니다. 야곱의 출생지, 그의 본향은 가나안입니다. 밧단아람, 곧 세상은 소망이 없는 곳입니다. 그런데 곱고 아름다운 라헬 때문에 7년을 더, 또 재물 때문에 6년을 더 밧단아람에서 머물렀습니다. 세상이 좋아서 세월 가는 줄 모르고 살았습니다. 그럼에도 하나님은 사랑하는 야곱을 포기하지 않으시고, "벧엘로 올라가라" 명령하셨습니다.

야곱도 그제야 그 명령에 순종했습니다. 집안사람들이 섬기던 우상까지 죄다 상수리나무 아래에 묻고 벧엘로 올라왔습니다(창 35:4). 그리고 이제부터는 하나님만을 섬기기로 작정했습니다. 이렇게 저렇게 살아 봐야 하나님밖에 의지할 분이 없다는 걸 깨달았습니다. 그제야 제정신이 돌아온 것입니다. 하나님은 야곱이 돌아온 것 하나 때문에 이렇게 기뻐하시며 다시 나타나시고, 복을 주신 것입니다.

그런데 우리 주변에는 밧단아람에서 잘 먹고 잘사는 게 하나님이 주신 복이라 착각하고, 그곳이 선교지라 우기며 머무는 사람이 많습니다. 늘 하나님과 세상 사이에서 갈등하느라 '다시 나타나셔서 주시는 복'을 받지 못합니다. 정신 차리고 '유사 선교지' 밧단아람에서 빨리 돌아와야 합니다.

하나님이 그에게 이르시되 네 이름이 야곱이지마는 네 이름을 다시는 야곱이라 부르지 않겠고 이스라엘이 네 이름이 되리라 하시고 그가 그의 이름을 이스라엘이라 부르시고 _창 35:10

하나님은 지난 32장 28절에서 이미 야곱의 이름을 바꿔 주셨습니다. "너는 하나님과 겨루어서 이겼다. 죄와 싸워서 이겼다. 그런데 자꾸 속이는 자로 살면 되겠느냐?" 하시며 이스라엘이라는 이름으로 바꿔 주셨습니다. 그럼에도 야곱은 세겜에서 잘살면서 스스로 자기 이름을 바꾸어 부르지 않았습니다. 누가 "네 이름이 뭐냐?" 하고 물어도 여전히 아무렇지도 않게 "나는 야곱입니다. 나는 속이는 자입니다"라고 대답하며 살았던 것입니다.

하나님은 아브람을 아브라함으로, 사울을 바울로 그 이름을 바꾸어 주셨습니다. 이처럼 예수를 믿으면 크리스천이라는 새로운 이름으로 바뀌어야 합니다. 그런데 야곱은 자신이 거기에 합당치 않으니까 감히 그 이름을 사용하지 못했습니다. 세겜에 살면서 여전히 영혼과 몸이 따로 노니 자기 신분에 합당한 이름이 어색해서 제대로 부르지 못하고 있었던 것입니다.

결혼해서 부부가 한 몸이 되면 호칭도 "여보, 당신"으로 바뀌어야 합니다. 그런데 결혼하고 나서도 "오빠, 자기야"라고 부르는 부부가 있습니다. 결혼해도 뭔가가 어색해서 못 부르는 겁니다. 믿음이 있으면 결혼한 날부터 바꿔 불러야 합니다. 이것이 다 믿음의 문제입니다.

우리도 그리스천이라는 이름이 여전히 힘들 수 있습니다. 그러나 죄와 싸워서 이기기 위해 "나의 하나님, 나의 하나님" 하고 하나님의 이름을 부르면서 갈 때 본성이 돌아오는 복이 유지될 것입니다.

한 집사님이 예레미야서를 묵상하며 이런 나눔글을 올렸습니다.

내 안의 모든 더러운 것이 바벨론임을 깨달았다. 지독한 교만, 징글맞게 말 안 듣는 불순종, 나태함과 게으름, 남편 우습게 알기, 순간순간 화를 억제하지 못하고 폭발시키는 나 자신이야말로 유사 그리스도인임을 알았다. 이제는 내 쓴 뿌리, 교만, 성질 다 죽이고 예수의 향기가 나는 사람으로 부활하고 싶다.

이후 이 집사님은 담배를 피우고 나서 습관적으로 현관문을 잠그지 않는 남편을 보아도 이전처럼 화내지 않았습니다. 그 대신 "여보 문 잠그는 걸 깜빡했나 보군요. 내가 잠글게요~" 하며 빙그레 웃었습니다. 그리스도인으로서 '본성이 돌아오는 복'을 누리게 된 것입니다.

그런데 "미안하다"는 말을 하는 대회에 나가면 금메달감인 남편은 "미안해"라고 늘 말은 잘하면서도 나쁜 습관들을 절대로 안 고친답니다. 그렇습니다. 예수 믿으면서도 죄와 나쁜 습관을 끊지 못하는 사람이 많습니다.

우리들교회에는 말씀에 은혜를 받고 동성애에 빠진 죄를 회개한 분도 있지만, 그 죄가 깨끗이 끊어지지 않는다고 고백한 분도 있습니다. 동성애는 정말 무서운 악입니다. 그러나 날마다 내 죄를 회개하며 하나님의 은혜를 믿고 기다리면 반드시 고쳐 주실 것을 믿습니다.

아브라함도 이삭도 야곱도 지질했습니다. 그럼에도 오직 '믿음으로' 나아갔습니다(히 11:8, 20, 21). 행위가 문제가 아닙니다. 믿음으로 나아가면 모든 것이 고쳐지고 회복될 것입니다. 본성이 돌아오는 복을 얻게 될 줄 믿습니다.

각자 집안에 지질한 한 사람을 두신 것은 그를 통해 나도, 가족도 훈련받으라는 뜻입니다. 그러니 끝까지 잘 기다립시다. 집안에 문제 많은 사람 하나가 있으면 우리가 다 성자가 되는 겁니다. 앞에 소개한 집사님도 화내지 않고 웃으면서 문을 잠그고는 나눔 글 마지막에 이렇게 적어 놓았습니다. "오늘 나는 승리했습니다. 아~싸!"

+ 하나님이 나에게 처음으로 주신 복은 무엇입니까? 그럼에도 하나님을 떠난 적은 없습니까? 그래서 받은 고난은 무엇인가요?
+ 회개하여 몸과 마음이 돌아옴으로 다시 주신 복은 무엇입니까?

+ 본성이 돌아오는 복을 얻기 위하여 끊고, 인내하고, 떠나고, 고치고, 내려
  놓아야 할 것은 무엇입니까?

사명의 복, 영적인 복입니다

하나님이 그에게 이르시되 나는 전능한 하나님이라 생육하며 번성하
라 한 백성과 백성들의 총회가 네게서 나오고 왕들이 네 허리에서 나오
리라 _창 35:11

하나님은 아담과 아브라함과 이삭에게 주셨던 약속을 야곱에게
반복해 말씀하십니다. 전능하신 하나님은 내가 형편없어도 이 약속
을 어기지 않으시고, 반드시 이루어 주실 것입니다. 특별히 하나님은
"생육하며 번성하라"고 하십니다. 열매를 많이 맺으라고 합니다. 하
나님 나라를 확장하라는 것입니다.
　"한 백성과 백성들의 총회가 네게서 나오고⋯⋯"라고 약속하신
대로 야곱의 열두 아들이 400년 후에 200만 명이 됐습니다. "왕들이
네 허리에서 나오리라" 하신 것처럼 창대한 하나님의 왕국을 허락하
셨습니다. 그리고 왕 중의 왕이신 예수님이 이 야곱의 후손을 통해 오
셨습니다. 지금 나도 그렇습니다. 날마다 주시는 말씀대로 믿고 가면
반드시 나에게서 왕중왕이신 예수 그리스도의 후손이 날 것입니다.

내가 아브라함과 이삭에게 준 땅을 네게 주고 내가 네 후손에게도 그 땅을 주리라 하시고_ 창 35:12

'그 땅'은 하나님께서 "이 땅을 애굽 강에서부터 그 큰 강 유브라데까지 네 자손에게 주노니"(창 15:18)라고 아브라함에게 약속하신 가나안 땅을 말합니다. 이 언약대로 이스라엘은 여호수아 때 그 땅을 정복하기 시작했고, 솔로몬 때는 다 정복해서 그 영화가 극에 달했습니다.

하지만 그보다 더 큰 정복의 역사는 예수 그리스도가 오심으로 온 세상에 하나님 나라가 펼쳐진 것입니다. 이것이야말로 우리의 후손에게 주신 가장 큰 축복입니다. 야곱이 벧엘로 돌아와서 십일조의 서원을 지킴으로 그 후손에게 주신 복이 지금 우리에게까지 전해지고 있는 것입니다. 하나님은 결코 우리의 헌신을 잊지 않으십니다. 우리의 후손에게 다 갚아 주십니다.

제가 앞서 이 책의 1장에서 십일조 신앙을 회복하는 것이 서원을 지키는 길이라고 했습니다. 그런데 십일조를 하려면 날마다 하나님과 돈 중에서 하나를 선택해야 합니다. 하나님보다 돈을 더 좋아하는 사람은 당연히 십일조를 정직히 드리지 못하겠죠. 하더라도 마지못해 형식적으로만 합니다. 그러면 축복받을 생각을 말아야 합니다.

교회가 돈을 거두기 위해서 이런 얘기를 하는 게 아닙니다. 교회는 하나님의 집입니다. 이 하나님의 집에서 신앙고백으로 드리는 것이 십일조입니다. 서원을 지키겠다는 이 신앙고백으로 말미암아 하나님이 우리의 후손에게까지 모든 복을 주시는 것입니다. 그러므로 내가 내 집안의 복의 근원이 되려면 십일조 신앙이 확실해야 합니다. 서원을 지켜야 합니다. 우상 단지를 버려야 합니다.

야곱은 정말 형편없는 삶을 살았습니다. 하지만 하나님은 야곱의 숱한 실수에도 불구하고 "나에게로 오기만 해라. 너 왜 자꾸 딴 길로 가니?" 하며 거듭 야곱을 부르셨습니다.

제가 우리 손녀딸들을 안아 주려 할 때도 그렇습니다. 어린아이들이 얼마나 힘이 센지 자기네들이 제 품에 안기고 싶어 할 때는 너무나 쉽게 안을 수 있는데, 거부하거나 뻗댈 때는 안아 줄 수가 없습니다. 하나님도 그러지 않으시겠습니까? 아무리 우리를 안아 주고 싶어도 도망가고 뻗대면 어찌 편히 안아 주시겠습니까?

나에게 주시고 싶으신 것을 다 주시는 전능하신 하나님입니다. 그 품에 안기기만 하면 그 모든 복을 받아 누리게 될 것입니다. 그런데 우리가 그러지를 못하니 문제입니다. 날마다 애들처럼 뻗대고, 하나님 품을 벗어나려 하니 다시 주시는 복을 누리지 못하는 것입니다.

하나님이 그와 말씀하시던 곳에서 그를 떠나 올라가시는지라 _창 35:13

하나님은 반드시 택한 자를 만나 주십니다. 말씀으로 그를 인도해 가십니다. 야곱처럼 사기꾼이고 초라해도 상관이 없습니다.

야곱이 하나님이 자기와 말씀하시던 곳에 기둥 곧 돌 기둥을 세우고 그 위에 전제물을 붓고 또 그 위에 기름을 붓고 _창 35:14

다시 주시는 복

하나님이 떠나셨어도 이제는 야곱이 스스로 하나님을 예배합니다. "누가 와서 '천국에 가 봤더니 하나님이 없더라' 해도 저는 하나님을 믿어요. 하나님이 눈에 안 보여도 저는 천국을 믿고 하나님을 믿어요." 야곱의 신앙이 이만큼 자랐습니다. 비록 하나님이 나타나지 않으셔도 '벧엘'이라 이름 지어 부르고, 거기에다가 돌기둥으로 단을 쌓습니다. 그리고 전제물을 붓고 또 그 위에 기름을 붓습니다.

돌 위에 기름을 부었다는 것은 어떤 환경에서도 항상 성령의 기름을 붓고 이겨 가겠다는 헌신의 표시입니다. 갈라디아서 2장 20절에 "그런즉 이제는 내가 사는 것이 아니요 오직 내 안에 그리스도께서 사시는 것이라 이제 내가 육체 가운데 사는 것은 나를 사랑하사 나를 위하여 자기 자신을 버리신 하나님의 아들을 믿는 믿음 안에서 사는 것이라"고 하였지요. 이 바울의 고백처럼 야곱도 이제는 자기를 버리고, 썩어지고 죽어지는 밀알이 되기로 결단한 것입니다. 사명의 복을 얻게 된 것입니다.

> 하나님이 자기와 말씀하시던 곳의 이름을 벧엘이라 불렀더라
>
> _창 35:15

앞서도 "우리가 일어나 벧엘로 올라가자"(창 35:3) 하고 "그 곳을 엘벧엘이라 불렀으니"(창 35:7)라고 했습니다. 본문 13, 14, 15절에는 '말씀하시던 곳'이라는 표현이 세 차례나 언급됩니다. 비로소 야곱이 구속사를 깨닫게 되었다는 것입니다.

여러분은 어떻습니까? '벧엘' 그 이름만 들어도 마음이 설렙니까? 생각만 해도 기가 막힙니까? 감격과 사모함이 있습니까? 거듭나지 않으면 이런 감격이 있을 수가 없습니다. 지금 말씀이 하나도 안 들리는 사람도 그렇습니다. 이런 야곱의 모습을 보아도 아무런 감동이 없을 것입니다. 그러나 야곱처럼 감당할 수 없는 고난의 때를 하나님의 은혜로 통과한 사람은 그 이름을 다시 부르기만 해도 감격이 될 것입니다.

야곱이 다시 얻게 된 복은 이것으로 끝이 아닙니다. 그동안 육신의 소원만 가득했는데 고난이 축복인 것을 알았습니다. 예수 믿는 것이 옳고 그름의 문제가 아니라는 것도 알았습니다. 그만큼 하나님과 영적 교제가 깊어졌다는 것입니다. 영적인 복을 얻게 된 것입니다. 그러므로 '말씀이 깨달아지는 것이 최고의 복'입니다.

지금 비록 '하나님이 말씀하시던 곳'을 떠나 있어도 그렇습니다. 이제는 돌아와야 합니다. 그 자리에 돌기둥을 세우고 그 위에 기름을 부어야 합니다.

우리들교회에 온 지 몇 년이나 됐는데도 말씀이 전혀 안 깨달아진 청년이 있었습니다. 정말 성령이 임하지 않고는 성경이 무슨 말인지 모릅니다. 성경이 안 깨달아지는 것은 하나님을 인격적으로 못 만났다는 겁니다. 그런데 이 청년이 결혼을 앞두고 저에게 편지를 보내왔습니다. "말씀이 안 들려도 교회에 꼭 붙어 있겠으니, 결혼 주례를 서 달라"는 것입니다. 너무나 솔직하지 않습니까? 붙어만 있으면 언젠가는 말씀이 들릴 것입니다. 하나님과 영적인 교제를 하게 될 줄 믿습니다. 사명을 감당하게 될 줄 믿습니다.

우리들교회에는 이 청년 말고도 마치 야곱처럼 사연 많고 문제 많은 사람이 얼마나 많은지 모릅니다. 그런데 이제는 다들 벧엘로 올라와 하나님이 다시 주시는 복을 누리고 있습니다.

그렇다면 하나님이 이처럼 우리에게 다시 복을 주시는 이유가 무엇입니까? "생육하고 번성하라"는 것입니다. 그래서 우리들교회 지체들도 이 시대의 제사장이 되어서 사명을 잘 감당하고 있습니다. 한 집사님이 이런 소식을 전해 왔습니다.

여기는 이탈리아 베니스입니다. 감사해서 컴퓨터 앞에 앉았습니다. 어제 교회 홈페이지에 올라온 목장 보고서를 읽다가 "그저 붙어만 있으시라" 하시는 한 리더의 간곡한 당부가 꼭 저한테 하는 말 같아서 울었습니다. 또 이혼했던 집사님이 재결합을 앞두고 예레미야가 기업을 무르기 위해 하나멜의 밭을 사는 말씀(렘 32:7~15)을 보고는 먼저 아내에게 용서 구하는 적용을 하기로 결단했다는 나눔이 충격적이면서도 너무나 아름다웠습니다.

다들 그렇게 말씀을 삶에 잘 적용하시는데 나는 하나님께 드릴 열매가 없는 것 같아 부끄러워 많이 울고 회개했습니다. 이런 말씀 적용과 나눔을 통해 한 사람, 한 사람 살려낸다는 것이 너무 놀랍습니다. 또 한 여집사님이 짜증이 나서 넷째 아이를 발로 찼다는 황당하고 충격적인 나눔에도 아무도 놀라지 않고 담담히 듣고 나누는 모습들을 통해 우리들교회의 저력을 보았습니다. 마치 그림처럼 아름다운 베니스에 살고 있지만 우리들교회를 떠올리면 항상 마음에 눈물이 차오릅니다. 얼마나 그립고 부러운지요…….

할렐루야! 이렇게 우리가 제사장 교회가 돼서 모든 사람에게 사명을 나누어 줄 것을 믿습니다. 또 한 분의 간증을 소개합니다.

인생의 목적을 모른 채 평생 옳고 그름만 따지면서 3년이 넘도록 매일 밤 음란에 빠져서 살았습니다. 그러다 사업체가 무너지고 힘들어져서 우리들교회로 왔습니다. 이후 세례도 받고 내 죄를 조금 보는가 싶었는데, 연속적인 사업 실패로 옴주에 빠지고 뺑소니 사고까지 쳤습니다. 명색이 일류대 출신인데 양육도 다섯 차례나 중도하차 하던 끝에 겨우겨우 수료했습니다. 그러다 부목자가 되고 예비목자 훈련을 받으면서 드디어 말씀이 들리며 육이 끊어지는 은혜를 누리게 됐습니다. '주변 환경이 변하기를 기다리지 말고, 내가 변화해야겠다'라는 마음도 하나님께서 주셨습니다.

이후 저는 하나님이 주신 가정을 지키고 싶어서 아내에게 두 가지 서약을 했습니다. 첫째는 '아침 식사를 직접 준비하여 아내와 같이 먹기'이고, 둘째는 '죽는 날까지 설거지하기'입니다. 하루하루 이 서약을 충실히 이행했더니 하나님이 그런 저를 지켜보며 웃고 계신 것만 같습니다. 또 열심히 설거지해도 개수대에 씻어야 할 그릇이 금세 수북이 쌓이는 걸 보면서 꼭 내 죄를 보는 것만 같습니다. 56년 만에 인생의 목적이 하나님께 영광 돌리는 것임을 비로소 깨달았습니다.

다시 주시는 복

사실 이분이 이렇게 변화되기까지 예쁜 부인이 가사도우미를 하며 너무나 오랫동안 고생을 했습니다. 이 집안을 생각하면 저도 기막혔는데, 세상에나 이분이 변한 것입니다. 드디어 사명의 복을 받았습니다. 할렐루야! 금 그릇 같던 이분이 설거지를 죽는 날까지 하기로 맹세했다니 너무 감사하지 않습니까? 저는 눈물이 다 납니다. 지금 여러분의 배우자는 어떻습니까? 아무리 문제가 많아도 낙심치 마시기를 바랍니다. 소망을 품고, 하나님의 집에 붙어만 계시기 바랍니다.

하나님은 우리에게 복을 주시기 위해서 나타나기도 하시고 떠나기도 하십니다. 하지만 언제나 우리에게 복을 주시려고 애를 쓰십니다. 우리를 안아 주시려고 애를 쓰십니다. 그러니 더 이상 뻗대지 말고 하나님께 푹 안기시기를 바랍니다. 아무리 실수하고 무거운 죄를 지었어도 그렇습니다. 아버지 품으로 돌아와서 다시 주시는 복을 꼭 받으시기 바랍니다.

+ "생육하고 번성하라"는 사명을 감당하기 위해 오늘 내가 찾아가야 할 그 한 사람은 누구입니까?
+ 나는 십일조 신앙이 확실합니까? 전제물과 기름을 잘 붓지 못하고 매번 하나님과 돈 사이에서 갈등하고 있지는 않습니까?
+ 하나님의 이름만 들어도 나는 마음이 설렙니까? 생각만 해도 기가 막힙니까? 감격과 사모함이 있습니까?

나에게 주시고 싶으신 것을
다 주시는 전능하신 하나님입니다.
그 품에 안기기만 하면
그 모든 복을 받아 누리게 될 것입니다.

"아이를 온전하게 해 주세요. 그러면 예배도 잘 드리고, 잘 믿겠습니다."

임신 중인 아내가 받은 기형아 검사에서 태아가 다운증후군일 확률이 높다는 소견이 나왔을 때 제가 드린 서원기도입니다. 다행히 검사 결과는 정상으로 나왔고, 저는 하나님의 존재가 믿어졌습니다. 불교 집안에서 태어난 저는 아내의 인도로 교회에 다니면서 하나님을 알아 가기 시작했지만, 당시엔 아내와 온전히 말씀으로 연합되지 못하여 지혜가 부족했습니다. 그래서 믿지 않는 부모님에게 "내가 하나님을 믿는 것을 상관하지 말라"고 일방적으로 통보했다가 부모님과 아내 사이에 갈등이 시작됐습니다. 설상가상 첫째가 태어나자 매일 집으로 불쑥 찾아오는 어머니와 "연락 좀 하고 오시면 안 되나요?" 따지는 아내 사이에 고부간 전쟁이 이어졌습니다. 아내와 부모님 사이에서 제가 할 수 있는 것은 기도뿐이었습니다.

게다가 직장에서 성공하고 싶은 욕심에 온전히 회개하는 것이 어려웠습니다. 어느 날 아내가 "당신이 그렇게 노력해서 성공하면 당신은 기쁘겠지만, 당신 옆에 우리 가족은 없을 거야"라고 말했습니다. 그 말에 충격을 받은 저는 삶을 돌아보게 되었고, 그것이 제게 벧엘로 올라가는 시간이 되었습니다. 그래서 일보다 가정을 돌볼 수 있는 직장으로 옮기기로 결단하고 기도하기 시작했습니다. 교회 공동체와 회사 신우회에서 저희 가정의 회복을 위해 함께 기도해 주시고, 저 또한 하나님만 붙들고 기도했더니 야근이 잦은 개발팀에서 비교적 정시 퇴근이 가능한 마케팅팀으로 옮겨지는 복을 주셨습니다(창 35:9). 그 후 혈기 많던 아내도 말씀으로 회복되었고, 지금은 하나님이 허락하신 자녀를 은혜로 잘 양육하며 가고 있습니다(창 35:11).

하나님을 몰랐다면 두려움과 굴종 속에 살았을 인생이었습니다. 그러나 믿음의 공동체에 붙어 있었더니 많은 은혜를 주시고 지금은 목자로까지 불러 주셨습니다. 아브라함과 이삭에게 주신 약속의 말씀이(창 35:12) 제게 주시는 약속으로 믿어지게 하신 하나님, 감사합니다. 힘든 일이 올 때마다 제게 주신 사랑과 은혜를 떠올리며 감사의 기도를 드리겠습니다. 믿지 않는 부모님의 구원을 위해 날마다 기도하며 기회가 날 때마다 복음을 전하겠습니다.

하나님 아버지, 벧엘로 올라와서 새 한 마리 값도 안 되는 여종 드보라를 최고의 성지에 장사한 야곱의 모습을 보았습니다. 그러면서 야곱이 통곡까지 했다고 합니다. 그런데 우리는 날마다 말씀을 보아도 하나님의 구속사가 잘 깨달아지지 않습니다. 그래서 사람을 분별하지 못하고 옳고 그름으로 따지며 차별합니다. 불쌍히 여기시고 차별하지 않는 복, 구속사적인 평등을 아는 복을 허락해 주옵소서.

주님을 믿기는 믿는 것 같지만, 툭하면 말씀하시던 곳을 떠나고, 교회를 떠나고, 집을 떠납니다. 나갔다가 다시 돌아와도 마음은 여전히 딴 세상에 있습니다. 이제는 그 세상에서 돌아오기로 결단하오니 다시 우리에게 나타나시어, 다시 복을 더하여 주옵소서.

"다시는 야곱이라 부르지 않겠고 이스라엘이 네 이름이 되리라" 하신 것처럼 우리의 본성도 온전히 돌아올 수 있도록 도와주옵소서. 생육하고 번성하는 사명도 잘 감당할 수 있도록 모든 여건도 살펴 주옵소서. 우리에게 많은 백성이 나게 하시고, 후손에게도 그 땅을 허락해 주옵소서. 그래서 하나님이 말씀하시는 이 자리에서 '돌기둥을 세우고 그 위에 전제물을 붓고 또 그 위에 기름을 부으며' 십일조 서원을 잘 지키기를 원합니다. 십일조가 나의 신앙고백이 되기 원합니다.

사명의 복과 영적인 복도 다시 주옵소서. 그래서 말도 안 되는 돌기둥 같은 내 남편, 내 아내, 내 자녀, 내 이웃들의 구원을 위해서 죽어지고 썩어지는 밀알이 되어서 헌신할 수 있도록 도와주옵소서. 하나님의 이름만 들어도 마음이 설레고, 생각만 해도 기가 막히고, 감격과 사모함이 있는 인생을 살아갈 수 있도록 붙잡아 주옵소서. 다시 주시는 복을 마음껏 받아 누리는 우리가 되도록 도와주옵소서. 다시 나타나 주옵소서. 예수님 이름으로 기도하옵나이다. 아멘.

벧엘에서
길을 떠나

창세기 35장 16~20절

하나님 아버지, 그 어떤 슬픈 일을 당해도
하나님의 위로로 기쁨을 얻기 원합니다.
그러므로 고통과 중독의 근원들도 온전히 끊어지기를 원합니다.
말씀하여 주옵소서. 듣겠습니다.

전문가들 말에 의하면 '재테크에 실패하는 7가지 유형'이 있다고 합니다. 이른바 '거지가 되는 칠거지악(七去之惡)'입니다. 첫째는 무조건 금융 상품에 다 가입하고 보는 스타일, 둘째는 재테크에 관한 책이란 책은 다 읽고 팔랑귀가 되어서 무슨 얘기만 들으면 금세 해약하고, 다른 상품으로 갈아타는 스타일, 셋째는 남의 말을 전혀 안 듣는 스타일입니다. 이런 사람은 고집부리다 3대가 망한다고 합니다. 또 넷째는 그때그때 벼락치기로 투자하는 스타일, 그 뒤를 이어서 100% 대출받아 투자하는 스타일, '금융회사가 다 알아서 해 주겠지' 하는 꼭두각시 스타일, '한 방'을 믿는 스타일 등이 있답니다.

또 마이너스 통장 가진 사람, 부화뇌동하는 사람, 욕심부리는 사람, 뒤늦게 후회하는 사람, 젊어서 '노세, 노세' 하는 사람은 절대로 돈을 못 번다고 합니다. 그런데도 다들 주식에 한번 손대면 죽어도 못 끊는 모습들을 봅니다. 주식뿐 아니라 술, 담배, 야동, 쇼핑…… 이런 중독에 빠지면 좀체 헤어나기가 어렵습니다.

어떤 목사님의 아버지가 폭력 세계에 있다가 손을 털고, 예수까지 믿게 되었습니다. 그런데 그 아들이 목사라도 끝까지 못 끊는 것이 술이라고 합니다. 나쁜 것을 다 알지만, 중독이라는 게 이렇게 안 끊어집니다. 예수를 믿어도 안 되는 일이 있습니다.

야곱에게도 '라헬 중독'이 있었습니다. 라헬 때문에 숱한 고초를 겪었는데도 그저 라헬 바라기만 하고 있습니다. 이것을 어떻게 해결해 주시는지 하나님의 방법을 보겠습니다.

가장 슬픈 일을 주십니다

그들이 벧엘에서 길을 떠나 에브랏에 이르기까지 얼마간 거리를 둔 곳에서 라헬이 해산하게 되어 심히 고생하여 _창 35:16

딸이 능욕당하고 아들들이 살인을 저지르는 사건 가운데 하나님의 말씀에 순종하여 벧엘로 올라간 야곱은 예배가 회복됩니다. 그곳에서 하나님이 다시 주시는 복을 받고, 구속사적 평등을 알게 됩니다.

그리스도인으로서의 본성이 돌아오는 복과 사명의 복, 말씀과 깊이 교제하는 복을 받습니다. 이후 야곱은 그 어떤 돌기둥 같은 환경에서도 기름을 붓고 헌신하겠다고 맹세합니다. 그리고 그 하나님의 집에서 날마다 '엘벧엘, 벧엘의 하나님'을 부르짖었습니다. 이제 그들은 벧엘에서 길을 떠나 에브랏으로 갑니다.

'길을 떠나'라는 구절의 원어를 직역하면 '두 발을 들어 올렸다' 입니다. 즉, 야곱이 마치 날아가듯, 황급히 벧엘을 떠났다는 뜻입니다. 또한 '에브랏'은 베들레헴의 옛 이름입니다(창 48:7). 그 이름에는 '열매를 맺고 번창하다'라는 뜻이 담겨 있습니다. 그런데 그곳으로 가는 도중에 라헬이 해산을 합니다.

지난 30장 24절에서 요셉을 낳고는 "다른 아들을 내게 더하시기를 원하노라" 했던 라헬입니다. 그러고는 10여 년이 지난 뒤 기적같이 임신했는데, 그토록 원하던 아들을 길에서 낳게 된 것입니다. 더군다나 라헬이 심히 고생했다고 합니다. 성경은 이를 '난산'이라고 기록하고 있습니다.

> 그가 난산할 즈음에 산파가 그에게 이르되 두려워하지 말라 지금 네가 또 득남하느니라 하매_창 35:17

그토록 원하던 아들을 낳게 되었으니 기뻐해야 하잖아요. 하지만 산파가 "두려워하지 말라"는 말까지 한 것으로 봐서는 라헬의 산통이 그만큼 심했던 모양입니다.

30장 1절에서 보았듯이 아들을 못 낳던 라헬은 순풍순풍 아들을 잘 낳는 언니 레아를 무척 시기했습니다. 그래서 "내게 자식을 낳게 하라, 그렇지 아니하면 내가 죽겠노라" 하며 야곱을 협박까지 했습니다. 하지만 그 일로 야곱의 화만 불러일으켰습니다. 대신 야곱이 빌하와 동침하도록 해서 단과 납달리, 두 아들을 얻었습니다. 단은 '내 억울함을 푸셨다', 납달리는 '내가 경쟁하여 이겼다'라는 뜻입니다. 라헬이 얼마나 억울하고, 이기고 싶었으면 아들들 이름을 그리 지었겠습니까(창 30:6~8).

그런데 라헬의 아들 숭복은 어기서 그치지 않았습니다. 요셉을 낳고도 "여호와는 다시 다른 아들을 내게 더하시기를 원하노라!"(창 30:24) 부르짖으면서 결코 만족하지 못했습니다. 감사하지도 않았습니다.

야곱은 '라헬 중독'이고, 라헬은 '아들 중독'입니다. 아들만 있으면 그저 좋은 라헬입니다. 그래서 드디어 그토록 바라던 아들이 태어났습니다. 기도 응답을 받았습니다. 그런데 지금 라헬이 그 좋은 아들을 낳고 죽게 생겼습니다.

그가 죽게 되어 그의 혼이 떠나려 할 때에……_창 35:18a

생명을 낳고 죽음을 맞이한 것입니다. 삶과 죽음은 이처럼 역설적입니다. 언젠가는 우리의 영혼도 떠납니다. 떠나온 곳으로 돌아갑니다. 하나님께로 돌아갑니다. "한 번 죽는 것은 사람에게 정해진 것이요 그 후에는 심판이 있으리니"(히 9:27)라고 했습니다. 그러므로 우

벧엘에서 길을 떠나

리는 심판을 예비해야 합니다. 죽음을 예비해야 합니다. 하지만 라헬은 어떻습니까?

……아들의 이름을 베노니라 불렀으나…… _창 35:18b

기도 응답으로 아들을 선물받았는데, 그 아들 이름을 "베노니"라 부르고 죽습니다. 베노니는 '나의 슬픔의 아들, 나의 불행의 아들'이라는 뜻입니다. 아들이 평생 불려야 할 이름이 '나의 슬픔, 나의 불행'이라니요. 그야말로 저주의 이름을 지어 주고 간 것입니다.

지금 라헬에게는 자신을 짓누르는 고통밖에 보이지 않습니다. 그것만이 슬픈 일입니다. 라헬은 언약에 대한 개념이 전혀 없습니다. 관심도 없습니다. 그저 모든 걸 갖고자 했고, 실제로 가졌습니다. 하지만 누리지를 못했습니다. 그토록 얻고자 했던 아들을 얻었어도 제대로 한번 안아 보지 못했습니다. 기쁨을 누리지 못했습니다. 오직 고통만 안고 떠났습니다.

주님은 "몸은 죽여도 영혼은 능히 죽이지 못하는 자들을 두려워하지 말고 오직 몸과 영혼을 능히 지옥에 멸하실 수 있는 이를 두려워하라"(마 10:28)고 말씀하셨습니다. 이렇듯 우리는 없어질 육체가 아니라 사라지지 않을 영원한 것을 위해서 사는 자가 되어야 합니다. 그런데 라헬은 몸 죽이는 것을 두려워했습니다. 영생을 누리지 못했던 것입니다. 이 죽음의 순간에도 아들을 주님께 부탁하지 못했습니다. 마지막까지 슬픔과 고통과 불행을 노래하며 미성숙한 모습만 보였습니다.

더구나 베노니가 누구입니까? 열두 믿음의 조상이 될 아들 베냐민 아닙니까. 그런데 라헬은 이 아들을 믿음으로 바라보지 못했습니다. 그 눈에는 그저 슬픔과 고통과 불행만 보였습니다. 이처럼 라헬의 인생은 '자기 연민 때문에, 자기 슬픔 때문에 울었다'로 끝났습니다.

우리가 아무리 기막힌 일을 당해도 그렇습니다. 라헬처럼 내 연민에 빠져 울면 안 됩니다. 주님 때문에 울고, 십자가 때문에 울어야 합니다.

그런데 우리들교회 목장 보고서를 보니 남자 집사님들의 나눔도 참 안타깝습니다. 한 집사님이 "나는 기도할 때는 눈물이 안 나오는데 마이클 잭슨의 공연 실황을 보면서 혼자 눈물을 펑펑 흘렸다"고 했습니다. 그랬더니 다른 한 분이 또 이럽니다.

"나도 '울고 싶어라'라는 가요를 듣는데 눈물이 납디다."

그러니까 또 다른 집사가 맞장구를 칩니다.

"저는 최백호 씨의 노래만 부르면 이상하게 눈물이 납니다."

세속사와 구속사를 분별하는 게 이렇게 어렵습니다. 구원을 위해 울어야 할 때는 안 울고, 울어선 안 될 때 우는 것이 꼭 라헬을 닮았습니다. 다들 자기 연민에 웁니다.

+ "다시 내게 더하시기를 원하노라" 하며 끊임없이 다른 것을 구하지는 않습니까?
+ 지금 내 인생에 가장 슬픈 일은 무엇입니까? 그 슬픔의 사건을 믿음의 눈으로 바라봅니까? 그래서 내 고난이 나의 구원을 위한 축복의 사건이라고

벧엘에서 길을 떠나

잘 해석하고 있습니까? 해석도 안 되고 해결도 안 된다며 날마다 슬픔과 고통의 노래만 부르고 있습니까?

위로받지 못하는 라헬을 보게 하십니다

벧엘에서 예배가 회복되었지만, 라헬에게는 죽음이라는 가장 큰 슬픈 일이 일어났습니다. 야곱에게도 라헬이 죽는 가장 슬픈 일이 일어났습니다. 우리 인생에도 슬픈 일은 언제든지 일어날 수 있습니다.

그런데 예레미야 31장 15절을 보면 "여호와께서 이와 같이 말씀하시니라 라마에서 슬퍼하며 통곡하는 소리가 들리니 라헬이 그 자식 때문에 애곡하는 것이라 그가 자식이 없어져서 위로 받기를 거절하는도다"라고 합니다.

이스라엘이 우상숭배를 하다가 바벨론으로 잡혀갈 때 자식들이 다 죽었습니다. 예레미야는 그때 겪었던 민족의 슬픔을 라헬의 슬픔에 비유했습니다. 여호수아서에 보면 라마는 베냐민 지파의 땅에 속합니다(수 18:25). 라헬이 베냐민의 땅 라마에서 그녀의 자식을 위해서 울었다는 겁니다.

라헬의 죽음과 관련한 기록은 사무엘서에도 나옵니다. 베냐민 땅의 셀사에서 사울이 기름 부음을 받는 장면입니다.

"네가 오늘 나를 떠나가다가 베냐민 경계 셀사에 있는 라헬의 묘실 곁에서 두 사람을 만나리니 그들이 네게 이르기를 네가 찾으러 갔던 암나귀들을 찾은지라 네 아버지가 암나귀들의 염려는 놓았으나 너희로 말미암아 걱정하여 이르되 내 아들을 위하여 어찌하리요 하더라 할 것이요"(삼상 10:2).

이렇듯 라헬의 죽음과 관련된 기록은 여호수아서에도 있고 사무엘서에도, 예레미야서에도 있습니다. 라헬이 죽으면서 자기 아들 이름을 '베노니'라고 부르며 슬퍼한 것이 그만큼 중요한 의미를 지니고 있다는 것입니다.

그런데 마태복음 2장 18절을 보면 "라마에서 슬퍼하며 크게 통곡하는 소리가 들리니 라헬이 그 자식을 위하여 애곡하는 것이라 그가 자식이 없으므로 위로 받기를 거절하였도다 함이 이루어졌느니라"라고 합니다. 예레미야서 말씀을 그대로 인용하면서 '……함이 이루어졌느니라'는 구절을 덧붙였습니다. 이것은 또 무엇을 의미할까요?

성경에는 영아 학살 사건이 몇 차례 나옵니다. 출애굽기 1장에서 애굽 왕 바로는 이스라엘 자손이 번성하는 것을 두려워하며 갓 태어난 히브리 남자 아기를 살해하도록 명령했습니다(출 1:12~22). 또 예레미야 시대에 이스라엘 백성이 바벨론 포로로 사로잡혀 갈 때도 많은 아이가 죽임을 당했습니다. 예수님이 탄생하신 헤롯 시대에도 베들레헴 지경 안에 있는 사내아이들이 죽임을 당했습니다(마 2:16). 이렇듯 이스라엘이 망할 때, 죄악이 관영할 때 하나님은 어린아이들을 죽게 하셨습니다. 그리고 그때마다 하나님은 라헬 이야기를 언급하십니다.

이것이 무엇을 의미합니까? 이스라엘이 포로로 사로잡혀 간 나라들은 당시 세계 최고 강대국들입니다. 애굽이 그랬고 바벨론이, 로

벧엘에서 길을 떠나

마가 그랬습니다. 아이러니하게도 그 강대국들이 아이들을 죽였습니다. 이러한 영아 학살 사건은 가고 오는 세대에 가장 빠지기 쉬운 '자식 우상'에 대한 경고입니다. 내 자식을 영의 자식으로 키우지 않으면 육신의 자식이 될 수밖에 없다는 것입니다. 애굽의 포로로 끌려가고, 바벨론 포로로 끌려가고, 로마의 식민 치하에서 살아갈 수밖에 없습니다. 세상 권세와 명예와 음란과 돈의 포로로 끌려갈 수밖에 없다는 것을 알아야 합니다.

하지만 우리는 어떻습니까? 힘들면 힘들어서, 잘나면 잘나서 육신의 자식을 우상처럼 섬깁니다. 환경이 힘들면 "네가 우리 집의 기둥이다. 내가 너만 보고 산다. 제발 공부해서 우리 집안을 살려라" 하며 우상처럼 받듭니다. 그렇게 육신의 자식으로 키우기에 자녀들이 애굽의 포로, 바벨론 포로, 돈의 포로, 음란의 포로로 잡혀가고 죽임을 당한다는 걸 알아야 합니다. 그러므로 우리는 육신의 자식이 죽어서가 아니라 영의 자식이 없는 것 때문에 울어야 합니다.

라헬에게는 이미 훌륭한 아들 요셉이 있었습니다. 그리고 베노니, 즉 베냐민도 낳았습니다. 그런데 자식이 없다고 한탄합니다. 이것은 곧 라헬이 육신의 자식 때문이 아니라 영의 자식이 없는 것 때문에 슬퍼했다는 뜻입니다.

그녀가 위로받기를 거절한 것도 그렇습니다. 너무 잘난 아들 요셉에, 평생 자신을 사랑해 준 잘난 남편 야곱이 있는데도 왜 위로받기를 거절합니까? 아무리 육적으로 잘난 자식이 있어도 영적인 자식이 없으면 소용없다는 뜻입니다. 그러니 그토록 '자식, 자식'을 부르짖었어도 막상 자신이 죽게 되니 그 자식을 저주한 것입니다.

복음으로 자식을 낳지 못했다는 이야기는 마태복음에도 나옵니다.

"그 날에는 아이 밴 자들과 젖 먹이는 자들에게 화가 있으리로다 너희가 도망하는 일이 겨울에나 안식일에 되지 않도록 기도하라"(마 24:19~20).

주님은 왜 환난이 왔을 때 아이 밴 자들과 젖먹이는 자들에게 화가 있으리라고 하셨을까요? 환난 때는 도망가야 하는데 애를 배고 있으면 힘들잖아요. 젖먹이도 짐만 됩니다. 그렇다고 '환난의 때에는 임신하지 말아야지'라고 적용해서는 안 됩니다.

여기서 아이를 뱄다는 것은 잉태했으나 해산하지 못한 것이고, 젖먹이는 태어났으나 아직 양육이 안 된 것입니다. 태어나지 못한 것은 구원의 확신이 없는 것이고, 젖먹이는 구원의 확신은 있는데 양육이 안 된 것입니다. 그래서 환난이 오면 구원의 확신이 없는 가족, 양육되지 않은 자녀 때문에 큰 화를 당합니다.

라헬 역시나 아들을 낳기만 하고 죽었습니다. 양육 한번 못했습니다. 그래서 라헬이 위로를 못 받는 겁니다. 오직 우리는 복음의 자식을 낳아야 위로받을 수 있습니다.

결국 라헬의 아들들은 예수님의 계보를 잇지 못했습니다. 라헬이 아닌 레아의 아들 유다가 예수님의 조상이 되었습니다. 그러니 지금 내 자녀가 잘나고 못난 게 문제가 아닙니다. 예수님의 계보를 잇는 자녀, 믿음의 대를 잇는 영적 자녀가 최고입니다.

어느 날 뭔가에 씌어서 멋져 보이는 불신 여자랑 바람을 피운 한 집사님의 이야기입니다. 아내한테 대놓고 이혼해 달라며 닦달하던 중에 갑자기 몸이 몹시 아팠습니다. 일주일을 끙끙 앓으며 집에 드러누워 있는데, 아내가 워낙 간호를 잘해 주었답니다. 그런 아내를 보자 문득 이런 생각이 들더랍니다.

'내가 이렇게 아파서 드러누워 있어도 그 불신녀가 변치 않고 나를 사랑해 줄까? 이렇게 지극정성으로 간호해 줄까? 아니야, 아무리 그래도 조강지처만큼은 못할 거야.'

하나님이 이 집사님의 마음을 움직여 주신 것입니다. 이분은 외도를 끊기로 결심하고 그녀에게 이별을 통보했습니다. 그러자 그녀는 "나하고 결혼하자 할 때는 언제고 딴소리하다니! 불륜 사실을 교회에 다 알리겠다" 하며 난리를 피워 댔습니다.

하지만 이 집사님은 조금도 당황하지 않았습니다. "맘대로 해라. 내가 다니는 우리들교회는 알려도 괜찮다"라고 했답니다. 그랬더니 이번에는 그녀가 "결혼을 빙자했으니 일억 오천만 원을 내놓아라" 하며 생떼를 부렸습니다. 바람피울 때는 그리도 좋던 여자였는데 헤어지기로 작심하니 정이 뚝 떨어졌습니다.

그런데 여러분, 이 이야기의 주인공은 이 남자 집사님이 아닙니다. 이런 소동을 지켜보면서도 꿋꿋하게 자기 자리를 지킨 아내 집사님이 진짜 주인공입니다.

아내 집사님은 남편이 바람을 피우고 일억 오천만 원이 순식간에 날아가도 요동하지 않았습니다. 한결같이 남편을 잘 섬겼습니다. 여전한 방식으로 예배의 자리를 지키고 가정을 지켰습니다. 목장에도 충실했습니다. 사람 살리는 사명에 충실하며 복음으로 영적인 자식을 계속 낳았습니다.

그러니 불행과 슬픔 따위의 언어는 생각나지도 않았습니다. 그 삶에 이미 하나님의 위로가 임한 것입니다. 결국 그 가정도 살아났습니다.

그런데 라헬이 이것이 안 되었습니다. 복음으로 영적인 자식을 낳지 못하고 날마다 "내 자식이 없다!" 하며 한탄했습니다. 하나님의 위로를 받지 못하니 그 마음에 불행과 슬픔만 가득했습니다.

+ 지금 위로받기를 거절하고 있는 일은 무엇입니까?
+ 내 자녀를 영의 자녀로 잘 키우고 있습니까? 육신의 자식으로 키웠다가 "내 자식이 없다!" 하며 한탄하고 있지는 않습니까?
+ '한 영혼 구원하자' 하며 잉태했으나 아직 전도하지 않아서 해산하지 못한 영혼이 있습니까? 전도 한번 하고는 '내 할 일 다 했다' 하며 양육을 게을리하지는 않습니까?

슬픈 일에서 기쁨을 끌어내십니다

그가 죽게 되어 그의 혼이 떠나려 할 때에 아들의 이름을 베노니라 불렀으나 그의 아버지는 그를 베냐민이라 불렀더라 _창 35:18

라헬이 아들을 낳고는 "베노니", "저 불행의 자식, 저 고통의 자식"이라 부르며 숨을 거두었습니다. 길에서 해산하다 목숨까지 잃는 슬픈 일을 당하고도 위로받기를 거절했습니다. 그런 라헬의 모습을 보고 야곱이 너무 놀랐습니다. 그리고 그 자리에서 즉시 그 아들의 이름을 "베냐민", "오른손의 아들, 능력의 아들, 기쁨의 아들, 행운의 아들"로 바꾸어 부릅니다.

지금껏 자신을 '누구의 아버지'라고 표현한 적이 없었던 야곱입니다. 디나가 능욕당할 때만 해도 아들들이 올 때까지 잠잠히 있었습니다. 자녀들이 그렇게 많아도 "내가 그의 아버지다" 이렇게 말한 적이 없었습니다. 그랬던 야곱인데 아버지로서 '저주의 아들'을 '기쁨의 아들'로 싹 바꾸었습니다. 이 슬픈 일에서 기쁨을 끌어낸 것입니다.

내가 죽어서 다른 사람이 살 수 있다면 그보다 보람된 길은 없습니다. 그런데 라헬은 거기까지 가지 못했습니다. 하지만 야곱은 하나님이 라헬의 죽음을 베냐민의 생명으로 바꿔 주신 것을 알게 되었습니다. 이때부터 야곱이 자기 인생을 해석하기 시작했습니다.

+ 슬픔에서 기쁨을, 죽음에서 생명을 끌어내고 있습니까? 그저 슬퍼만 하고 있습니까?

고통의 근원을 끊어 주십니다

이렇게 야곱이 바뀌니, 하나님이 고통의 근원을 끊어 주십니다.

라헬이 죽으매 에브랏 곧 베들레헴 길에 장사되었고 _창 35:19

야곱에게 라헬은 평생 숙제였습니다. 라헬이 죽기까지 끊지를 못했습니다. 야곱에게서 많은 백성이 나와야 하는데 정신 못 차리고 있으니 결국 하나님이 처리해 주셨습니다. '죽도록 끊지 못하던' 라헬을 '죽게' 하신 것입니다. 그리고 "라헬이 죽으매 베들레헴 길에 장사되었다"라고 합니다. 라헬이 열조의 묘실에 묻히지 못했다는 것입니다. 본향에 거의 다 왔는데, 야곱은 라헬과 분리됩니다. 비로소 라헬 중독에서 벗어나게 된 것입니다. 저는 이런 야곱의 모습을 보며 관계 중독은 억지로 끊을 수 없음을 알게 되었습니다. 누가 죽어야 끊어지는 것을 봅니다. 이런 우리 인생이 너무 슬프지 않습니까?

『사랑이라는 이름의 중독』이라는 책을 쓴 토마스 화이트맨(Thomas Whiteman)은 "중독적인 관계는 자존감을 쓰러뜨리고 힘을 쏙 빼놓는다. 그런 관계를 끊기 위해서는 모호한 다짐은 하지 말아야 한다. 구체적이어야 한다"라고 했습니다. 그러면서 그는 이렇게 덧붙입니다.

"기분 좋게 헤어지는 방법은 있을 수 없다. 상대방이 절규하고, 저주를 퍼부어도 마음을 굳게 해야 한다. 그리고 단번에, 영원히 끊어야 한다. 또한 관계를 정리한 후 친구 사이로 남는다는 것은 있을 수 없는 일이다."

하지만 누구나 결혼하면 배우자와의 사이에 깊은 애착 관계가 형성되게 마련입니다. 서로에게 못이 박힙니다. 피차 견딜 수 없이 미워하게 되어도 머릿속은 상대방에 대한 생각으로 꽉 찹니다. 그래서 야곱도 미우나 고우나 라헬로부터 분리가 안 되어 인생이 힘들었을 것입니다.

　나도 야곱처럼 배우자와 중독적 관계라면 분리 과정이 필요합니다. 절대 배우자를 끊어 내라는 말이 아닙니다. 감정적인 분리가 필요하다는 것이죠. 배우자에게만 향하던 시선을 돌려 나 자신을 객관적으로 보라는 겁니다. 분리는 자기 자신을 스스로 책임지겠다는 결단에서 출발합니다. 나의 밖에 있는 문제들을 나는 해결하지 못합니다. 그 누구도 내가 변화시키지 못합니다. 다만, 나의 연약한 부분을 스스로 돌아볼 수는 있습니다. 하나님 앞에서 나의 죄와 부족함을 돌아보고 인정할 때 자존감도 높아집니다. 그러면 없던 매력도 생기는 겁니다.

　어떤 집사님에게 들은 이야기입니다. 자기 할아버지한테 첩이 셋이나 있었다고 합니다. 그런데 어느 날 너무너무 예쁜 넷째 첩을 얻고는 그 여자에게 푹 빠져 애도 낳고, 그 첩의 애들만 예뻐했답니다. 그 넷째 첩이 온 집안을 들쑤시며 못된 짓을 하고, 결국 재산까지 다 들어먹었는데도 할아버지는 그 넷째 첩을 끊지 못했습니다. 야곱처럼 라헬 중독에 빠진 것입니다. 그러다 결국 이 넷째 첩이 온 집안 재산을 다 털어먹고는 할아버지를 내쫓았답니다. 할아버지는 끝내 객사하고 말았습니다. 더 안타까운 건, 평생 그 할아버지만 바라보며 살아온 집사님의 친할머니도 그 말로가 아주 비참했답니다.

　저마다 끊지 못하는 관계 중독, 라헬 중독이 있습니다. 예수가 없으면 다들 헤어나지 못합니다. 예수를 믿어도 여자를 못 끊고, 남자를 못 끊고, 동성애를 못 끊는 경우가 허다합니다.

야곱은 라헬과의 관계 중독이 얼마나 심했던지 때마다 라헬을 끼고돌았습니다. 라헬 때문에 성내는 일도 있었지만(창 30:2) 그럼에도 야곱은 라헬을 끊지 못했습니다. 라헬이 "내 여종 빌하에게로 들어가라"(창 30:3) 하여도 군말 없이 빌하와 동침했습니다.

그랬던 야곱이었는데 라헬이 죽음으로써 비로소 고통의 근원지나 다름없던 라헬과 분리된 것입니다. '슬픔의 자식, 저주의 자식'을 '기쁨의 아들, 행운의 아들'로 바꾸고, 슬픈 일에서 기쁨을 끌어내니 하나님이 그 고통의 근원을 끊어 주신 것입니다.

+ 날마다 내 자녀를 "저 저주의 자식, 저 불행의 자식, 저 고통의 자식"이라 부르고 있지는 않습니까? 그런 자녀를 '능력의 아들, 기쁨의 아들, 행운의 아들'로 바꾸기 위해 내가 먼저 끊고 수고해야 할 것은 무엇입니까?
+ 예수를 믿어도 여전히 끊지 못하는 관계 중독은 무엇입니까? 하나님이 끊어 주시기를 기도합니까?

수치와 죄패의 돌기둥을 세웁니다

야곱이 라헬의 묘에 비를 세웠더니 지금까지 라헬의 묘비라 일컫더라
_창 35:20

이 말씀을 구속사적으로 읽지 않으면 "라헬은 평생 남편의 사랑

을 받다가 비석까지 세워졌네, 나는 라헬이고 싶어라~" 할 것입니다. 하지만 성경이 이렇게 라헬의 묘비를 언급하고 있는 것은 그녀의 믿음이 좋아서가 아닙니다.

야곱의 어머니 리브가나 조강지처 레아는 묘비가 없습니다. 모세와 예수님은 묘 자체가 없습니다. 믿음 좋은 사람의 묘비에 대한 언급이 성경에는 일절 없습니다. 그러므로 이 묘비는 믿음 없는 라헬의 말로가 어찌 되었는지를 기억하라는 것입니다.

여러분은 이러한 구속사가 깨달아지십니까? 그런데 우리는 어떻습니까? 성경에서 이런 말씀을 보면 그저 '사랑받는 라헬이 너무 좋아, 나는 지옥에 가도 라헬처럼 살고 싶어. 야곱이 묘비도 세워 줬잖아~' 합니다. 눈에 보이는 게 이런 것밖에 없습니다. 하지만 여러분, 그 위에 구속사가 있다는 것을 알아야 합니다.

야곱과 라헬은 신앙 안에서 점점 대화가 안 되었던 것으로 보입니다. 그럼에도 야곱은 라헬을 좋아하니 끝까지 사랑과 정성을 다했을 것입니다. 그래서 마지막 순간까지 그녀의 묘비를 세웠습니다.

야곱은 평생 네 번의 기둥을 세웠습니다. 에서를 피해 도망갈 때(창 28:18), 라반과 마지막 협정을 할 때(창 31:45), 세겜에서 딸 디나의 강간과 아들의 살인 사건을 겪은 후 벧엘로 올라가서(창 35:14), 그리고 지금 라헬이 죽었을 때 그녀의 묘비를 세웠습니다. 에서나 라반은 야곱에게 너무나 두려운 존재였습니다. 하지만 그들로부터 핍박당할 때마다 야곱의 믿음은 한 단계씩 올라갔습니다. 그걸 기념하느라고 돌기둥을 세웠습니다. 그렇다면 라헬의 묘비는 어떤가요?

다윗도 사울에게 핍박받을 때는 믿음이 좋았습니다. 믿음으로 그 핍박을 통과했습니다. 하지만 밧세바 시험에는 무너지고 말았습니다. 이처럼 믿음으로 핍박을 통과해도 유혹 앞에서는 장담할 수 없는 게 우리네 인생입니다. 야곱이 그 사실을 깨달았습니다. 그래서 라헬의 묘비를 세워서라도 자신의 라헬 중독을 '영원히 잊지 말자, 기억하자' 했습니다. 그렇게 해서라도 그 중독을 처리하지 않으면 약속의 조상으로 갈 수 없음을 알았습니다. 라헬을 길가에 묻고 나서야 라헬의 실체를 직면한 것입니다. 그만큼 그의 믿음이 자란 것입니다.

이 라헬의 묘비에 대한 언급은 사무엘 때 있었고(삼상 10:2), 예레미야 때도 있었고(렘 31:15), 예수님 때도 있었습니다(마 2:18). 이 묘비는 오늘날까지도 그 자리에 있습니다. 하지만 이 묘비는 야곱이 도저히 끊지 못하던 라헬 중독을 하나님이 처리해 주신 것을 영원히 기념하는 수치의 죄패입니다. 야곱이 자신의 죄패를 이렇게 세움으로써 약속의 땅에 들어가기 전에 해결해야 할 큰 숙제를 마친 것입니다.

지난 35장 8절에서 유모 드보라를 상수리나무 밑에 장사할 때 야곱은 그 나무 이름을 '알론바굿', '통곡의 상수리나무'라고 불렀습니다. 그만큼 심히 통곡하고 슬퍼했습니다. 하지만 지금은 야곱이 통곡했다는 이야기가 일절 없습니다. 라헬을 잃은 슬픔이 기쁨으로 바뀐 것입니다. 그토록 끊지 못하던 라헬 중독을 하나님이 드디어 끊어 주셨기 때문입니다. 레아가 아닌 라헬을 사랑했던 자신의 연약함을 비로소 인정한 것입니다. 그러므로 라헬의 묘비는 야곱의 죄패가 맞습니다. 자신의 연약함을 영원히 기념하기 위해 세운 수치의 죄패인 것입니다.

그런데 여러분, 이 길가의 묘비를 보면서 사람들은 라헬에 대해 어떤 생각을 했을까요?

언니보다 아주 곱고 아리따운 라헬이었습니다. 그래서 야곱의 사랑을 독차지했습니다. 하지만 자식이 없어서 언니 레아를 투기했습니다. 야곱에게 생떼를 부리고 성을 돋웠습니다. 자신의 여종 빌하를 통해 두 아들을 얻었는데도 그 이름을 '억울하다(단)' '경쟁에서 이겼도다(납달리)'로 지어 불렀습니다. 그럼에도 하나님은 그녀를 불쌍히 여기시고서 그 태를 열어 아들을 낳게 하셨습니다. 그런데 그녀는 "내게 아들을 더하시기를 원하노라" 하며 그 아들 이름을 '요셉'이라 불렀습니다. 그래서 아들을 하나 더 허락해 주었더니 급기야 '베노니', '불행의 아들'이라 이름 지었습니다. 그러고는 저세상으로 갔습니다. 정말 믿음이라고는 찾아볼 수 없는 라헬입니다.

재물에는 또 얼마나 욕심이 많았습니까? 지난 31장에서 밧단아람을 떠날 때는 아버지의 유산을 상속하고자 드라빔을 훔쳤습니다. 그런데 라반과 야곱이 언약을 맺음으로 결국 그 유산을 챙기지도 못했습니다. 또 마지막에 낳은 아들은 안아 보지도 못하고 죽었습니다. 평생 남편 사랑 듬뿍 받고, 아들도 낳고, 그 인생에 여러 번 홈런을 쳤지만, 약속의 시부모를 만나 보지도 못하고 길가에서 죽었습니다. 열조의 묘실에는 가 보지도 못했습니다. 거의 다 와서 끝내 객사했습니다.

크리스천이자 정신과 의사로서 많은 베스트셀러를 펴낸 M. 스캇 펙(Morgan Scott Peck) 박사가 그랬습니다.

"낭만적 사랑의 신화는 없다. 그것은 거짓말이다."

한 집사님이 우리들교회 홈페이지에 자기 수치의 죄패를 다음과 같이 오픈했습니다.

예레미야 52장 13절과 14절에 "여호와의 성전과 왕궁을 불사르고 예루살렘의 모든 집과 고관들의 집까지 불살랐으며 사령관을 따르는 갈대아 사람의 모든 군대가 예루살렘 사면 성벽을 헐었더라"고 합니다. 기나긴 예레미야서 큐티를 하는 동안 불사르고 망하는 사건이 반복되었습니다. 하나님을 믿으면서도 세상 가치관에 물들어 있던 저의 성전과 왕궁, 성벽을 불사르고 헐어 무너뜨리신 하나님의 은혜 몇 가지를 나누고자 합니다.

1. 거짓 착함
저는 스스로 착한 사람이라고 착각했습니다. 대표적인 예로 아내를 이뻐하고 사랑한다고 착각했습니다. 사람들 앞에서 "이쁜 숙~" 하고 아내를 부르면서 제가 좋은 남편임을 드러내고자 했습니다. 그런데 한번은 아내가 목장에서 눈물을 뚝뚝 흘리며 "남편이 나를 사랑하지 않고 핍박한다" 하며 저를 고발했습니다.
그때 저는 무엇으로 뒤통수를 맞은 것 같았습니다. 아내가 항암치료를 받으며 육체적으로 가장 힘든 순간을 지나고 있을 때 위로하고 돕기는커녕 아내의 약점만 생각하며 미워했던 저의 악함이 아내의 눈물을 통해 드러나고 만 것입니다. 비로소 착한 척, 교양 있는 척 살다가 나도 속고 아내도 속인 저의 거짓 착함이 깨달아졌습니다.

원수를 사랑하라는 예수님의 말씀을 들으며 '나도 그럴 수 있다' 했는데, 일절 손해 보지 않으려는 저의 이기적인 면모를 깨닫게 되었습니다.

2. (일에 대한) 거짓 자신감

몇 해 전 동유럽에 있는 조선소에서 주재원 생활을 한 적이 있습니다. 당시 휴일도 없이 열심히 일하다 보니 부임한 지 6개월여 만에 체중이 15kg이나 줄기도 했습니다. 그런데도 '앞으로 내가 무엇을 못하겠는가' 하는 의기충천에 사로잡혀 있었습니다. 하지만 귀국 후 새로이 배치된 부서에서는 1년도 채 버티지 못하고 "못 해 먹겠다" 하며 사표까지 쓰면서 물러난 적이 있습니다. 지금 생각해 보면 하나님이 저의 의로움을 무너뜨리시고자 "나 없이도 네가 그렇게 자신만만하니? 그럼 한번 해 봐라" 하며 새로운 부서로 보내신 것 같습니다.

3. 거짓 재물

직장 생활을 시작한 때부터 꼬박꼬박 한 십일조는 제 신앙생활의 은근한 자랑거리였습니다. 그런데 동유럽에서 근무하던 초기 2년 동안 십일조는커녕 헌금 자체를 잊고 살았습니다. 소득이 늘어나니 돈이 하나님보다 좋았기 때문입니다. 하지만 그렇게 모은 돈으로 묻지마 투자를 했다가 한순간에 불사름을 당했습니다.

4. (여자에 대한) 거짓 자신감

주재원 시절 6년 동안 예쁜 현지 여자들에 대한 유혹에 한 번도 넘어

가지 않았기에 '나는 여자 문제는 졸업했다'라는 자긍심이 있었습니다. 그러면서도 출장 오는 일부 인사들에게는 제 돈으로 성 접대를 하는 이중적인 모습이 있었습니다. 그러다 고위직 임원을 접대하던 중 권세에 눌려 마지못해(?) 매음에 동참하기도 했습니다.

또 한번은 후배들이 "선배님, 선배님~" 하면서 추켜세우는 바람에 성 접대를 받은 결과가 아내의 병으로 드러나기도 했습니다. 더 부끄러운 건 당시는 새벽마다 목사님 설교를 듣고, 노트에 적어 가면서 혼자 감격에 겨워할 때였다는 겁니다. 그야말로 저의 '벧엘의 돌베개 시절'이었음에도 그랬습니다.

5. 아직도 불태워지지 않은 나의 게으름

잘나가는 동료들을 부러워하면서도 정작 일은 하기 싫은 게으름이 있습니다. 아내는 늘 저보고 "당신은 가족이 없었더라면 진즉 직장을 그만두었을 것"이라 말합니다. 아내 말이 맞습니다. 요즘 직장 일이 부쩍 힘들게 느껴집니다. 저의 연약함을 도우시고 지금까지 인도해 주신 주님이 저의 게으름도 불살라 주시기를 원합니다. 도와주시옵소서.

이분은 예쁜 아내와 너무나 잘살고 있습니다. 애들도 공부 잘하고, 집안에 돈도 있습니다. 하지만 이 땅에서 아무리 잘살아도 결론이 '라헬'이면 안 됩니다. 그런데 이렇게 스스로 라헬의 묘비, 곧 자기 죄패를 세우고, 기억하며, 기념하고 가시니까 소망이 있습니다.

여러분도 그렇습니다. 지금의 슬픔의 사건에서 기쁨을 끌어내시기 바랍니다. 그리하면 하나님이 모든 고통의 근원을 끊어 주실 줄 믿습니다.

+ 영원히 기념해야 할 나의 실수, 내 수치의 죄패는 무엇입니까?
+ 여전히 억울한 일이 있습니까? 날마다 경쟁에서 이기려고 애쓰는 것은 무엇입니까?

내가 죽어서 다른 사람이 살 수 있다면
그보다 보람된 길은 없습니다.
야곱은 하나님이 라헬의 죽음을
베냐민의 생명으로 바꿔 주신 것을 알게 되었습니다.
이때부터 야곱이 자기 인생을 해석하기 시작했습니다.

20대에 두 아들을 데리고 과부가 된 엄마는 유부남이지만 친절하게 대해 주는 아버지를 만나 저와 남동생을 낳으셨습니다. 바람과 도박이 전공인 아버지는 노름에 필요한 돈을 뜯어 가셨고 엄마는 그로 인해 본처인 큰엄마에게 수치를 당하셨습니다. 엄마는 견디다 못해 저와 동생을 데리고 야반도주하셨습니다. 저는 그런 엄마에게 짐이 되고 있다는 생각과 버림받을지도 모른다는 두려움에 떨며 아버지를 원망하며 증오했습니다. 그러다 초등학교 5학년 때 담임선생님의 전도로 교회에 다니기 시작했고 중등부 수련회에서 하나님을 믿게 되었습니다.

상업고등학교를 졸업 후 취직한 대기업에서 남편을 만나 서둘러 결혼했습니다. 혼인신고를 하면서 숨겼던 출생의 비밀이 들통났습니다. 버림받을까 무서웠는데 남편은 "네 잘못이 아니잖아"라며 위로해 주었습니다. 이렇게 능력 있고 따뜻한 남편이지만 함께 교회에 가자고 하니 "보이지 않는 하나님을 어떻게 믿냐?"며 거절했습니다. 저는 남편의 영혼 구원에는 관심 없이 기복적인 헌금과 구제를 하면서 저 혼자 열심히 교회 다니며 직장 생활을 했습니다.

그러던 어느 날, 아들이 자다가 이불에 코가 눌려 천국으로 가는 청천벽력 같은 사건이 일어났습니다. 그러자 저는 평

소 직장 일과 집안일로 힘들다며 투덜댔던 저 자신을 정죄하
며 우울증까지 앓았습니다. 이 사건을 통해 남편이 교회에 다
니게 되었지만 서로 아이 죽음의 책임을 전가하며 분을 냈습
니다. 게다가 대기업에서 승승장구할 줄 알았던 남편이 조기
퇴직을 하고, 여러 번 이직을 반복했습니다. 이처럼 곤고해서
죽을 것같이 되자 비로소 말씀이 들리기 시작했습니다. 아들
의 죽음이 우리 가정을 돌이키시려는 구원의 사건으로 해석됐
고, "좋은 부모 나쁜 부모 없고 예수 믿게 해 준 부모가 최고"라
는 목사님 말씀이 들리며 지난 상처가 치유되었습니다. 슬픔
에서 기쁨을 끌어낼 수 있게 된 것입니다(창 35:18).

　아버지 가족을 만나러 가는 것이 두려웠는데 남편의 도
움을 받아 겨우 찾아갔습니다. 하지만 아버지는 이미 돌아가
신 후였습니다. 평생 고생만 하신 엄마는 암에 걸리신 일로 구
원을 받으셨고 온 가족이 예수님을 믿게 되었습니다. 약속의
조상이 되려면 라헬을 장사 지내야 하는데, 첩의 자식인 걸 인
정하는 게 제가 세워야 할 라헬의 묘비인 것 같습니다. 제 수치
의 묘비를 세우게 도와주신 하나님, 사랑합니다(창 35:20).

하나님 아버지, 라헬이 죽기까지 라헬과의 관계 중독을 끊지 못한 야곱을 봅니다. 이런 야곱의 모습을 보면서 관계 중독을 끊기가 얼마나 어려운지도 알게 되었습니다. 억지로 끊을 수 없고, 누가 죽어야 끊어지는 극단적인 모습을 보았습니다. 하나님이 기다리고 기다리셔도 안 되기에 나의 중독을 끊기 위해서 누구를 데려가실 수도 있다는 것을 알았습니다. 이런 우리 인생이 너무 슬프기만 합니다. 그럼에도 야곱을 사랑해서 라헬을 죽이심으로 관계 중독을 끊어 주시는 하나님의 사랑에 목이 멥니다.

주님, 우리에게도 저마다 죽도록 끊지 못하는 라헬 중독이 있음을 고백합니다. 죄라는 것을 알고 망할 수밖에 없다는 것을 알면서도 사람을 못 끊고, 동성애를 못 끊습니다. 평생 숙제를 안고 살아갑니다. 불쌍히 여기시고 이 모든 라헬 중독, 관계 중독을 끊게 하여 주옵소서.

내 전부를 잃는 슬픈 일을 당해도 라헬처럼 내 연민에 빠져 울지 않기를 원합니다. 주님 때문에 울고, 십자가 때문에 울고, 구원 때문에 울게 하옵소서. 슬픈 일에서 기쁨을 끌어내게 하옵소서. 배우자가 바람을 피우고, 자식이 게임에 빠져 있어도 요동하지 않으며, '슬픔의 자녀, 저주의 배우자'를 '기쁨의 자녀, 행운의 배우자'로 바꾸어 부르기를 원합니다. 예배의 자리를 사수하고, 복음의 자식을 낳기 위해 사명을 다하도록 인도해 주옵소서. 주께서 위로해 주시고, 힘을 더하여 주옵소서. 내 모든 고통의 근원을 끊어 주옵소서. 아무리 슬픈 일을 당해도 말씀으로 해석하며 갈 수 있도록 역사하여 주옵소서.

　야곱이 그리했던 것처럼 우리 또한 약속의 땅에 들어가기 전에 해결해야 할 큰 숙제를 마치기 원합니다. 내 죄를 영원히 기억하기 위해 수치의 죄패를 세우기를 원합니다. 모든 죄와 중독을 잘 처리하고, 약속의 땅으로 갈 수 있도록 도와주옵소서. 지켜 주옵소서. 예수님 이름으로 기도하옵나이다. 아멘.

4 장

다시 길을 떠나

창세기 35장 21~29절

하나님 아버지, 각자 어떠한 환경에 처해 있든지
다시 길을 떠나 아버지 품으로 돌아가기를 원합니다.
말씀하여 주옵소서. 듣겠습니다.

벧엘로 올라가기 위해 모든 이방 우상을 상수리나무 아래에 묻었던
야곱입니다(창 35:4). 그리고 벧엘에서 길을 떠났었습니다. 그런데 하
나님은 "그것 가지고는 안 된다. 네가 최고로 여기는 우상 라헬을 묻
으라"고 하셨습니다(창 35:19).

 야곱에게 라헬은 어떤 존재였습니까? 라헬을 사랑하는 까닭에
7년 봉사도 며칠 같게 여겨졌습니다. 그녀를 얻기 위해 자그마치 14년
을 봉사했습니다. 이 세상을 살아가는 데 라헬만 있으면 아무것도 필
요 없던 야곱이었습니다. 하나님을 믿는지, 라헬을 믿는지 스스로 분
간하지 못했습니다. 그러므로 하나님이 라헬을 내려놓게 한 것입니다.

라헬이 죽은 뒤 야곱은 그녀를 베들레헴으로 가는 길가에 묻고, 그 자리에 라헬의 묘비, 자기 수치의 죄패까지 세웠습니다. 그리고 이제 다시 길을 떠납니다. 하지만 그 여정이 결코 순탄치 않습니다. 천성을 향해 우리가 가야 할 길도 그렇습니다. 야곱이 어떤 길을, 어떻게 통과해 가는지 보겠습니다.

분노의 사건을 허락하십니다

이스라엘이 다시 길을 떠나 에델 망대를 지나 장막을 쳤더라_창 35:21

야곱은 자기 믿음의 분량으로는 도저히 끊을 수 없던 라헬 중독을 하나님의 은혜로 해결했습니다. 라헬이 죽어서 너무 슬펐지만, 또 한편으로는 투기심 많고, 죽는 순간까지 저주를 퍼붓고 간 라헬에게서 이제는 벗어났기에 기쁜 마음도 없지 않았을 것입니다. 그러므로 심기일전하여 다시 길을 떠납니다. 지금까지 지켜 주신 하나님께서 야곱의 상처를 어루만져 주셨다고 볼 수 있습니다.

그런데 성경은 왜 여기서 야곱을 '이스라엘'이라 기록했을까요?

하나님은 '아브람'을 '아브라함'이라 불러 주셨습니다. 그 후로는 '아브람'이라는 이름이 단 한 번도 쓰인 적이 없습니다. 하지만 야곱은 왜 어떤 때는 야곱이고, 어떤 때는 이스라엘일까요? 이것은 야곱이라는 한 개인이 이제는 이스라엘이라는 나라로 확장되었기 때문입니다.

다시 길을 떠나

그런데 이스라엘이 가던 길을 멈추고 에델 망대를 지나 장막을 칩니다. '에델'은 히브리어로 '양 떼'를 의미합니다. 또 '양 떼'는 이스라엘 백성을 뜻합니다. 미가 선지자도 "너 양 떼의 망대요 딸 시온의 산이여 이전 권능 곧 딸 예루살렘의 나라가 네게로 돌아오리라"(미 4:8)고 하였습니다. 그러므로 에델 망대는 '이스라엘을 살피기 위한 망대'를 뜻하기도 합니다.

> 이스라엘이 그 땅에 거주할 때에 르우벤이 가서 그 아버지의 첩 빌하와 동침하매 이스라엘이 이를 들었더라 야곱의 아들은 열둘이라
> _창 35:22

이스라엘이 에델 망대를 지나 장막을 친 것까지는 이해가 됩니다. 그런데 어찌 그 땅에 거주할 수가 있습니까? 야곱의 목적지가 어딥니까? 아브라함과 이삭의 고향인 헤브론 땅입니다. 외삼촌 라반의 곁을 떠나 고향으로 가려고 길을 떠났는데 도중에 세겜과 숙곳, 벧엘에서도 머물렀습니다. 이제는 곧장 헤브론으로 가야 하는데 또 그 땅에 거주합니다. 정말 천성 가는 길이 험해도 이렇게 험할 수가 있습니까? 또 걸려 넘어질 일이 있는 겁니다. 정말 되었다 함이 없는 인생입니다.

숙곳과 세겜에서는 야곱이 자식들 문제로 혼쭐이 났습니다. 벧엘에서는 드보라를 묻었습니다. 또 베들레헴 길에서는 라헬까지 묻었습니다. 그러니 이제는 좀 쉬어야겠다는 생각도 들었을 것입니다. 그리고 자신은 이스라엘이니까 내심 양 떼들을 위한답시고 에델 망

대를 지나서 '잠시 또 머물다 가자' 했을 것입니다.

그런데 이번에는 맏아들 르우벤이 그 아버지, 야곱의 첩 빌하와 동침하는 사건이 일어납니다. 외삼촌 라반의 시험, 형 에서의 시험, 딸 디나와 아들 시므온과 레위의 시험에 이어서 맏아들 르우벤의 시험이 왔습니다. 친척, 형제, 자식…… 이외에 라헬의 시험도 있었습니다. 끊임없이 가족들을 통해 시험에 듭니다. 천성을 향해 곧장 가지 않고, 여기저기 기웃거리면 이렇게 문제가 생기는 것입니다.

빌하가 누굽니까? 야곱의 첩입니다. 단과 납달리를 낳은 르우벤의 시모입니다. 더구나 라헬의 여종입니다. 야곱이 라헬을 얼마나 사랑했는데, 그 여종과 아들이 통간하다니요……. 야곱이 헐크로 변신해도 마땅할 일 아닙니까? 도저히 참기 어려운 시험을 만났습니다.

그런데 이번에는 야곱이 뭔가 달라졌습니다. "이스라엘이 이를 들었더라" 하고는 그 후에 아무런 말이 없습니다. 이유가 무엇일까요?

딸 디나의 강간 사건을 듣고도 목축 나간 아들들이 돌아오기까지 잠잠했던 야곱입니다. 가장으로서 당연히 나서야 할 일임에도 얌체같이 가만히 있었습니다. 그런데 지금의 잠잠함은 그때와는 차원이 다릅니다. 이미 벧엘에서 예배가 회복된 야곱입니다. 예배가 회복되면 그어떤 일을 당해도 자기 죄부터 보게 마련입니다. 야곱이 그랬을 것입니다. 기막힌 사건 앞에서 자기 죄가 더 중함을 알았을 것입니다. 그러므로 르우벤의 행태를 보고도 입이 다물어진 것입니다.

디나가 능욕당한 사건은 비단 그 시대, 그 집안에서만 일어난 일이 아닙니다. 우리 주변에도 그런 피해를 당한 사람이 있을 수 있습니

다시 길을 떠나

다. 내 아들이 다른 집안의 딸에게 그런 피해를 입힐 수도 있습니다. 르우벤의 사건도 마찬가지입니다. 오늘날에도 얼마든지 일어날 수 있습니다. 그러므로 우리는 당한 사람이나 안 당한 사람이나 똑같이 애통하면서 봐야 합니다.

그렇다면 우리는 르우벤의 이런 행위를 어떻게 애통하게 여길 수 있을까요? 르우벤은 평생 라헬에게 집착하는 야곱 아버지를 보았습니다. 그러니 라헬이 죽고 나자 '이제 집안의 장자권이 요셉에게 넘어가는 게 아닌가?' 싶었을 것입니다. 아버지가 라헬을 너무 좋아했으니 그럴 만도 합니다.

또 당시에는 아버지 첩과 동침하면 권력이 온다고 믿는 풍습이 있었습니다. 훗날 다윗의 아들 압살롬도 정권을 장악하기 위해 백주에 다윗의 후궁들과 동침했습니다(삼하 16:21~22).

그런데 '르우벤 사건'이 일어난 계기는 이게 전부가 아닙니다. 르우벤은 물론 레아의 자녀들에게는 아버지 야곱에 대한 상처가 적지 않았습니다. 명색이 본처의 자녀들인데, 아버지는 둘째 엄마 라헬만 사랑했습니다. 이복동생 요셉만 끼고돕니다. 더구나 레아가 낳은 딸 디나가 강간을 당했을 때 아버지 야곱은 입을 닫고 잠잠히 있었습니다.

레아의 자녀들이 울분을 터뜨릴 만도 합니다. 그래서 시므온과 레위는 살인까지 저질렀습니다. 우리는 디나의 오라버니 중에서 유독 레아의 아들인 시므온과 레위가 이 일을 주동했음에 주목해야 합니다.

반면에 야곱은 자식들이 살인까지 저질러도 아무도 막지도 않고 끝까지 모르쇠를 잡다가 자기 목숨이 위태해지니까 "너희가 내게 화를 끼치게 했다!" 하면서 분을 냈습니다(창 34:30). 르우벤은 그런 아버지 야곱을 철저히 모독하고 싶었을 것입니다.

디나가 강간당한 사건을 '이스라엘에게 부끄러운 일'로 여겼던 아들들이지만(창 34:7), 그럼에도 맏아들 르우벤이 '더 부끄러운 일'을 행한 데는 이처럼 다 이유가 있습니다.

어떤 임상심리사 한 분이 정신건강 칼럼에서 분노에 대해서 이렇게 썼습니다.

"세상에는 좋고 기쁘고 자랑스럽고 행복한 기억이나 감정을 억압하는 사람은 없다. 그런데 부끄러움, 슬픔, 회, 적개심, 공격성과 같은 기분이나 생각은 마음의 창고에 처박아 둔다. 이런 억압된 감정의 대표가 바로 분노이다."

이렇듯 우리에게는 저마다 슬프고 부끄러운 것들이 마음의 창고에 깊숙이 처박혀 있습니다. 대표적인 것이 부모가 싸우는 모습을 보며 자란 자녀들의 상처입니다. 하지만 부모가 싸워도 반드시 화해하는 모습을 보이면 크게 상처받지 않는다고 합니다. 그러지 않고 냉전 상태가 오래 지속될수록 그 상처는 아이들의 기억 창고에 차곡차곡 저장됩니다.

그러니 르우벤에게 이런 분노가 일어나는 것은 당연해 보입니다. 모든 것이 야곱이 라헬을 너무 사랑한 결과입니다. 야곱 시대가 끝나 가며 '야곱이 행한 대로', 야곱의 행실과 행위가 자녀에게 내려가기 시작합니다(호 12장).

독일의 신체심리치료사 야야 헤릅스트(Jaya Herbst)가 쓴 『피해의식의 심리학』이라는 책을 읽었습니다. 이 책에는 가해자를 이해하고 용서한 한 여성의 사례가 소개됩니다.

페트라라는 이 여성은 자신이 성폭행 피해자였기에 모든 남성에게 증오를 드러낼 권리가 있다고 믿었습니다. 그리고 폭력 피해 여성들의 자립 모임에 열심히 참여하면서 "이 세상의 모든 문제는 남자들 때문에 생긴다"고 주장하며 남자를 미워하고 경멸했습니다. 심지어 자신과 동거하는 남자 친구에 관해 이야기할 때도 경멸 섞인 감정 표현을 예사로이 했습니다. 그녀는 자신의 거친 공격성이 남성의 폭력에 맞서는 데 필요할 뿐 아니라 정당한 것이라 믿었습니다. 심지어 자부심까지 느끼고 있었습니다. 반면 그녀의 마음속에는 남자라는 폭력적인 괴물들에게 또다시 짓밟힐지 모른다는 두려움도 있었습니다.

이런 그녀의 피해의식이 치유되기 시작된 것은 자기 내면에 숨은 폭력성을 해소하기 위해 남성들을 이용했다는 사실을 인정한 날부터였다고 합니다. 저자는 다음과 같이 덧붙였습니다.

"우리는 자기 자신에게 어두운 면이 없다는 환상을 유지하기 위해서 얼마나 노력하는지 모른다. 그런데 사실 우리를 인간답게 만드는 것은 내 내면의 어두운 부분들이다. 괴테는 어두움을 '항상 악이 되기를 원하지만 항상 선을 창조하는 힘'이라고 했다. 그 힘을 통해 우리는 마침내 사랑하는 법을 배울 수 있다."

그러니까 내 속에 어두움을 발견하고, 그것을 인정하는 힘을 통해서 마침내 우리가 이해하고 용서하고 사랑하는 법을 배우게 된다는 것입니다. 즉 내 안에 잠재적인 살인자, 성범죄자, 거짓말쟁이 혹은 도둑의 모습이 있다는 것을 인정하면, 누가 살인하고 도둑질하고 거짓말하고 사기를 쳐도 '나에게는 이런 범죄가 마음속에 잠재되어 있지만 저 사람은 그걸 행동으로 옮겼구나' 하며 어느 정도 이해하게 된다는 것입니다.

그러므로 페트라도 잠재된 폭력성을 깨달았을 때 비로소 자기를 성폭행한 사람을 이해하기 시작했다는 것입니다. 그러면서 용서가 무엇인지 알게 되고 그것이 사랑의 출발점이 되었다고 합니다.

야곱이 그랬습니다. 르우벤이 빌하와 동침하는 사건을 통해 '이게 다 내 죄 때문이다. 르우벤도 그럴 수밖에 없었다'는 건 조금씩 깨닫게 된 것입니다. 그동안 야곱이 자기 형 에서를 얼마나 두려워했습니까? 그 형이 자기를 죽일 수도 있었습니다. 라반도 마냥 싫고 두렵기만 했습니다. 그러니 그들을 피해 도망가면서도 그 마음엔 미움과 두려움과 분노가 범벅되지 않았겠습니까? 그런데 약속의 땅에 도착하기 직전에, 야곱이 자기 안의 분노를 보게 되었습니다.

우리의 모든 문제도 그렇습니다. 내 속에도 분노가 있음을 인정해야 합니다. 그래야 해결됩니다. 모든 폭력의 문제도 마찬가지입니다. 내 속의 분노를 제대로 알지 못한 채 그대로 방치하니까 자기 마음대로, 본능대로 행동하는 겁니다. 정말 불쌍한 겁니다. 그러면 이런 모든 문제를 어떻게 해결합니까? 교회가 책임지고 모두를 사랑하는 것을 보여 줘야 합니다. 이 세상은 만날 옳고 그름만 따집니다. '저런 것들은 몇 년 옥살이도 부족해. 이 사회랑 영원히 격리해야 해.' 늘 이런 생각만 합니다.

+ 내 마음속에 있는 분노의 잠재적 요인은 무엇입니까? 행동으로 옮긴 적은 없지만 여전히 내 맘속에 숨어 있는 범죄는 무엇입니까? 폭력, 거짓, 탐심, 음란, 혈기, 증오, 열등감, 우월감, 교만, 생색, 게으름, 사치…… 이 중에 무엇입니까?

+ 내 속의 분노를 제대로 알지 못한 채 그대로 방치했다가 자기 마음대로, 본능대로 행동한 적이 있습니까? 그래서 어떤 실수를 했습니까?

믿음의 조상으로 우뚝 섭니다

23 레아의 아들들은 야곱의 장자 르우벤과 그 다음 시므온과 레위와 유다와 잇사갈과 스불론이요 24 라헬의 아들들은 요셉과 베냐민이며 25 라헬의 여종 빌하의 아들들은 단과 납달리요 26 레아의 여종 실바의 아들들은 갓과 아셀이니 이들은 야곱의 아들들이요 밧단아람에서 그에게 낳은 자더라 _창 35:23~26

베냐민은 밧단아람에서 낳은 아들이 아닙니다. 라헬이 베들레헴 가는 길에서 낳았습니다. 그럼에도 성경은 왜 열두 아들 모두를 '밧단아람에서 낳은 자'로 기록하고 있을까요? 이 말씀은 곧 야곱이 낳은 열두 아들 모두가 '약속의 땅 밖에서 낳은 자녀'라는 것입니다.

열두 아들의 명단에 야곱의 장자 르우벤이 빠지지 않은 것도 그렇습니다. 맏아들 르우벤이 자기 첩 빌하와 동침했다는 소식을 듣고도 야곱이 아무런 처벌을 하지 않았습니다. 자기 첩 빌하를 처벌했다는 이야기도 없습니다. 즉, 빌하와 르우벤을 모두 용서했다는 것입니다. 이유가 무엇입니까? 야곱은 그 일이 처벌한다고 해결될 사건이 아님을 깨달았습니다.

야곱의 할머니 사라와 어머니 리브가는 자칫 애굽 왕 바로와 그랄 왕 아비멜렉 품에 안길 뻔했습니다. 하지만 전적인 하나님의 은혜로 모두 보호받았습니다. 게다가 돈까지 덤으로 많이 받아서 그 집안이 부자가 되었습니다. 그러기까지 아브라함과 이삭이 한 일이 뭐가 있습니까? 아내를 지키기는커녕 자기 목숨 부지하려고 누이라고 거짓말했습니다. 아내를 지킬 믿음도, 용기도 없었습니다.

야곱도 그래요. 그에게 믿음이 있었다면, 하나님 말씀 따라 진실하게 살았다면 자기 아들과 첩이 통간하는 사태는 벌어지지 않았을 겁니다. 자기 생각을 따라 치졸하게 살아온 결론입니다. 그러니 르우벤도, 빌하도 벌할 수가 없는 겁니다.

야곱은 이 사건 때문에 빌하와 멀어질 수밖에 없었을 것입니다. 이제 야곱에게 여자라고는 그토록 미워하던 레아와 실바밖에 없습니다. 그런데도 이후 야곱이 여자를 얻었다는 이야기가 없습니다. 비로소 여자 문제가 해결된 것입니다. 야곱이 확실히 달라졌습니다. 자기 속에 분노를 다스림으로 죄 많은 르우벤은 물론이고, 허물 많은 열두 아들을 모두 믿음의 아들로 성경에 찬란하게 올려놓게 된 줄 믿습니다. 이런 것 하나만 보아도 그렇습니다. 우리가 죄가 많아서 천국에 못 가는 게 아닙니다.

야곱처럼 문제 부모가 내 죄를 보게 되면 자녀들이 믿음의 자녀로 탈바꿈하게 될 줄 믿습니다. 내 죄만 보면 됩니다. "너 따위 자식이", "저 죽일 놈의 자식이" 하지 마십시오. 죽일 놈들이 다 살 놈들이 됩니다.

야곱도 평생 르우벤에게 아무 말도 하지 않았습니다. 벌을 가하지도 않았습니다. 하지만 이 일을 죽는 순간까지 잊지 않았습니다. 창세기 49장 3절과 4절에서 야곱이 뭐라고 합니까?

"르우벤아 너는 내 장자요 내 능력이요 내 기력의 시작이라 위풍이 월등하고 권능이 탁월하다마는 물의 끓음 같았은즉 너는 탁월하지 못하리니 네가 아버지의 침상에 올라 더럽혔음이로다 그가 내 침상에 올랐었도다."

그동안 잠잠했던 야곱이 죽기 직전 르우벤의 장자권을 박탈했습니다. 왜 그랬을까요? 내 잘못 때문에 일어난 일이기는 하지만 자기 첩 빌하와 동침한 르우벤이 무조건 옳은 것도 아니기 때문입니다. 르우벤이 옳아서 야곱이 품고 가는 게 아닙니다. 인생에는 이상해도 내가 해결할 수 없는 일이 있습니다. 그래서 야곱은 하나님께 맡깁니다.

우리의 자식 사랑도 그렇습니다. 객관적이어야 합니다. 분별하면서 사랑해야 합니다. 지금 내 자녀, 내 배우자, 내 형제, 내 이웃이 너무 이상해도 그렇습니다. 모두가 나에게 맡기신 영혼이기에 품어야 합니다. 하나님께 맡기고, 하나님의 때를 기다려야 합니다.

야곱 역시나 자식들이 말썽을 피워도 그 누구 하나 처벌하지 않았습니다. 대신 모두가 주님의 자녀가 되기를 기도했습니다. 그러므로 그 자녀들이 열두 지파의 조상이 된 것입니다. 내 자녀에게 많은 허물이 있어도 그렇습니다. 내 자녀가 주의 백성이 되려면 야곱처럼 나부터 먼저 내 안의 분노를 보아야 합니다. 내 분노를 다스려야 합니다. 내가 변해야 합니다. 몸으로 삶으로, 내 변화된 모습을 보여 주어야 합니다. 나는 마냥 편하게 드러누운 채 자녀들 보고 "예수 믿어라, 큐티 해라" 하면 주의 자녀가 됩니까? 온몸으로 보여 주어야 합니다.

부모가 고난을 통해 주님을 확실히 만나고, 구원의 확신이 있으면 그 자녀들의 구원도 확실해지는 것을 볼 수 있습니다. 그러니 집안 대대로 구원의 확신을 갖기 위해서는 야곱처럼 험난한 인생 여정이 필요한 것을 봅니다. 저 역시나 그렇습니다. 제가 4대 신앙인이라도 험난한 인생을 살지 않았다면 어찌 주님을 만났겠습니까?

이스라엘의 열두 지파 시대가 도래하기 전에 '르우벤 사건'이 터진 것은 자녀들에게도 아픔의 시간이 있어야 함을 암시합니다. 성경의 차례만 보아도 알 수 있습니다. 르우벤 사건이 지난 뒤 야곱의 열두 아들을 다시금 언급합니다. 그다음에 요셉 시대가 시작됩니다. 이것은 곧 '고난 없이 영광 없고, 십자가 없이 부활이 없다'는 뜻입니다. 내 자녀들이 고난당하는 게 너무나 마음 아프지만, 그래도 야곱은 이 원리를 알았습니다. 그래서 한 자녀, 한 자녀 축복하고 갔습니다.

그런데 여러분, 빌하가 라헬의 여종이니 라헬의 아들들과 빌하의 아들들 사이에 긴장이 생기지 않았겠습니까? 레아와 라헬 아들들 사이도 마찬가지였을 것입니다. 물론 나중에 요셉이 잡혀갈 때 르우벤이 도와주려고도 하지만 그 둘 사이에도 긴장 관계가 적지 않았을 것입니다. 형제들이 아버지 야곱의 사랑을 독차지하는 요셉을 얼마나 미워하는지에 대한 이야기는 곧 나옵니다.

이토록 문제 많은 열두 자녀이지만, 앞으로는 그 문제들을 그들 스스로 혹독하게 풀어야 한다는 것을 르우벤 사건으로 보여 주었습니다. 야곱이 딸 디나가 강간당했다는 소식을 듣고도 가만히 있었던 것도 그렇습니다. 이것은 곧 "자녀들 스스로 이 문제를 풀라"는 의미로도 해석할 수 있습니다. 믿음의 부모, 믿음의 조상은 이렇게 자녀 문제를 풀어 갔습니다. 그리함으로 야곱이 열두 아들 모두의 이름을 성경에 찬란히 올려놓았습니다. 험난한 인생길을 걸으며 우리 자녀들이 믿음의 자녀로 우뚝 서게 될 줄 믿습니다.

+ 믿음의 조상으로 우뚝 서기 위해 내가 끊고, 풀어야 할 문제는 무엇입니까?
+ 지금 나의 고난은 무엇입니까? 그 고난이 내 자녀를 믿음의 자녀로 세우기 위해 통과해야 할 과정의 하나라는 것이 깨달아집니까?

아버지 품으로 돌아옵니다

야곱이 기럇아르바의 마므레로 가서 그의 아버지 이삭에게 이르렀으니 기럇아르바는 곧 아브라함과 이삭이 거류하던 헤브론이더라 _창 35:27

드디어 야곱이 돌아왔습니다. 30여 년 동안의 나그네 삶을 마감하고, 열두 자녀를 다 데리고 아버지 품으로 왔습니다. 아버지 이삭을 속여서 장자의 축복을 가로챘다가 형 에서가 복수할까 두려워 고향을 급히 떠났던 야곱입니다. 하지만 그때는 축복의 진정한 의미를 몰랐습니다. 세상 성공이 축복의 전부인 줄 알았습니다. 그런데 이제 진정한 축복의 의미를 깨닫고 거듭남으로 아버지 품으로 돌아온 것입니다. 그러기까지 30여 년의 세월이 필요했습니다.

하나님은 형 에서의 복수를 피해 다니던 도망자 신분의 야곱에게 벧엘의 언약을 주시고, 서원하게 하셨습니다. 믿음의 딸들과 결혼시켜 주시고, 거부가 되게도 하셨습니다. 하지만 외삼촌이자 장인인 라반의 미움에 시달리다 다시 가나안으로 돌아올 수밖에 없게끔 하셨습니다. 그리고 그토록 두려워하던 형 에서와의 만남을 앞두고는 얍복 나루에서 하나님과 겨루어 싸워서 이기게 하셨습니다. 야곱이 자기를 위해서 집 지었던 숙곳과 세겜에서는 디나의 강간 사건과 아들들의 살인 사건을 통해 잊어버렸던 벧엘의 언약을 재확증하게 하셨습니다.

이처럼 30년 넘도록 우왕좌왕하던 야곱이 마침내 헤브론 땅에 이릅니다. 하나님이 이르게 하셨습니다. 야곱의 생애를 통해 아무리 힘들어도 성도는 천국 본향에 가게 된다는 소망을 주십니다. 야곱의 고난과 풍파를 지켜보면서 이런 과정을 겪게 하셔도 결국 우리를 구원하시는 하나님의 은혜가 그저 감사할 따름입니다.

"생각하건대 현재의 고난은 장차 우리에게 나타날 영광과 비교할 수 없는"것입니다(롬 8:18). 아버지 품을 떠나서 세상에 속해서 큰돈을 벌어도 그렇습니다. 큰 부자가 되고, 아내가 넷에 자식이 열둘이 되어도 야곱에게는 참된 평화가 없었습니다.

이 야곱의 인생은 곧 성도의 여정입니다. 우리가 걷고 있는 길입니다. 우리가 걸어가야 할 길입니다. 드디어 야곱이 아버지 품으로 돌아왔듯이 아버지 품은 우리 인생의 목적지입니다.

> 28 이삭의 나이가 백팔십 세라 29a 이삭이 나이가 많고 늙어 기운이 다하매 죽어 자기 열조에게로 돌아가니…… _창 35:28~29a

별미를 좋아하던 이삭은 자신이 어느 날 죽을는지 염려가 되어 맏아들 에서를 미리 축복해 주려 했습니다. 그러나 야곱이 그 아버지 이삭과 형 에서를 속여 그 축복을 가로챘습니다. 학자들은 그 당시 이삭의 나이를 137세 정도로 추정합니다. 그리고 180세가 되었다고 하니 '언제 죽을는지 염려하던' 그날 이후로도 40여 년을 더 살았다는 것입니다.

그런데 그 긴 세월을 이삭이 어떻게 살았습니까? 맏아들 에서는 헷 족속 딸들을 아내로 맞이하는 바람에 믿음의 대물림은커녕 근심만 잔뜩 안겨 주었습니다(창 26:34~35). 영적 후사인 야곱은 도망가서 소식도 알 수 없었습니다. 그러니 얼마나 상심의 세월을 살았겠습니까?

그런데 어느 날 도망갔던 아들이 돌아온 것입니다. 그것도 열두 명의 믿음의 자손을 데리고 말입니다. 이렇게 되기까지 이삭이 한 일이 무엇입니까? 믿음이란 바로 이런 것입니다. 내가 한 일이 아무것도 없는 것입니다. 그러므로 우리도 항상 하나님만 무엇이든 할 수 있다는 겸손함으로 세상을 살아야 합니다.

　그런데 여러분, 성경은 왜 여기서 이삭의 죽음을 기록하고 있을까요? 집 나갔던 아들이 30여 년 만에 돌아왔는데, 기왕이면 재회의 기쁨도 좀 나누고, 좀 더 있다가 얘기하면 얼마나 좋습니까? 더구나 직전에 야곱의 열두 아들을 소개했으니 에서의 후손까지 다 소개한 후 37장에 가서 언급해도 좋지 않습니까?

　하지만 다 이유가 있습니다. 이제부터는 그 자녀들의 인생이 시작되기 때문입니다. 그러므로 이삭의 인생은 여기서 마감해야 했던 것입니다. 35장에서는 이삭 외에도 드보라와 라헬의 죽음도 언급되었습니다. 새 시대는 새 부대에 담아야 하기에 여기서 세 사람이 물러난 것입니다.

　아무튼 야곱은 육의 아버지 품으로 돌아왔고, 이삭은 하나님 아버지 품으로 돌아갔습니다.

　그런데 여러분이 보시기에 드보라, 라헬, 이삭 중에 누가 믿음이 제일 좋은 것 같습니까? 저는 드보라라고 생각합니다. 왜냐하면 그녀에 대한 기록이 제일 간단하니까요. 죄 없는 사람은 대부분 그 기록이 간단합니다. 다윗의 친구 요나단에 대한 기록도 짧습니다. 하지만 드보라인들 무엇 때문에 믿음이 좋았겠습니까? 여종이니까 그랬을 것입니다. 평생 낮은 몸으로 살았기에 하나님만 바라보았을 것입니다.

　……그의 아들 에서와 야곱이 그를 장사하였더라 _창 35:29b

　　　　　　　　　　　　　　　　　　　다시 길을 떠나

에서와 야곱, 두 아들이 아버지 이삭을 장사했습니다. 아들이 그리 많은 것도 아니고, 이삭의 믿음 정도면 두 아들이 다 영적 후사가 되어서 믿음의 장사를 지내 주면 얼마나 좋았겠습니까? 그런데 두 아들 중 하나는 안 믿습니다. 50%는 안 믿습니다. 그러니까 내 집안에 안 믿는 식구가 있어도 너무 낙심하지 마시기 바랍니다. 이삭 집안도 50%는 안 믿었습니다. 아무리 믿음이 좋은 집안이라도 100% 믿는 집안은 드뭅니다. 그래서 별 인생이 없는 것입니다.

우여곡절 끝에 야곱이 다시 길을 떠나 아버지 품으로 돌아왔습니다. 이것이 여러분의 결론이 될 줄 믿습니다.

우리들교회 홈페이지 나눔란에 '신(信) 전원일기'를 때마다 올리셔서 많은 은혜를 끼치셨던 한 권사님이 계십니다. 다음 글은 그중 한 편입니다.

시골에 살아 보니 고통과 죄와 욕망이 들끓는 도시에 교회가 많은 것이 이해됩니다. 시끄럽고 복잡한 도시에 비해 조용하고 평화로운 시골은 확실히 쉼을 줍니다. 그러나 이런 평화가 꼭 좋은 것만은 아닙니다. 굴곡 없이 살아가는 시골 사람들은 이 평화 때문에 곤고함이 없습니다. 몸이 고달파도 마음이 별로 괴롭지 않으니 대부분 그렁저렁 살아가고자 합니다. 그래서 복음이 잘 받아들여지지 않는 곳이 시골입니다.
우리 마을에도 예수 믿는 분들을 찾아보기 힘들고 믿었다가는 왕따당하는 분위기입니다. 부도와 바람과 중독, 우울증 등등으로 죽을 지경이 되면 찾지 않을 수 없는 분이 하나님인데, 여기는 이런 눈에 보이는 큰 죄들과 고통이 없어서 다 자기 힘으로 사는 것 같습니다.

성경에 나오는 평화로운 라이스 사람들과(삿 18:27~29) 세겜 사람들이 하루아침에 멸망했듯이, 매일 큰 걱정 없이 일하고 종종 삼겹살 구워 먹고 소주 마시며 서울 간 자식들 잘 사는 소식에 흐뭇해하며 살다가 하루아침에 진멸될까 걱정됩니다.

아마도 이들은 우리 지체들을 보면 굉장히 무시할 겁니다. "예수 믿으면 그렇게 지질하게 사느냐"고 말입니다. 월세방에서 허덕이고, 남편은 소주에 취해 주먹을 휘두르고, 자녀는 가출한 가정을 보면 아마 교회를 다니면 저주를 받는 거라 여겨 머리를 휘저을 겁니다. 그러니 하루는 모종을 심다가 언덕배기에서 내려다보이는 마을 풍경을 보며 '평화로운 것이 사실은 슬픈 것'이라는 생각이 들었습니다. 평화가 구원을 가로막는다면 그건 축복이 아니고 저주입니다.

이 권사님 부부는 한때 서울 강남에서 잘 먹고 잘살았습니다. 그러다 부도를 맞고 시골로 내려가 농사지으며 조용히 살고 계십니다. 그런데 몇 년 전 남편이 구속되었다며 다음과 같은 글을 올렸습니다. 당시 '신 전원일기'입니다.

결심공판 법정은 긴장감과 불안감으로 쥐 죽은 듯 조용했습니다. 냉엄한 표정을 지닌 판사는 죄수들에게 차례차례 판결을 내렸습니다. 그런데 집행유예를 받는 사람에게는 이름을 한 번 묻는데, 징역에 처하는 사람은 날카롭고 큰소리로 이름을 몇 차례나 물었습니다. 저는

다시 길을 떠나

판사가 남편 이름을 세 번이나 큰소리로 부르는 순간 멍해졌고, 남편은 징역 8개월을 선고받았습니다. 법정에서 곧장 끌려가며 저를 힐끗 바라보던 남편의 표정을 저는 결코 잊을 수가 없습니다. 평범한 시민으로 살다가 육십 넘어 갑자기 인생의 바닥으로 떨어지는 사람의 충격과 두려움이 가득한 얼굴이었습니다.

……오후에 의정부 교도소로 남편 면회를 갔습니다. 푸르딩딩한 죄수복에 000 번호표를 붙이고 나타난 남편의 작아진 모습을 보는 순간 눈물이 솟구쳤습니다. 집으로 돌아오는 길에 남편이 겪어야 할 힘든 시간이 눈에 선했습니다. 이부자리가 푹신해야 잠을 잘 자는 남편인데 담요 한 장을 깔고 자는 잠자리에 힘들어할 것이고, 더위를 못 참는 체질인데 선풍기 하나 없는 무더운 여름을 보낼 것입니다. 고혈압에 당뇨를 앓는데 건강이 나빠질까 봐 걱정도 됩니다…… 하지만 하나님께서 남편을 특별 양육을 하기 위해 감옥에 보내셨다는 생각이 듭니다. 수요예배 때 전해 주신 감옥에 갇힌 바울에 대한 말씀은 바로 저희에게 주신 말씀이었습니다. 바울처럼 남편도 두려움과 위축감에서 벗어나 담대해져서 훈련을 잘 받았으면 좋겠습니다. 8개월 동안 감옥 선교의 기회를 주신 주님께 감사드리는 남편이 되길 기도합니다. 큰 약재료를 갖게 된 걸 기뻐하는 남편이 되길 기도합니다. 공동체의 눈물과 기도에 감사하는 남편이 되길 기도합니다.

죄와 하나님의 심판에 대해 실감이 나지 않는 분들은 한 번쯤 법정에 가셔서 서슬 퍼런 재판장이 죄인들에게 판결하는 장면을 직접 보시기를 바랍니다. 누구나 마지막 날에 무서운 재판장이신 하나님 앞에 서게 될 것입니다. 죄인에게는 그 죄를 물으시고 돌아올 수 없는 감옥인 지옥으로 보내실 겁니다. 다만 예수님 믿는 자들만 지은 죄를 다 용서받는 특권을 누리게 될 것입니다.

이분은 "그러니 우리가 무슨 배짱으로 예수 안 믿을 수 있습니까?" 하며 일기를 마쳤습니다. 사실 이 남편분이 감옥에 가게 된 것은 단순히 부도 때문만은 아닙니다. 부도가 났을 때 담보 잡힌 기계를 팔아서 그 돈으로 직원들의 밀린 월급과 퇴직금으로 나눠 준 것이 화근이 되었습니다. 그것이 위법인 줄조차 모르고, 회사 파산 절차를 법대로 처리하고 시골로 내려갔는데, 오랜 시간이 지난 후에 그 문제로 감옥에 가게 된 것입니다.

그런데 이 글을 보고 어떤 분이 댓글을 다셨습니다. 자기도 집행유예를 받았지만 최종 판결을 받기까지 자그마치 7개월을 감옥에 갇혀 있었다고 합니다. 그런데 미결수들은 자기 죄를 인정하지 않으려고 해서 더 힘들다고 합니다.

이 '신 전원일기'를 읽고 교인들이 한결같이 슬퍼하고, 하루 만에 댓글이 100건이나 달리는 것을 보면서 제가 죽어도 이런 사랑을 받을 수 있을까 생각해 보았습니다.

저는 이 부부가 이렇게 사랑받고 있다는 사실만으로 이미 승리하신 삶이라고 생각합니다. 어떤 부자가 감옥에 가고 어떤 권력자가 죽은들 누가 이렇게 슬퍼해 주겠습니까? 이후 남편 집사님은 출소하여 부부가 여전한 방식으로 많은 사람을 살리고 계십니다. 부도를 맞왔을 때도 좋은 본보기를 보여 주셨고, 지금도 진심으로 한 영혼, 한 영혼을 돌보십니다.

우리 인생도 그렇습니다. 예수를 믿어도 슬퍼할 일이 생깁니다. 분노할 일도 있게 마련입니다. 야곱도 본향을 향해 다시 길을 떠났지만, 분노할 사건을 만났습니다. 하지만 그 인생이 해석되니 믿음의 조상으로 우뚝 설 수 있었습니다. 아버지 품으로 돌아왔습니다. 그런데 여러분은 무슨 배짱으로 예수를 안 믿는 겁니까? 감옥을 가건 부도를 만나건 예수를 믿어야 모든 문제가 해석됩니다.

요즘따라 근친상간, 동성애 문제가 심각합니다. 성폭력 사건도 잦습니다. 그 때문에 힘든 가족이 있습니까? 있다면 우리 서로 그 뿌리 깊은 상처부터 생각해 봅시다. 딸의 강간과 아들들의 살인 소식을 들어도 가만히 있었던 야곱입니다. 야곱이 입을 다물었습니다. 그랬더니 이 문제 많은 르우벤을 비롯한 열두 아들이 다 믿음의 자녀가 되었습니다. 그들 모두가 믿음의 조상으로 우뚝 서게 되었습니다.

야곱처럼 내가 문제 부모인 것을 깨닫고 내 죄를 먼저 보며 인내하면, 내 자녀들도 믿음의 자녀가 되고 믿음의 조상으로 우뚝 서게 될 것입니다. 아무리 문제 많은 자녀라 하여도 르우벤보다 더 악한 자녀가 어디 있겠습니까? 시므온과 레위보다 더 문제 많은 자녀가 어디 있겠습니까? 그럼에도 그들은 믿음의 지파로 찬란하게 자리매김했습니다.

우리의 목적지도 하나님 아버지 품입니다. 떨어지고 망하는 사건이 와도 그렇습니다. 오늘 다시 일어서야 합니다. 천성을 향해 다시 떠나야 합니다. 출발하기만 하여도 내 모든 문제가 해결될 줄 믿습니다. 믿음의 조상으로 우뚝 서게 될 줄 믿습니다. 내 모든 자녀와 같이 아버지 품으로 돌아오게 될 줄 믿습니다.

+ 지금 내 자녀에게는 어떤 문제가 있습니까? 그 문제 많고 부끄러운 자녀 때문에 슬퍼하거나 분노하고 있지는 않습니까? 그 자녀의 모습 속에 문제 많은 내 모습이 보이십니까?
+ 내 자녀를 아버지 품으로 잘 데리고 가기 위해, 믿음의 자녀로 우뚝 세우기 위해 입을 다물고, 인내해야 할 것은 무엇입니까?

다시 길을 떠나

아버지께서 돌아가신 후 형편이 어려워져 초등학교 2학년 때 삼촌에 의해 동생과 함께 보육원에 보내졌습니다. 보육원 형들이 저를 많이 때렸고, 그럴 때마다 죽이고 싶은 분노가 치밀어 올랐습니다. 하지만 살인하면 모든 것이 끝이라는 생각에 고등학교 졸업 때까지 무슨 일이 있어도 견뎌야겠다고 결심했습니다. 그러던 중, 중학교 수련회 때 "나의 작은 신음에도 응답하시니"라는 찬양 가사에 은혜를 받고 하나님께서 기도를 들어주신다는 말씀이 믿어졌습니다. 하지만 원하던 고등학교를 입학하게 되자 그동안 억눌렸던 분노가 분출하며 교회는 나가지 않고 방황했습니다.

고등학교 졸업 후 다시 나간 교회에서 성가대에서 봉사하는 여자 친구를 만나 연애를 했습니다. 결혼 자금을 마련하기 위해 다단계 회사에 취업했는데 일확천금할 욕심에 싸여 여자 친구와도 멀어졌습니다. 그러다 다 망하고 나서야 '성실하게 돈을 벌어야겠다'라는 생각을 했습니다.

제가 망했다는 소식을 들은 여자 친구가 먼저 연락해 왔고 저는 그녀를 다시 놓치기 싫어서 세례도 받고 목사님의 주례로 결혼도 했습니다. 하지만 아내는 친척을 통해 연락처를 알아내 찾아온 시어머니를 모시고 살면서 힘든 일을 홀로 감

당하다 우울증에 걸렸습니다. 제가 집에 돌아오면 아내는 그
날 있었던 모든 일을 새벽 두세 시까지 털어놓곤 했습니다. 저
는 저대로 일이 바쁘고 지쳐서 아내의 말에 귀를 닫고 짜증스
러워했고, 아내는 그런 저를 답답해하며 울었습니다.

　이런 곤고함 가운데 아내를 따라 참석한 목장예배에서 지
체들의 나눔을 들으며 '나만 이런 문제를 겪고 있는 게 아니구
나' 알고 위로를 받았습니다. 양육을 통해 말씀이 들리고 예배
가 회복되니 내가 속이는 자였고 100% 죄인인 것이 깨달아져
할 말이 없어졌습니다(창 35:22). 그리고 예수 믿게 해 준 부모가
최고의 부모라는 말씀을 듣고 나를 보육원에 버렸다고 생각하
며 어머니를 미워했던 것을 회개하고 어머니와 아름다운 화해
를 하게 되었습니다. 열두 명의 아들을 데리고 헤브론으로 돌
아오기까지(창 35:27) 야곱이 한 일이 없지만 하나님께서 은혜
로 이끌어 주셨습니다. 저 또한 문제 부모라는 것을 깨닫고 갈
때, 저의 자녀들이 믿음의 자손이 될 것을 믿습니다.

하나님 아버지, 한평생 라헬을 사랑하면서도 그 행위가 자녀들에게 얼마나 큰 상처를 안겨 주었는지를 몰랐던 야곱의 모습을 봅니다. 우리도 예외가 아니어서, 내가 좋다고 행하는 일들이 다른 사람들을 얼마나 힘들게 하는지도 알지 못했습니다. 하나님 나라를 바라며 다시 출발하고 또 출발하여도 여전히 걸려 넘어지는 것이 있습니다. 우리를 불쌍히 여겨 주옵소서.

그런데 오늘 맏아들 르우벤이 빌하와 동침하는 사건을 통해 라헬에 대한 사랑이 진정한 사랑이 아니고 중독이었음을 깨닫고 자기 삶의 결론으로 여기는 야곱의 모습도 보게 됩니다. 기가 막힌 르우벤과 시므온과 레위의 죄에도 불구하고, 자신이 문제 부모인 것을 깨달았기에 열두 아들을 하늘나라 생명책에 올리고, 믿음의 열두 지파로 우뚝 서게 하는 것도 보았습니다. 이렇게 세월이 가야 깨닫는 우리의 죄성도 용서해 주옵소서.

바라옵기는 지금 내 자녀에게 어떠한 문제가 있든지 야곱처럼 입 닫을 수 있는 믿음과 인내를 우리에게도 허락해 주옵소서. 내가 오늘 그 자녀를 데리고 다시 출발하기로 결단하오니 주께서 그 모든 길을 지켜 보호하여 주옵소서. 아버지 품으로 돌아오는 것이 인생의 결론이 될 수 있도록 인도해 주옵소서.

특별히 근친상간과 성폭력으로 얼룩진 수많은 가정을 위

영혼의 기도

해서 기도합니다. 그들의 뿌리를 보고 다 이해할 수 있는 마음을 허락해 주옵소서. 피해자의 영혼을 주께서 만져 주옵소서. 가해자의 영혼도 불쌍히 여겨 주옵소서. 당한 사람이나 안 당한 사람이나 똑같이 애통하는 우리가 될 수 있도록 역사하여 주옵소서.

내가 죄인임을 가르쳐 주시는 예수님을 우리가 알기를 원합니다. 주여, 우리가 이 예수님을 영접하기를 원합니다. 그리하여 우리 모두가 하나님 아버지 품으로 돌아갈 수 있도록 붙잡아 주옵소서. 살려주옵소서. 예수님 이름으로 기도하옵나이다. 아멘.

다시 길을 떠나

PART 2

에서의 족보
VS
야곱의 족보

5 장

에서의 족보

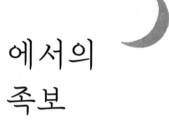

창세기 36장 1~8절

하나님 아버지, 그 어떤 환경에 처해 있을지라도
말씀으로 해석하고 아버지의 품 안에 거주하기를 원합니다.
에서의 족보에 들어가지 않도록 지켜 주시고,
말씀하여 주옵소서. 듣겠습니다.

말라기 1장 2, 3절을 보면 '여호와께서는 야곱을 사랑하였고 에서는
미워하였다'고 합니다. 성령이 임하지 않으면 우리는 이런 하나님을
도무지 이해하지 못합니다. 그래서 "하나님, 이건 너무 불공평하잖아
요!!"라는 말을 쉽게 내뱉습니다. 그러나 하나님은 절대 불공평하지
않으십니다. 절대 주권자로서 우리 모두를 선택하시고 사랑하십니다.

그런데도 하나님이 에서를 미워하신 이유가 무엇입니까? 에서
가 "그의 산들을 황폐하게 하였고 그의 산업을 광야의 이리들에게 넘
겼"기 때문입니다(말 1:3). 즉, 에서는 인간의 자유의지로 하나님을 선
택하지 않았다는 겁니다.

에서의 인생을 생각해 보세요. 그는 팥죽 한 그릇에 장자권을 팔아먹었습니다. 야곱에게 속은 것을 알고 장자의 복을 빼앗긴 슬픔에 소리 질러 울었지만, 그것은 원망의 눈물이었습니다. 그러다 결국 약속의 땅을 떠났습니다. 에서에게 하나님의 언약은 불편함과 걸림돌, 그 이상의 의미는 없었던 것입니다. 그뿐만 아니라 불신결혼도 여러 번 했습니다. 결론적으로 야곱은 연약해도 늘 하나님을 택했는데, 에서는 택하지 않았습니다.

우리도 에서처럼 배부르고 등 따스하면 말씀 듣기를 불편해합니다. 순종하기 딱 싫어합니다. 하나님의 언약을 하찮게 여깁니다. 그런데 문제는 여기서 끝이 아닙니다. 하나님으로부터 멀어진 에서의 결론이 무엇입니까? 그 후손까지 하나님과 영원히 원수가 된 것입니다. 그러면 에서가 자유의지를 가지고 한 일이 무엇인지 그의 족보를 통해 살펴봅니다.

불신결혼의 족보입니다

에서 곧 에돔의 족보는 이러하니라_창 36:1

창세기에는 총 열 개의 계보가 나옵니다. 2장 4절에서 4장 26절까지 인간 창조의 내력이 나오고, 5장 1절부터 6장 8절까지는 아담의 계보가 나옵니다. 그다음에는 노아(창 6:9~9:29)와 노아의 아들들

(창 10:1~11:9), 이어서 셈(창 11:10~26)과 데라(창 11:27~25:11), 이스마엘(창 25:12~18)과 이삭(창 25:19~35:29)의 족보가 나옵니다. 그리고 36장에서 '에서 곧 에돔의 족보'가 나오고, 37장부터가 야곱의 족보입니다.

창조된 세상에서 노아를 끄집어내시고, 노아의 아들들인 셈과 함과 야벳 중에서는 셈을 골라내시고, 또 아브라함을 골라내시고, 이삭을, 야곱을 골라내신 하나님입니다. 예수 믿는 우리도 하나님이 이렇게 가지치기하시면서 여기까지 데려오신 줄 믿습니다.

그런데 성경은 왜 하나님의 언약과는 멀어진 에서, 즉 에돔의 족보를 굳이 야곱의 족보에 앞서 소개하고 있을까요?

하나님은 선택받은 자에게 허락하신 약속을 굳건히 하시고자 항상 그의 곁에 힘들게 하는 자를 붙이십니다. 성경은 선택받은 자보다 그들을 힘들게 한 자를 먼저 언급합니다. 에서가 그랬습니다. 야곱을 힘들게 했습니다. 하지만 그로 인해 야곱이 하나님 앞으로 나아가지 않았습니까? 야곱의 구원을 위해 에서가 수고한 것입니다.

나의 구원을 위해서도 가까이 있는 사람이 꼭 수고합니다. 내 배우자, 내 자녀, 내 부모, 내 동서, 내 상사가 나를 힘들게 하지 생판 모르는 김 집사가 나를 힘들게 하겠습니까? 에서뿐만 아니라 이스마엘의 족보도 이삭의 족보에 앞서 소개됐습니다.

그런데 이스마엘이나 에서의 족보는 지극히 짧게 언급됩니다. 25장 중반에 시작된 이삭의 족보는 35장에 가서야 끝나지만, 이스마엘의 족보는 일곱 절이 전부입니다(창 25:12~18). 에서의 족보도 36장 한 장에 불과합니다. 반면 야곱의 족보는 37장부터 시작해서 50장까지 이어집니다. 실질적으로 야곱의 이야기는 25장부터 시작되었습니다. 이것이 의미하는 바가 무엇입니까? 예수 믿는 사람은 일거수일투족이 천국에 다 기록되지만, 안 믿는 사람은 사건만 간단히 나열된다는 것입니다. 천국에 기록될 감이 못 되기 때문입니다.

> 2 에서가 가나안 여인 중 헷 족속 엘론의 딸 아다와 히위 족속 시브온의 딸인 아나의 딸 오홀리바마를 자기 아내로 맞이하고 3 또 이스마엘의 딸 느바욧의 누이 바스맛을 맞이하였더니 _창 36:2~3

전에 아브라함이 가나안 족속의 딸 중에서 아내를 택하지 말라고 했지만(창 24:3), 에서는 자기 자유의지로 불신결혼을 선택합니다. 그래서 부모인 이삭과 리브가의 마음에 근심이 되었습니다(창 26:35). 에서가 그런 부모 마음을 몰랐겠습니까?

그런데 3절에 보니 "또 이스마엘의 딸 느바욧의 누이 바스맛을 맞이"합니다. 이스마엘이 아버지 이삭의 형님이기는 하지만 약속의 사람은 아니지 않습니까? 그는 유사 그리스도인입니다. 그런데도 에서가 하나님의 언약과 상관없는 이스마엘의 딸을 아내로 취한 것입니다.

이렇듯 에서는 늘 어긋나는 짓만 합니다. 한마디로 영치(靈癡)입니다. 성경은 계속 불신결혼의 위험을 언급하는데, 도무지 못 알아듣습니다.

"너희가 만일 돌아서서 너희 중에 남아 있는 이 민족들을 가까이 하여 더불어 혼인하며 서로 왕래하면 확실히 알라 너희의 하나님 여호와께서 이 민족들을 너희 목전에서 다시는 쫓아내지 아니하시리니 그들이 너희에게 올무가 되며 덫이 되며 너희의 옆구리에 채찍이 되며 너희의 눈에 가시가 되어서 너희가 마침내 너희의 하나님 여호와께서 너희에게 주신 이 아름다운 땅에서 멸하리라"(수 23:12~13).

하나님은 이스라엘 백성에게 가나안에 들어가서 그 민족을 변화시키라고 하셨지, 결코 그들과 동화되라고 하지 않으셨습니다. 믿는 우리도 그렇습니다. 세상에 동화되지 말고 세상을 변화시켜야 합니다. 그런데도 세상과 가장 타협하고 싶은 부분이 바로 결혼 문제입니다.

이스라엘 백성은 바벨론 포로 생활 70년 동안 그곳에 동화되어 너도나도 이방의 딸을 맞이하여 아내와 며느리로 삼았습니다. 더구나 "거룩한 자손이 그 지방 사람들과 서로 섞이게 하는데 방백들과 고관들이 이 죄에 더욱 으뜸이 되었"습니다(스 9:1~2). 하지만 이들은 예루살렘 성전을 재건한 후 이방인 아내들과 그 소생들을 내보내기로 결단합니다(스 10:3).

만약 이런 결단이 없었더라면 이스라엘은 어떻게 되었을까요? 또다시 400년 애굽 노예 생활, 40년 광야 생활을 거쳐야 했을 것입니다. 가나안 정복 전쟁, 여리고와 아이 성 싸움, 남부 북부 연합군의 싸움을 다시 치러야 했을 겁니다.

이처럼 불신결혼은 믿음의 퇴보를 가져오게 마련입니다. 이방에서 데려온 배우자 한 사람 때문에 온 집안의 믿음이 퇴보합니다. 어느새 집안이 지옥으로 변합니다. 영적인 아름다운 땅을 멸시한 결과로 육적인 아름다운 땅에서 멸절하는 것입니다. 무엇보다 결혼은 두 사람의 육체의 결합일 뿐만 아니라 영적인 연합입니다. 따라서 불신결혼은 심각한 배교 행위입니다. 성도가 구원과 영생에 이르는 데 결정적인 장애가 됩니다.

시작을 하나님의 진노로 했으니 그 인생의 결론은 보나 마나 '멸절'입니다. 그럼에도 불신결혼이 그럴싸한 올무나 덫으로 위장되어 있어서 처음에는 그 정체를 모르는 것입니다. 그저 좋아 보이고 어떤 악영향을 끼칠지 미처 알지 못하니 해로운 존재로 여기지도 않습니다.

이런 점에서 외도하는 것도 마찬가지입니다. 자꾸 다른 사람을 바라보다가 그럴싸한 올무나 덫에 걸립니다. 그러면 자기 힘으로는 빠져나오지 못합니다. 인간적인 방법으로도 돌이킬 수 없습니다. 결국 외도가 내 옆구리에 채찍이 되며 내 눈에 가시가 되어 멸절될 수밖에 없는 것입니다. 이것이 우상을 좇은 결과입니다.

그렇다고 외도한 배우자를 버리면 되겠습니까? 결코 이혼해서는 안 됩니다. 믿음이 조금이라도 더 있는 내가 중심 잡고 기다려야 합니다. 내 십자가를 져야 합니다. 그러지 않고서는 그 사람을 돌이키게 할 수 없습니다.

우리가 불신결혼을 하지 않으려면 아브라함의 태도를 봐야 합니다. 아브라함은 믿음의 며느리를 얻고자 늙은 종에게 800km나 떨어진 먼 길을 가게 했습니다. 그러면서 "가나안 족속의 딸 중에서 내 아들을 위하여 아내를 택하지 말고 내 고향 내 족속에게로 가서 내 아들 이삭을 위하여 아내를 택하라" 하며 신신당부했습니다(창 24:3~4). 그러므로 그 아들 이삭은 리브가와 믿음의 가정을 이루었습니다.

하지만 이삭의 맏아들 에서는 어땠습니까? 2절에서 보듯이 가나안 여인을 그것도 둘씩이나 아내로 맞이하여 부모를 근심시켰습니다. 그런데 3절에서 '또' 이스마엘의 딸 느바욧의 누이 바스맛을 아내로 맞이했다고 했습니다. 그러면 여기서 여러분은 이런 궁금증이 생길 겁니다.

"야곱도 아내를 네 명 얻어 들였잖아요?"

그러니까 단순히 행위로는 분별이 안 되는 것입니다. 야곱은 라반에게 속아서 어쩔 수 없이 중혼했습니다. 하지만 에서는 자기 마음대로, 그것도 믿지 않는 사람을 계속 얻어 들였습니다.

저는 이 시대의 청년들이 배필을 정할 때 주님의 권위를 인정하기를 원합니다. 예배 잘 드리고, 성령이 근심하지 않는 행실을 유지하고 있으면 주님이 알맞은 상대를 만나게 하시고, 가장 선한 길로 이끌어 주실 것입니다. 우리 청년들이 그때를 기대하며, 잘 기다리기를 바랍니다. 그리하면 반드시 믿음의 가정을 이루게 될 줄 믿습니다. 후손이 복을 받을 것입니다. 우리는 몰라도 하나님은 다 아십니다.

그럼에도 이런 말이 안 들려서 불신결혼을 하고, 혼전 임신을 하면 안 됩니다. 성령을 근심시키는 행실을 계속하면 그것이 인생의 올무가 되며 덫이 됨을 명심해야 합니다.

+ 매사를 내 자유의지로 선택하며 '말씀 따로, 삶 따로'의 삶을 살고 있지는 않습니까?
+ 영적인 아름다운 땅보다 더 사모하는 육적인 아름다운 땅은 무엇입니까?

자꾸 다른 것을 바라보다가 그럴싸한 올무나 덫에 걸린 적은 없습니까?

자기중심적인 족보입니다

4 아다는 엘리바스를 에서에게 낳았고 바스맛은 르우엘을 낳았고 5 오홀리바마는 여우스와 얄람과 고라를 낳았으니 이들은 에서의 아들들이요 가나안 땅에서 그에게 태어난 자들이더라 6 에서가 자기 아내들과 자기 자녀들과 자기 집의 모든 사람과 자기의 가축과 자기의 모든 짐승과 자기가 가나안 땅에서 모은 모든 재물을 이끌고 그의 동생 야곱을 떠나 다른 곳으로 갔으니 _창 36:4~6

특별히 6절에 '자기'라는 단어가 6번이나 나옵니다. 에서는 '자기' 밖에 모릅니다. 나르시시즘, 곧 자기애와 가족신화에 빠져 있습니다.

세상이 그렇습니다. 자기밖에 모릅니다. 자기가 우선이고, 자기 자식이 우선이고, 자기 집이 우선입니다. 다들 에서처럼 삽니다. 그런데 가만히 보니 에서는 가진 것도 참 많습니다. 모든 사람과 가축과 모든 짐승, 모든 재물…… 그러니 우리는 그저 에서 같은 집안이 마냥 부럽습니다.

그러나 사도 바울은 "말세에 고통하는 때가 이르러, 사람들이 자기를 사랑하며 돈을 사랑하며 자랑하며 교만하며 비방하며 부모를 거역하며 감사하지 아니하며 거룩하지 아니하며, 무정하며 원통함을 풀지 아니하며 모함하며 절제하지 못하며 사나우며 선한 것을 좋아하지 아니하며, 배신하며 조급하며 자만하며 쾌락을 사랑하기를 하나님 사랑하는 것보다 더하며, 경건의 모양은 있으나 경건의 능력은 부인하니"라고 했습니다(딤후 3:1~5).

말세에 고통을 자처하는 행태가 19가지나 됩니다. 그런데 그 시작이 '자기를 사랑하는' 것입니다. 에서가 그랬습니다. 자기를 사랑하고, 돈을 사랑하고, 자랑하고, 교만했습니다. 하나님의 약속과는 전혀 무관한 삶을 살았습니다.

그런데도 하나님은 에서를 손보지 않으셨습니다. 왜 내버려 두셨을까요?

로마서 1장 24절에 "그러므로 하나님께서 그들을 마음의 정욕대로 더러움에 내버려 두사 그들의 몸을 서로 욕되게 하게 하셨으니"라고 하였습니다. 에서야말로 정욕대로 살다가 더러움에 내버려진 인생이 되고 말았습니다. 자기를 사랑하고 돈을 사랑하다가 '말세의 고통'을 자처한 것입니다.

바울은 "복음과 함께 고난을 받으라"고 했습니다(딤후 1:8). 그런데 우리는 고난받기를 어지간히 싫어합니다. 여러분은 고난과 고통 중에 무엇을 선택하시겠습니까? 에서처럼 자기를 사랑하고 돈을 사랑하는 사람은 이미 '말세의 고통'을 택한 것입니다.

에서는 자기 힘으로 돈 벌고, 자기 뜻대로 예쁜 아내 얻고, 자기 돈으로 자녀 과외시키고, 자기를 위해서 집 짓고…… 무엇이든 자기 힘으로 다 이루었습니다. 그러니 하나님 찾을 일이 없었을 것입니다.

구원의 문에서 점점 멀어질 수밖에 없었습니다.

반면에 야곱은 어땠습니까? 그는 여러 고난 가운데 인간의 전적 부패와 불가항력을 느끼고 하나님 앞으로 나아갔습니다.

한 태에서 나온 형제가 이토록 다른 삶을 살았습니다. 그러니 아버지 이삭이 죽자마자 그 관계가 어찌 됩니까? 에서는 자기 것만 딱 챙겨 들고 나갑니다. 너무 멋있어 보이지 않습니까?

더구나 에서는 아버지 이삭을 평생 지켰습니다. 세상에 이런 효자가 없습니다. 자식들 이름도 '하나님은 정금이시다(엘리바스)', '하나님의 친구(르우엘)', '하나님이 숨기는 자(얄람)'라고 멋있게 지었습니다. 얼마나 믿음 있어 보입니까?

게다가 자기 칼을 의지하며 많은 재물도 모았습니다. 창대한 큰 가계를 이루었습니다. 이 세상에 되는 일밖에 없었습니다. 그러다 보니 자기애에, 자기도취에 빠졌습니다. '나는 특별해!' 하면서 스스로 특별한 존재라 여긴 겁니다.

언젠가 한 이유식 회사가 제품 광고를 하면서 "우리 아이는 특별하니까요!"라는 문구를 내걸었습니다. 특별한 내 아이를 위해서라면 돈을 아끼지 않는 부모의 자식 사랑 심리를 겨냥한 광고였습니다.

그러나 미국 샌디에이고 주립대 심리학과 부교수인 진 트웬지(Jean M. Twenge)와 조지아대 심리학과 부교수 키스 캠벨(W. Keith Campbell)이 공동 집필한 『나는 왜 나를 사랑하는가』라는 책을 보면 "제발 아이에게 '너는 특별하다'라는 말을 그만하라"라고 합니다. 그리고 건강하지 못한 나르시시즘의 문제점을 다음과 같이 지적합니다.

에서의 족보

"나르시시즘은 외모 지상주의와 물질 숭배주의는 물론 폭력과 같은 심각한 사회 문제도 일으키고 있다. 특히 미국에서 교내 총격 사건이 증가하는 것도 나르시시즘이 주요 원인이다."

자화자찬의 나르시시즘 문화가 확산하면서 청소년들이 교내 대량 살상을 사람들의 이목을 끌고 유명인이 되는 지름길로 여기게 됐다는 것입니다. 32명의 교수와 학생의 목숨을 앗아간 2007년 버지니아 공대 총격 사건의 범인이 범행 직전에 일부러 NBC TV에 자신의 범행을 합리화하는 내용의 우편물을 보낸 것도 같은 맥락이라고 분석했습니다.

그러면서 "나르시시즘의 확산을 막으려면 먼저 가정이 변해야 한다. 부모가 아이들에게 특별하다는 생각을 심어 주기보다 사랑받고 있다는 느낌을 갖도록 하는 게 더 중요하다"라고 조언했습니다.

내 자녀, 내 배우자도 그렇습니다. 에서처럼 잘나고, 잘나가면 얼마나 좋습니까? 하지만 나르시시즘에 젖은 채 자기를 사랑하는 사람은 고통당하다 망할 수밖에 없다는 것을 잊지 말아야 합니다. 가족신화를 이루고, 교육 천국을 이루고, 복지 천국을 이루어도 예수가 없으면 망한 인생입니다.

결국 에서는 자기밖에 모르니까 동생 야곱 곁을 영원히 떠났습니다. 자녀들도 모두 데리고 갔으니, 그 후손이 대대로 저주의 자손이 되었습니다. 내 자녀가 아무리 훌륭한 교회에 다니고, 좋은 학교에 다녀도 그렇습니다. 부모가 말씀으로 양육하지 않고, 삶으로 본을 보이지 않으면 믿음의 자녀가 될 수 없습니다. 유학을 보낸다고 될 일이 아닙니다. 저는 자녀가 18세까지는 부모와 함께 있어야 한다고 생각합니다. 지금 공부 잘한다고 나중에 성공하고, 다 잘사는 것이 아닙니다. 저주의 자손이 되지 않게 하려면 자녀들을 믿음으로 키워야 합니다.

야곱의 열두 아들을 보세요. 두 아들이 살인을 저지르고, 큰아들은 아버지의 첩과 동침했어도 다 천국에 입성했습니다. 하지만 에서의 아들들은 어떻습니까? 아버지 때문에 '야곱을 떠나 다른 곳'으로 갔습니다. 디모데후서 4장 10절에 보면 데마도 '이 세상을 사랑하여' 바울을 버리고 데살로니가로 갔다고 하지요. 이 말씀이 무엇을 뜻합니까? 에서의 자녀나 데마나 '세상에서 잘 먹고 잘 살다가 지옥으로 갔다'는 뜻입니다. 성경이 지금 이 이야기를 하는 것입니다.

그러므로 '세상 천국', '교육 천국', '복지 천국' 너무 좋아해선 안 됩니다. 고난 가운데서도 '오늘도 나는 오직 예수, 내일도 나는 오직 예수'여야 합니다. '말세의 고통'보다 '지금의 고난'을 택해야 합니다. 내 자녀가 '에서의 아들'보다 '야곱의 아들'로 불리기를 소원해야 합니다. '재벌의 자녀'로 불리기보다 '믿음의 자녀'로 불리는 것이 백배 천배 더 좋은 것이기 때문입니다. '오직 예수'를 외치면 하나님이 모든 것을 책임져 주실 줄 믿습니다.

+ 하나님이 나를 더러움에 내버려 두사 내 마음의 정욕대로 행하고 있는 것은 무엇입니까?
+ 내 자녀를 '에서의 아들'로 키우고 있습니까, '야곱의 아들'로 키우고 있습니까?

영으로 시작해서 육체로 끝나는 족보입니다

두 사람의 소유가 풍부하여 함께 거주할 수 없음이러라 그들이 거주하는 땅이 그들의 가축으로 말미암아 그들을 용납할 수 없었더라 _창 36:7

야곱도 재물을 많이 얻었습니다. 하지만 돈이 생길 때마다 '그래도 고향에 가야지' 했습니다. 그리고 마침내 모든 자녀와 재물을 이끌고 고향으로 돌아왔습니다.

반면에 에서는 어떻습니까? 재물을 잔뜩 얻고는 약속의 땅을 스스로 떠납니다.

우리가 아무리 약속의 땅에서 태어나도 그렇습니다. 약속을 받으려면 그 땅을 떠나지 말아야 합니다. 믿음의 공동체에 붙어 있지 않으면 약속을 받기가 어렵습니다. 믿음의 공동체가 그만큼 중요합니다. 그런데 에서가 그걸 모르는 겁니다.

"그들이 거주하는 땅이 그들의 가축으로 말미암아 그들을 용납할 수 없었더라" 하는 말씀도 그렇습니다. 지난 34장 20, 21절에서 하몰과 그의 아들 세겜이 "이 땅은 넓어 그들을 용납할 만하니 그들이 여기서 거주하게 하자" 했던 말을 기억하세요?

그러니까 에서가 땅이 좁아서 떠나는 게 아닙니다. '소유가 풍부하여 함께 거주할 수 없다'는 건 에서의 의견입니다. 소유가 풍부하니까, 이제는 먹고살 만하니까 믿음의 공동체를 떠나는 것입니다.

부잣집 형제들이 사이좋게 지내는 것을 보기 힘듭니다. 소유가 풍부해서 그렇습니다. 혼자서도 잘 먹고 잘사니 자기중심적인 선택을 하는 것입니다.

또 한편으로는 그렇습니다. 에서가 "그래, 나는 간다~" 하며 떠나는 것을 보면 마치 동생에게 그 땅을 다 양보한 것 같습니다. 이 또한 멋있어 보입니다.

하지만 이것은 어디까지나 인본적인 생각입니다. 지난 13장에서 아브라함이 롯에게 '요단 온 지역'을 양보한 것과는 차원이 다릅니다. 그때는 롯이 자기중심적인 선택을 했습니다. 그 선택이 얼마나 저주를 불러왔는지 소돔과 고모라가 멸망하는 일로(창 19장) 우리가 이미 보지 않았습니까?

그런데 이번에는 에서가 자기중심적인 선택을 한 것입니다. 저주받지 않고, 구원을 얻기 위해 에서는 믿음의 형제 야곱과 함께 약속의 땅에 잘 붙어 있어야 했습니다.

그렇다면 우리는 또 이런 의문을 가질 수 있겠죠. 지난 33장에서는 야곱이 "내가 너와 동행하리라" 하는 에서의 요청을 거절하지 않았습니까? 야곱도 그때는 곧장 약속의 땅으로 가기를 거부했습니다. 그럼에도 하나님은 이런 야곱을 탓하지 않으셨습니다. 그 까닭이 무엇일까요?

그때는 야곱이 약속의 땅으로 가는 과정에 있었습니다. 따라서 믿음 없는 형을 따라가서는 안 됩니다. 약속의 땅으로 가는 데 형이 걸림돌이 되기 때문입니다. 그래서 따라가지 않았던 것입니다. 그러나 지금은 상황이 달라졌습니다. 이제는 약속의 땅에 왔으니까 둘 다 그

곳에 있어야 합니다.

우리도 그렇습니다. '이 사람을 떠나야 하는지, 이 사람과 함께해야 하는지' 때마다 분별해야 합니다. 때마다 인도함이 다르기 때문입니다. 하지만 답은 오직 하나입니다. 영으로 시작해서 영으로 마쳐야 합니다. 육체로 마치는 인생이 되어서는 안 됩니다.

이에 에서 곧 에돔이 세일 산에 거주하니라_창 36:8

결국 에서의 목적은 '세일 산'입니다. 시작은 믿음의 아버지 이삭과 함께했는데, 결국은 육체의 세일 산에 거주합니다. 영으로 출발했으나 육으로 끝난 인생이 되고 만 것입니다. 세일 산은 짐승과 가축을 기르기에 너무나 좋은 곳이었습니다. 반면에 도덕적으로, 성적으로 타락한 땅이었습니다. 에서의 마음속 깊은 곳에 음란을 즐기는 악함이 있었던 것입니다.

그러니 경건한 야곱과는 함께 있는 것만으로도 숨이 막히지 않았을까요? 에서의 가치관이 이러하니까 그 후손이 계속 불신의 족보를 이어갑니다.

핀란드라는 나라가 그렇습니다. 한때 핀란드는 국민 100%가 크리스천인 대표적인 개신교 국가였습니다. 그런데 지금은 '교육 천국, 복지 천국'이 되어서 신앙이 0%라고 해도 과언이 아니라고 합니다. 과연 이것이 축복입니까?

사도 바울은 디모데후서 2장에서 "너는 그리스도 예수의 좋은 병사로 나와 함께 고난을 받으라" 하였습니다(딤후 2:3). 그리고 그 고난을 잘 받으면 "주께서 범사에 총명을 주신다"고 했습니다(딤후 2:7).

총명은 모든 일을 아는 것입니다. 내가 어떤 고난을 받아도 모든 일을 아는 것이야말로 축복 아닙니까? 그런데 이 총명을 얻으려면 "병사로 복무를 잘하고, 경기하는 자가 법대로 경기하고, 농부처럼 수고해야 한다"라고 합니다(딤후 2:4~6). 즉, 주께 매이고, 주님의 규칙을 지키고, 수고해야 합니다.

앞장에서 소개했던 '신 전원일기'를 쓰신 권사님이 그랬습니다. 감옥 간 남편을 대신하여 문자 그대로 농부로 수고하셨습니다. 정말 남편이 감옥 안 갔으면 큰일 날 뻔했습니다. 당시 그분의 '신 전원일기'를 한편 더 소개합니다.

남편이 하다가 만 농사일이 산더미 같은데 그중에서도 급한 일만 먼저 하기로 했습니다. 고추는 심었는데 고춧대를 세우다 말았기에 모자란 고춧대를 사서 모종을 세우는 일을 하기로 했습니다.

하지만 혼자서는 엄두가 안 났습니다. 마침 군에서 제대한 조카가 생각나서 도움을 요청하니 기꺼이 왔습니다. 게다가 생각지도 못했던 집사님 부부가 돕겠다고 오셔서 함께 대를 꽂고 끈을 연결해서 고추 모종을 세우는 일을 했습니다.

도우미가 많으니 어찌나 힘이 되던지 일꾼을 보내 주신 주님께 감사드렸습니다.

남편은 감옥 안에서 심어 놓은 작물들 걱정을 할 텐데 지체들의 도움으로 잘하고 있다고 안심시켜 주고 싶었습니다.

한참 일을 하고 있는데 우체부가 왔습니다. 결혼한 후 처음 받아 보는 남편의 편지입니다.

이틀에 한 번꼴로 면회를 가지만 초췌한 얼굴을 보며 울지 않으려고 괜히 "밥 잘 먹냐? 약 잘 먹냐?" 같은 이야기를 하다 보면 면회 시간 7분이 금방 가 버립니다. 남편도 자기 마음을 하나도 전하지 못한 게 아쉬워 편지를 쓴 모양입니다.

중매로 결혼해서 그저 무덤덤하게 살았는데 다 늙은 나이에 "사랑하는 당신"으로 시작하는 편지가 시작부터 콧등을 찡하게 합니다. 그러다 결국 구구절절 자기 죄를 보는 글이 그만 저의 시야를 뿌옇게 흐리게 만듭니다.

누가 사랑을 낭만이라 했습니까?

바람이 나서 이혼해 달라고 요구하던 남편이 갑자기 앓아누워도 그 곁에서 간병하느라 밤새우는 것이 사랑입니다.

소주만 마시며 뒹구는 남편이 잉태시킨 네 번째 아이를 낳기로 결단하는 것이 사랑입니다.

죽을병에 걸린 아내에게 얼마 안 남았으니 예수 믿어야 한다고 말해 주는 게 사랑입니다.

집안 거덜 낸 남편에게 화를 내는 대신 교회에 가자고 하는 게 사랑입니다.

알코올의존증인 남편을 입원시키는 게 사랑입니다.

그래서 사랑은 달콤한 낭만이 아니라 핏덩어리 십자가입니다. 저도 한

때는 남편을 미워했습니다. 꼴 보기 싫어서 눈을 흘기기도 했습니다. 성질이 지랄 같다고 흉도 보았습니다. 지질이라 여기기도 했습니다.

그런데 이제 그 늙은 지질이 남편이 저를 울립니다. 수의 한 벌과 담요 한 장에 의지해 너무나 남루해진 인생의 살아온 날을 회개로 되씹는 그가 바로 저의 핏덩어리 남편입니다.

고난이 이렇게 끝까지 내려가니까 이 권사님이 말씀을 너무너무 잘 깨달으십니다. 이것이 총명 아닐까요?

내 배우자가 감옥에 가면 다들 '이래도 내가 살아야 하나?' 생각합니다. 수치로 여깁니다. 하지만 이 권사님은 "복음과 함께 고난을 받으라"는 말씀으로 자기 고난을 해석했습니다. 그러니 절망할 것도 없고, 부끄러워할 것도 없습니다.

이 권사님이 날마다 '신 전원일기'를 쓰는 것이야말로 진정한 사랑입니다. 핏덩어리 십자가의 부활입니다. 고난을 말씀으로 해석하니 하나님이 범사에 총명을 주신 줄 믿습니다.

하지만 에서의 족보에는 사랑이 없습니다. 핏덩어리 십자가가 없습니다. 좋은 게 좋은 것이 아닙니다. '교육 천국, 복지 천국'이 다가 아닙니다.

'예수님을 빼면 저주'라는 것을 알아야 합니다. 내 자녀들도 그렇습니다. 배부르고 등이 따뜻한 날이 오면 신앙을 장담하지 못합니다. '평생 교회 두세 번이라도 가게 될까?' 걱정해야 합니다. 그래서 복음과 함께 고난을 받는 것이 축복입니다.

+ 내가 약속의 땅으로 가는 데 걸림돌이 되는 것은 무엇입니까?

+ 영으로 시작해서 교회를 다녀도 몸은 세일 산에 머무르며 육체로 끝날 인
  생을 자초하고 있지는 않습니까?

+ 범사에 총명을 얻기 위해 내가 잘 받아야 할 고난은 무엇입니까?

저는 이 시대의 청년들이 배필을 정할 때
주님의 권위를 인정하기를 원합니다.
예배 잘 드리고, 성령이 근심하지 않는 행실을
유지하고 있으면 주님이 알맞은 상대를 만나게 하시고,
가장 선한 길로 이끌어 주실 것입니다.
우리 청년들이 그때를 기대하며,
잘 기다리기를 바랍니다.

아버지가 일찍 돌아가신 저는 하나님을 아버지라 부르는 것이 내 아버지를 부르는 것 같아 좋았습니다. 그러다 남편을 만났는데 권사님 아들에 외국 지사에서 근무한다는 말에 솔깃해 결혼을 결심했습니다. 남편은 제가 하자는 대로 잘 따라 주었고, 저는 두 자녀를 나름 찬양과 기도로 열심히 키웠습니다.

이후 음악에 소질을 보이는 큰아이에게 "성악을 통해 하나님께 영광 돌리자" 하며 초등학교 때부터 최고의 과외선생님을 모셔 와 레슨을 시켰습니다. 그러나 아이는 대학 입시에서 실패했습니다. 둘째 아이는 고3 때 그동안 입시에 눌린 것이 몰려와 정신적인 고통을 호소하더니 결국 원치 않는 대학에 들어갔습니다.

저는 이렇게 자녀 문제로 아무것도 할 수 없게 되자 비로소 말씀이 들리기 시작했습니다. 교회에서 열심히 봉사하면 내 자녀들을 에서처럼 세상에서 성공시켜 주실 거라는 제 안의 뿌리 깊은 기복신앙을 깨닫게 된 것입니다(창 36:7). 그리고 아이들을 우상 삼고 힘들게 한 것을 회개했습니다. 그동안 저는 가출하고 부모를 힘들게 하는 자녀들의 이야기를 들으면 남의 이야기로만 듣고 관심이 없었습니다. 그런데 지금은 자녀 때문에 우는 지체들을 체휼하지 못한 것을 회개하며, 지체들과 함께 눈물로 기도하게 되었습니다.

　　남편은 주중에 음주 가무를 즐기고, 예배 시간에는 말씀에 잘 집중하지 못했습니다. 저는 이런 남편을 무시하고 미워했습니다. 그래서 지질한 남편은 제쳐 놓고 아이들이나 잘 키워서 특별한 엄마가 되고 싶었습니다. 그런데 생각지도 못하게 남편이 저보다 먼저 목자로 세워졌습니다. 이 일로 저는 자아도취에 빠져 총명 없이 살아온 제 모습을 깨닫고 크게 회개할 수밖에 없었습니다. 남편은 목자가 된 후로 예배 시간에 산만하게 돌아다니지 않고, 누구보다 집중해서 예배를 잘 드리고 있습니다. 그런데도 저는 "목자가 돼서도 말씀 요약을 잘 못한다"라며 남편에게 핀잔을 주기도 했습니다.

　　여전히 연약하지만, 이제는 제게 주신 자유의지로 야곱처럼 끝까지 하나님의 언약을 택하고 싶습니다. 영으로 시작해 육체로 망한 에서의 족보가 되지 않도록(창 36:8) 복음과 함께 고난을 잘 받기를 기도합니다(딤후 1:8).

하나님 아버지, 에서의 족보를 통해 평생 나를 두렵게 하고, 힘들게 하는 사람이 잘살기까지 하는 것을 봅니다. 불신결혼을 하고 철저히 자기중심적인데도 가진 것이 많고, 누리는 것이 많은 것을 보면 참으로 주눅이 듭니다.

그러나 주님, 복음과 함께 고난을 받으라고 말씀하시고, 그리하면 범사에 총명을 주신다고 약속해 주시니 감사합니다. 우리가 그 총명을 잘 받아서 주님의 규칙대로 수고하고, 복음과 함께 고난을 잘 받아 주님이 가신 십자가의 길을 잘 걸어가길 원합니다.

핏덩어리 십자가 사랑을 하라고 하시는데 그동안 우리의 사랑이, 저의 사랑이 너무나 얄팍했음을 고백합니다. 주님, 용서해 주옵소서. 우리가 아무것도 할 수 없사오니 십자가 그 사랑으로 우리 마음을 녹여 주옵소서. 나의 핏덩어리 십자가를 사랑할 수 있도록 주여, 인도하여 주옵소서.

참으로 문제 많은 내 배우자, 내 자녀가 나의 핏덩어리 십자가임을 알았습니다. 이 모든 식구가 나를 믿음의 가장으로 세우고, 믿음의 족보에 올리기 위해 수고하고 있는 줄 믿습니다. 우리가 이 힘든 식구들 때문에 기도하는 것이 얼마나 감사한지도 다시금 알았습니다. 이와 같은 핏덩어리 배우자, 핏덩어리 부모, 핏덩어리 자녀를 우리가 끝까지 사랑하길 원합니다. 죽어지고 썩어지며 십자가의 피로 식구들을 사랑하게 하옵소서. 그리하여 우리 식구들이 믿음의 족보에 다 올라갈 수 있도록 역사하여 주옵소서.

특별히 이 땅의 청년들을 위해 기도합니다. 불신교제, 불신결혼이 얼마나 멸절될 일인지 알게 하여 주옵소서. 영으로 시작해서 육체로 끝나는 인생이 되지 않도록 붙잡아 주옵소서. 신결혼을 할 수 있도록 역사하여 주옵소서. 세일 산에 거주하지 않고, 약속의 땅에서 천국을 누리며 살아갈 수 있도록 지켜 보호하여 주옵소서. 예수님 이름으로 기도하옵나이다. 아멘.

6 장

유한한
세상 나라

창세기 36장 9~43절

하나님 아버지, 에서 곧 에돔의 족보를 통해
유한한 세상 나라의 특징을 알기를 원합니다.
말씀하여 주옵소서. 듣겠습니다.

36장 1절에서 8절까지는 가나안을 떠나 세일 산에 거주하는 '에서 곧
에돔의 족보'가 언급되었습니다. 그리고 9절부터 43절까지는 에돔 땅
에 거주하는 족속의 족보가 세 부분으로 나뉘어 언급됩니다.

첫째는 에서의 자손과 그중에서 족장 된 자들, 즉 에돔 족장의 족
보입니다(창 36:9~19). 두 번째는 에돔 땅에 이미 거주하고 있던 호리 족
속의 족보와 족장들입니다(창 36:20~30). 그리고 두 족보가 합병되어 에
돔 땅을 다스리는 왕이 나왔습니다. 마지막은 그 왕들의 족보입니다
(창 36:31~43).

그런데 이들의 명단에서 특별히 이스라엘 족속과 친숙한 이름이

많이 나옵니다. 왜 그렇습니까? 하나님께서 리브가에게 '두 민족의 어머니가 되리라'는 약속을 주셨기 때문입니다(창 25:23). 하나님은 그 약속을 신실하게 지키셨습니다.

어머니는 똑같은 리브가지만, 한쪽 야곱의 후손들은 믿는 족속이되고, 다른 한쪽 에서의 후손들은 영원히 이스라엘의 원수로 자리매김한 족속이 되었습니다.

에서 족속도 믿음의 족속으로 출발했습니다. 그러나 예수 믿으라고 아무리 '팔을 꼬집어 비틀어도' 그들은 안 믿었습니다. 이것이 유한한 세상 나라의 특징입니다. 에서 곧 에돔의 족보를 통해 세상 나라의특징을 알아보겠습니다.

세상 나라는 악하고 음란합니다

9 세일 산에 있는 에돔 족속의 조상 에서의 족보는 이러하고 10 그 자손의 이름은 이러하니라 에서의 아내 아다의 아들은 엘리바스요 에서의아내 바스맛의 아들은 르우엘이며 11 엘리바스의 아들들은 데만과 오말과 스보와 가담과 그나스요 12 에서의 아들 엘리바스의 첩 딤나는 아말렉을 엘리바스에게 낳았으니 이들은 에서의 아내 아다의 자손이며13 르우엘의 아들들은 나핫과 세라와 삼마와 미사니 이들은 에서의 아내 바스맛의 자손이며 14 시브온의 손녀 아나의 딸 에서의 아내 오홀리바마의 아들들은 이러하니 그가 여우스와 얄람과 고라를 에서에게 낳

앞더라 15 에서 자손 중 족장은 이러하니라 에서의 장자 엘리바스의 자손으로는 데만 족장, 오말 족장, 스보 족장, 그나스 족장과 16 고라 족장, 가담 족장, 아말렉 족장이니 이들은 에돔 땅에 있는 엘리바스의 족장들이요 이들은 아다의 자손이며 17 에서의 아들 르우엘의 자손으로는 나핫 족장, 세라 족장, 삼마 족장, 미사 족장이니 이들은 에돔 땅에 있는 르우엘의 족장들이요 이들은 에서의 아내 바스맛의 자손이며 18 에서의 아내인 오홀리바마의 아들들은 여우스 족장, 얄람 족장, 고라 족장이니 이들은 아나의 딸이요 에서의 아내인 오홀리바마로 말미암아 나온 족장들이라 19 에서 곧 에돔의 자손으로서 족장 된 자들이 이러하였더라 _창 36:9~19

19절까지 쭉 이름이 나옵니다. 에서가 세 아내에게서 낳은 다섯 아들과 그들이 낳은 열 손자에게서 열네 족장이 나왔습니다. 즉, 에돔이 열네 부족 국가를 이뤘습니다. 마치 크게 번성한 것처럼 보입니다. 하지만 성경에서 에서의 족보가 언급된 곳은 여기뿐입니다. 오직 이곳, 창세기 36장 한 장뿐입니다. 다시 말하면 '유한한 족보'라는 것입니다.

그런데 에서는 왜 세일 산으로 갔을까요? 약속의 땅에서 야곱과 만났지만, 야곱이 너무 경건해서 같이 살기가 싫지 않았을까요? 게다가 에서의 곁에는 불신결혼한 아내들이 있었습니다. 그러니 "약속의 땅에서 복음과 함께 고난을 받느니 가축 기르기에도 좋고 수풀도 우거진 세일 산으로 가서 더 행복하게 살자" 했을 것입니다.

한마디로 육신의 정욕, 안목의 정욕, 이생의 자랑대로 살고파서 세일 산으로 간 겁니다. 하지만 그곳은 도덕적으로 성적으로 아주 타락한 곳입니다.

한 자매가 우리들교회에 등록했습니다. 자매는 예배 때면 말씀이 들리지 않아서 졸기 일쑤였답니다. 그런데 얼마 지나지 않아 혼전 임신을 하고 말았습니다. 처녀 몸으로 큰일이 난 것입니다. '이걸 어쩌나' 고민하는데, 그동안 우리들교회에 와서 귀 따갑도록 듣던 "낙태하지 말라"는 말이 생각났다고 합니다. 예배 때 졸아도 공동체에 붙어만 있으면 이렇게 들리는 것이 있습니다. 그래서 아이를 낳기로 마음을 먹었습니다.

그런데 문제는 아이의 아빠인 남자 친구가 믿음이 없었습니다. 게다가 백수였습니다. 자기도 직업이 없어서 아이를 키우기에는 경제적으로도 문제가 적지 않았습니다. 그래서 부모의 도움이라도 받아야 했지만, 부모에게 임신 사실을 털어놓기가 죽기보다 힘들더랍니다. 엄마는 딸을 유일한 희망으로 삼고 고생 고생해서 대학 공부까지 시켰는데 세상에, 결혼도 안 한 딸이 아이를 낳겠다고 하면 어느 부모가 '좋아라' 하겠습니까?

그렇게 이러지도 저러지도 못하고 4개월이 지났습니다. 배 속 아기도 점점 자랐습니다. 그래서 하는 수 없이 엄마에게 갖은 고백을 다해서 편지를 보냈습니다.

그런데 그 편지를 받은 엄마는 온갖 저주를 퍼부었습니다. 그리고 "낙태하라" 하며 회유와 협박을 했습니다. 자매는 그런 엄마의 병적인 분노를 견디기 힘들어 다른 집으로 피신했습니다. 자매는 자기

유한한 세상 나라

를 위해 희생해 온 엄마가 이런 태도를 보일 줄은 꿈에도 몰랐답니다.

체면 때문에 우리가 이처럼 악해질 수 있습니다. 체면 때문에 얼마나 수많은 아이가 지금도 죽어 가고 있는지 모릅니다. 저는 이 자매에게 "실수는 했어도 아이는 반드시 낳아야 한다"라고 전했습니다. 비록 혼전 출산을 해도 이것은 창피하게 여길 일이 아닙니다. 생명을 지키는 것이 얼마나 장한 일인지, 이것을 온 교회와 사회가 인정해 주는 그런 풍토가 되면 좋겠습니다. 혼전 임신, 혼전 출산을 장려하려고 이런 의견을 피력하는 게 아닙니다.

1970년도에 4.53명이던 합계출산율이 해마다 떨어져서 2024년 1분기에는 0.76명으로 급락했습니다. 이런 추이라면 현재 5천175만 명인 우리나라 인구가 2800년도에는 한 명도 없을 거라고 합니다.

우리는 "생육하고 번성하라"고 하신 하나님의 명령을 특별히 출산에 적용해야 합니다(창 1:28). 한때 저는 "혼전 임신을 하면 주례를 서 주지 않겠다"고 했습니다. 하지만 이제는 아이를 낳기로 적용하면 주례를 서 줘야 하지 않을까 싶습니다. 혼전 임신을 했어도 결혼하고, 출산하는 것이 생명 낳는 일이기 때문입니다. 세상을 좋아하는 에서의 후손은 생각하지도 못할 적용 아닙니까? 처녀가 아이 낳는 게 창피하기 때문입니다. '돈도 없는데 아이를 어찌 키우나?' 이것이 유한한 세상 나라의 생각입니다.

혼전 임신을 한 자매도 악하고 음란하지만, 그 아이를 낙태시키라고 폭언하는 부모는 또 얼마나 악합니까? 예수님은 이 세대를 '악하고 음란하다'고 하셨습니다(마 12:39). 이 시대를 '악'과 '음란' 딱 두 단어로 표현하셨습니다. 이 말씀이 너무 맞습니다. 악과 음란이 이 세상 나라의 특징입니다.

+ 육신의 정욕과 안목의 정욕, 이생의 자랑대로 살고파서 가고자 하는 나의 세일 산은 어디입니까?
+ 이해타산과 체면 때문에 악을 행한 적은 없습니까?
+ 교회를 다녀도 여전히 끊지 못하는 나의 악과 음란은 무엇입니까?

세상 나라에는 대대로 원수가 있습니다

10절부터 19절까지는 에서의 자손들 이름만 계속 나옵니다. 그런데 12절에 "엘리바스의 첩 딤나는 아말렉을 엘리바스에게 낳았으니"라고 합니다. 아말렉의 어머니가 '첩'인 사실을 굳이 언급한 이유가 무엇일까요?

출애굽기 17장을 보면 이스라엘이 아말렉의 공격을 받아 르비딤에서 그들과 전쟁을 치르는 이야기가 나옵니다. 이때 아론과 훌이 하나님의 지팡이를 든 모세의 팔을 붙들어 올려 이스라엘 백성이 대승을 거뒀습니다.

그런데 성경은 이 기사의 마지막에 "여호와께서 맹세하시기를 여호와가 아말렉과 더불어 대대로 싸우리라 하셨다 하였더라"라고 기록합니다(출 17:16). 아말렉은 이스라엘의 '불구대천지원수(不俱戴天之怨

유한한 세상 나라

讐)'입니다. 즉, 이 세상에서 같이 살 수 없는 큰 원수라는 말입니다.

그러니 12절 말씀은 곧 에서가 악하고 음란하게 살고 싶어서 세일 산에 갔는데 그 후손들 역시 첩을 얻어 들이며 악하고 음란하게 살았다는 걸 보여 줍니다. 그러다 이스라엘의 철천지원수 아말렉을 낳았다는 것이죠. 따라서 사탄의 괴수 아말렉은 곧 불신결혼의 결론이요, 첩을 삼은 불륜의 결론이기도 합니다.

마태복음 10장 36절에 "사람의 원수가 자기 집안의 식구리라"라고 했습니다. 아말렉이 이렇게 패역한 족속이 된 것은 그 가정에 원인이 있습니다. 불신결혼하여 낳은 자녀가 하나님을 배척하다가 끝내 하나님을 가장 저주하는 인물이 되었습니다. 불신결혼을 하고, 다른 여자를 얻어 들이고, 바람을 피우면 가족 간에도 원수가 생깁니다. 죽을 듯이 서로를 미워하게 됩니다.

또한 에서는 스스로 잘난 까닭에 똑같은 실수를 해도 그것을 그저 수치로만 여겼습니다. 자신의 지질함을 절대 오픈하지 않았습니다. 입을 꾹 다물었습니다.

그러니 어려움에 처해도 도와주는 지체가 없습니다. 적이 나타나도 함께 싸워 줄 지체가 없습니다. 도와 달라고 하나님께 기도할 줄도 몰랐습니다. 당연히 인생의 모든 문제가 해결될 리 없지요. 에서처럼 예수 없이 잘난 사람들이 대부분 그렇습니다. 자기 수치를 절대 오픈하지 않습니다. 교양이 넘쳐서 입을 꾹 닫고 있다가 우울증까지 앓는 사람도 보았습니다.

세상 나라는 불신결혼과 음란을 통해 지금까지도 수많은 아말렉을 낳고 있습니다. 그래서 이 세상은 대대로 원수만 있는 나라입니다. 집마다 아말렉이 있습니다. 부부간에도 아말렉이 있습니다. 교회 공동체 안에도 마찬가집니다. "나는 저 사람 싫은데 왜 같은 목장에 편성해 주나? 나를 다른 목장으로 보내든지, 저 사람을 다른 데로 보내달라" 이럽니다.

갈라디아서 5장 19절부터 21절에 "육체의 일은 분명하니 곧 음행과 더러운 것과 호색과 우상 숭배와 주술과 원수 맺는 것과 분쟁과 시기와 분냄과 당 짓는 것과 분열함과 이단과 투기와 술 취함과 방탕함과 또 그와 같은 것들이라"고 합니다. 21절 하반부에서 "전에 너희에게 경계한 것 같이 경계하노니 이런 일을 하는 자들은 하나님의 나라를 유업으로 받지 못할 것이요"라고 했습니다.

그런데 여러분, 이런 것들을 안 하는 사람이 어디 있습니까? 우리가 예수를 믿어도 그렇습니다. "나는 절대 그런 짓 하지 않는다" 할 사람이 얼마나 되겠습니까?

지금 속이 부글부글 끓어오릅니까? 이 분냄은 애초에 가지 말라는 세일 산으로 간 내 삶의 결론입니다. 아직도 성령의 열매를 맺지 못했다는 증거입니다. 여전히 내 속에 아말렉이 있다는 말입니다. 그런데 사람의 힘으로는 그 아말렉을 물리칠 수 없습니다.

야곱도 여러 여자와 결혼했습니다. 하지만 에서와 다른 점이 무엇입니까? 야곱은 여러 여자와 결혼했어도 하나님을 떠나지 않았습니다. 목적지가 벧엘이고 헤브론이었습니다. 언제나 '나의 하나님'을 부르고, '하나님의 집'이 인생의 목표였습니다. 그러므로 야곱이 실수할 때마다 하나님께서 대신 싸워 주신 것입니다.

그뿐만이 아닙니다. 실수할 때마다 손을 들고 기도해 줄 모세 같은 지체가 곁에 있었습니다. 모세의 팔을 들어 준 아론과 훌 같은 지체가 늘 있었습니다.

우리들교회 목장이 그렇습니다. 한 지체가 "내 남편은 너무 이중인격자야" 그러면 옆에서 "어머나, 내 남편은 사중인격자인데"라고 합니다. 이처럼 서로 위로하며 팔을 들어 줍니다. 모세와 아론과 훌이 따로 없습니다.

나아가 야곱은 항상 자기 죄와 수치를 오픈했습니다. "내가 바람을 피웠어", "내 딸이 강간을 당했어", "내 자식이 살인을 했어" 그렇게 오픈하니까 모세와 아론과 훌 같은 지체들이 뜨겁게 기도해 주고, 열심히 팔을 들어 준 것입니다. 지체들의 중보기도는 이 땅의 일이 하나님의 일이 되게 합니다.

+ 내가 실수할 때마다 손을 들고 기도해 주는 지체는 누구입니까? 그 지체들 앞에서 항상 나의 죄와 수치를 오픈하고 있습니까? 교양과 체면 때문에 오픈하지 못하는 나의 죄와 수치는 무엇입니까? 그래서 날마다 끙끙 앓고 있습니까?

+ 약속의 땅을 끝까지 지키기 위해 싸워야 하는 나의 원수 아말렉은 무엇입니까?

+ 하나님 나라를 유업으로 받기 위해 항상 경계해야 할 것은 무엇입니까? 음행과 더러운 것과 호색과 우상숭배와 술수와 원수를 맺는 것과 분쟁

과 시기와 분냄과 당 짓는 것과 분리함과 이단과 투기와 술 취함과 방탕함……이 중에 무엇입니까?

세상 나라는 덧없는 것을 의지합니다

20 그 땅의 주민 호리 족속 세일의 자손은 로단과 소발과 시브온과 아나와 21 디손과 에셀과 디산이니 이들은 에돔 땅에 있는 세일의 자손 중 호리 족속의 족장들이요 22 로단의 자녀는 호리와 헤맘과 로단의 누이 딤나요 23 소발의 자녀는 알완과 마나핫과 에발과 스보와 오남이요 24 시브온의 자녀는 아야와 아나며 이 아나는 그 아버지 시브온의 나귀를 칠 때에 광야에서 온천을 발견하였고 25 아나의 자녀는 디손과 오홀리바마니 오홀리바마는 아나의 딸이며 26 디손의 자녀는 헴단과 에스반과 이드란과 그란이요 27 에셀의 자녀는 빌한과 사아완과 아간이요 28 디산의 자녀는 우스와 아란이니 29 호리 족속의 족장들은 곧 로단 족장, 소발 족장, 시브온 족장, 아나 족장, 30 디손 족장, 에셀 족장, 디산 족장이라 이들은 그들의 족속들에 따라 세일 땅에 있는 호리 족속의 족장들이었더라 _창 36:20~30

20절에서 30절까지에는 호리 족속, 즉 세일 자손의 일곱 족장과 그들의 스물한 명의 후예가 나옵니다.

에돔 족속의 조상이 에서라면, 호리 족속의 조상은 세일입니다.

유한한 세상 나라

'호리'는 '구멍에 거주하는 자'라는 뜻입니다. 그 이름처럼 이들은 동굴에 은거했습니다. 그래서 당시 근동에서는 저주받은 족속으로 불렸습니다.

어떤 학자들은 이 호리를 히위 족속과 같은 족속으로 보기도 합니다. 에서의 아내 오홀리바마가 이 히위 족속 출신이죠. 그렇다면 에서가 아내를 따라서 세일 산으로 이주했다고도 볼 수 있습니다.

그런데 이 호리 족속의 족보에는 특징이 하나도 없습니다. 그냥 온천을 발견한 것(창 36:24) 하나뿐입니다.

에서 입장에서 생각해 보면 억울합니다. 처가가 잘사는 것 같아서 세일 산으로 갔는데 가문의 자랑이 온천밖에 없습니다. 대단한 세일 산에 온천 하나밖에 없는 걸 결혼 전에는 미처 몰랐겠죠.

딱 우리 모습 아닙니까? 결혼 전에는 다 모릅니다. 그저 번지르르한 겉모습만 보고는 저주받은 족속인지도 모르고 불신결혼도 서슴지 않습니다. 그러고는 다 "속았다!"고 합니다.

30절에 '디손 족장, 에셀 족장, 디산 족장'을 마지막으로 호리 족속의 계보는 덧없이 끝납니다. 이것은 이후 그들이 에돔 족속에 병합된 걸 의미합니다. 에서가 호리 족속의 모든 걸 차지한 것입니다. 에서가 이렇게 나쁩니다. 호리 족속으로서는 굴러온 돌인 사위에게 모든 걸 빼앗긴 셈입니다.

그렇다면 성경은 왜 이토록 덧없는 호리 족속의 계보를 소개하고 있을까요? 온천이든 사돈이든 덧없는 세상을 의지하면 하루아침에 망할 수밖에 없음을 보여 주기 위함입니다. 또 한편으로는 그렇습니다. 에서가 제아무리 이삭의 아들이라도 불신결혼을 하면 결국 이런 이방 족속과 한통속이 될 수밖에 없다는 겁니다. 아무리 믿음 좋은 집안의 자녀라 해도 불신결혼하면 하나님의 언약과 무관한 삶을 살아가게 됩니다.

에돔 족보의 특징이 첩 딤나에게 아말렉 낳은 것과 온천 발견한 것 딱 두 가지뿐이라는 것은 곧 에돔이 수많은 사건을 오픈하지 않았음을 의미합니다. 한마디로 진실하지 않은 족보입니다. 이런 족보를 보며 누가 은혜를 받겠습니까?

더구나 에서는 부모의 근심에도 아랑곳하지 않고 여러 부족 여인과 불신결혼을 하지 않았습니까? 아무 여자나 데려와서 첩을 삼았습니다. 그러니 그 집안에 얼마나 많은 갈등과 다툼이 있었겠습니까? 자식들끼리는 또 어땠겠습니까? 피차 얼마나 많은 피눈물을 흘렸겠습니까?

물론 야곱 집안도 도긴개긴입니다. 하지만 야곱은 모든 사연을 오픈했습니다. 앞서 언급했듯이 "내 딸이 강간당했다, 내 아들이 살인했다, 내가 형을 속였다, 삼촌이 나를 미워했다" 이런 수치의 사건을 다 오픈했습니다. 그래서 오늘날 우리까지 그 사실을 다 알고 있습니다.

하지만 에서는 "죽을 때까지 입을 꾹 다물고 있었다" 이겁니다. 그러면서도 "강자만 살아남는다" 하면서 족장이 되고, 세상 왕이 되었습니다. 자기 힘을 자랑했습니다. 그래서 3, 4대 만에 호리 족속의 족보 자체가 사라진 것입니다.

그러므로 아무나 하고 결혼하면 안 됩니다. "돈 많고, 잘생기고,

예쁜 사람이면 되지" 하며 불신결혼해선 안 됩니다. 신(信)결혼해야 합니다. 또한 부모는 내 자녀가 믿음의 결혼을 할 수 있도록 믿음의 본을 보여야 합니다. 내 자녀의 신결혼을 위해 애통해야 합니다.

저는 우리들교회에서 결혼 예배 주례를 설 때마다 다음과 같이 주례사를 시작합니다.

"결혼은 낭만이 아닙니다. 낭만적인 사랑이 어디 있겠어요? 지금부터 고생 시작입니다."

그럼에도 결혼 예배를 마치고 나면 다들 "오늘 너무 은혜받았어요" 합니다. 난생처음 교회 뜰을 밟아 보는, 믿지 않는 하객들도 고개를 끄덕입니다. 수많은 하객 앞에서 신랑 신부가 자기 사연을 다 오픈하니 이런 주례사를 하는 저도, 듣는 하객도 다 마음이 편안한 것입니다. 그래서 우리들교회 결혼식은 마치 은혜가 충만한 가족 부흥회 같습니다.

세상에 사연 없는 집이 어디 있습니까? 그런데 다들 화려한 결혼을 원하니 사연을 감춥니다. 드라마를 봐도 그렇죠. 수치스러운 과거는 죄다 숨깁니다. 그러다 결국 뒤늦게 드러나서 문제가 됩니다. 파국으로 치닫습니다. 제가 신랑 신부에게 "행복하게 살라"고 하면, 그 부부가 행복해집니까? "애들 많이 낳고 다복하게 살라"고 하면 다복해집니까?

사도 바울은 "말세에 고통하는 때가 이르러 사람들이 자기를 사랑하며 돈을 사랑하며……"라고 했습니다(딤후 3:1~2). 낭만적인 사랑은 100% 거짓입니다. 행복을 선택하면 고통이 오고, 복음과 함께 고난을 선택하면 행복이 저절로 따라옵니다.

그런데도 우리는 "온천 하나라도 가지고 있으면 그게 어디야?" 합니다. 더는 아무것도 묻지도 따지지도 않고 시집·장가 보냅니다.

하지만 여러분이 원하는 게 기껏 온천 하나입니까? 이렇게 온천 하나 바라보고 결혼하면 하나님과 점점 더 멀어질 수밖에 없습니다. 게다가 돈으로 엮이는 결혼은 그 가정에 돈이 왕 노릇 하기에 매사 분열되기 쉽습니다.

+ 내가 의지하는 '덧없는 것'은 무엇입니까? '온천' 하나 의지했다가 무너진 적은 없습니까?
+ 여러분은 복음과 함께 고난을 받겠습니까, 말세의 고통을 받더라도 행복을 선택하겠습니까?

세상 나라는 자랑만 일삼습니다

이스라엘 자손을 다스리는 왕이 있기 전에 에돔 땅을 다스리던 왕들은 이러하니라 _창 36:31

앞서 15절에서 19절까지는 에서의 자손 중 족장 이야기가 나왔습니다. 20절에서 30절까지는 호리 족속, 즉 세일 자손의 일곱 족장이 언급되었습니다.

유한한 세상 나라

그리고 이제 31절부터 39절까지는 에돔 땅을 다스리던 왕들의 이름이 나열됩니다. 이것은 곧 에서의 자손이 에돔 족속으로 번성하여 호리 족속을 물리치고 큰 왕국을 이루었다는 것입니다.

성경이 굳이 이 사실을 기록한 이유가 무엇일까요? 이때는 B.C. 1900년경입니다. 이스라엘이 한창 애굽에서 종살이하고 있을 때입니다. B.C. 1050년경에야 이스라엘에 군주제가 성립되고 사울이 초대 왕으로 세워졌습니다. 에돔이 이스라엘보다 무려 800여 년 앞서 정부 조직과 행정의 체계를 갖추었다는 것입니다.

그러니 이 역사가 얼마나 자랑스러웠겠습니까? 이스라엘을 향해 보란 듯이 그 위용을 뽐냈을 것입니다.

하지만 에돔은 하나님을 몰랐습니다. 자기 죄를 몰랐습니다. 회개가 무엇인지도 몰랐습니다. 이스라엘은 십자가밖에 자랑할 것이 없는데 에돔은 입만 열면 세상 것을 자랑했습니다.

거듭나지 못한 사람들의 특징이 이렇습니다. 돈을 자랑하고, 자녀들을 자랑하고, 학벌을 자랑하고, 직장을 자랑합니다.

32 브올의 아들 벨라가 에돔의 왕이 되었으니 그 도성의 이름은 딘하바며 33 벨라가 죽고 보스라 사람 세라의 아들 요밥이 그를 대신하여 왕이 되었고 34 요밥이 죽고 데만 족속의 땅의 후삼이 그를 대신하여 왕이 되었고 35 후삼이 죽고 브닷의 아들 곧 모압 들에서 미디안 족속을 친 하닷이 그를 대신하여 왕이 되었으니 그 도성 이름은 아윗이며 36 하닷이 죽고 마스레가의 삼라가 그를 대신하여 왕이 되었고 37 삼라가 죽고 유브

라데 강변 르호봇의 사울이 그를 대신하여 왕이 되었고 38 사울이 죽고 악볼의 아들 바알하난이 그를 대신하여 왕이 되었고 39 악볼의 아들 바알하난이 죽고 하달이 그를 대신하여 왕이 되었으니 그 도성 이름은 바우며 그의 아내의 이름은 므헤다벨이니 마드렛의 딸이요 메사합의 손녀더라 _창 36:32~39

그런데 이토록 자랑스러운 에돔 왕국의 역사는 어떻습니까? "죽고 대신하여 왕이 되고, 죽고 대신하여 왕이 되고……." 이것밖에는 없습니다.

더구나 이 여덟 왕의 공통점이 무엇입니까? 벨라가 죽자 '세라의 아들 요밥'이 그를 대신하여 왕이 됩니다. 요밥이 죽자 '데만 족속의 땅의 후삼'이 그를 대신하여 왕이 됩니다. 일곱 차례에 걸쳐 왕위가 계승되는 동안 "왕의 아들 아무개가 물려받았다"라는 기록이 전혀 없습니다.

초대 왕 '벨라'의 이름만 봐도 그렇습니다. 그 이름에는 '대식가, 삼킴'이라는 뜻이 담겨 있습니다. 애초부터 힘의 논리 아래 지배받던 자가 에돔 왕의 자리를 차지했다는 것입니다. 그렇게 차지한 걸 자랑하니까 그것을 또 탐내는 자가 한둘이 아닙니다. '뺏고 빼앗기고'의 역사만 되풀이됩니다.

불신 가문이 아무리 번성해도 그렇습니다. 성경에는 그에 대한 구체적인 기록이 없습니다. 그저 한 줄로 쓱 지나갑니다. 하나님의 언약과는 무관하기 때문입니다. 그럼에도 성경이 에서 족속의 계보를 36장 한 장에 걸쳐 기록한 이유가 무엇입니까?

유한한 세상 나라

창세기에서부터 계시록까지, 그 번영의 역사가 기록된 이스라엘과 한번 비교해 보라는 것입니다. 또 한편으로는 이런 생각도 듭니다. '그래도 리브가의 아들이니, 한 장(章)의 번영은 있었음을 보여 주기 위함이 아닐까?'

물론 하나님의 언약을 받은 야곱 자손도 별로 내보일 것이 없었습니다. 이제야 야곱이 약속의 땅에 이르렀는데 이로부터 25년 후에는 기근을 당해 애굽으로 피신 가는 신세가 됩니다. 세상적으로는 자랑할 게 하나도 없습니다. 그러나 하나님은 그분의 뜻대로 사는 자를 반드시 창대하게 하십니다.

하나님을 떠난 에돔은 사사시대 이후로 약소국가로 전락합니다. 그러다 통일왕국시대에는 합병이 되어서 에돔의 정치·사회·경제·문화는 모두 이스라엘이 대신 누립니다. 오늘날 에돔은 지도에서조차 찾아볼 수 없게 되었습니다. 에돔이 그토록 수고했어도 그 모든 열매는 이스라엘이 얻었습니다.

이 세상의 모든 지식과 재물도 그렇습니다. 결국 하나님을 위해 쓰이게 되어 있습니다.

40 에서에게서 나온 족장들의 이름은 그 종족과 거처와 이름을 따라 나누면 이러하니 딤나 족장, 알와 족장, 여뎃 족장, 41 오홀리바마 족장, 엘라 족장, 비논 족장, 42 그나스 족장, 데만 족장, 밉살 족장, 43 막디엘 족장, 이람 족장이라 이들은 그 구역과 거처를 따른 에돔 족장들이며 에돔 족속의 조상은 에서더라 _창 36:40~43

43절 마지막에 "에돔 족속의 조상은 에서더라"라고 합니다. 에서 한 사람의 결정으로 시작된 에돔의 족보가 이렇게 덧없이 막을 내립니다. 약속의 땅을 떠난 에서 한 사람의 잘못된 결정으로 그의 후손은 멸망의 자손이 되고 말았습니다.

한 사람의 불순종이 온 집안을 멸망으로 이끌고, 한 사람의 순종이 온 집안을 천국으로 이끕니다. 더구나 에서는 믿음의 집안에서 태어났습니다. 하지만 성령으로 시작해서 육체로 마친 사람의 대표적인 인물이 되었습니다.

이런 에돔의 족보에 비해 37장에서부터 나오는 야곱의 족보는 어떠합니까? 한마디로 고난의 족보입니다. 야곱의 후손은 애굽에서 노예로 살며 너무나 잘 먹고 잘사는 에돔을 계속 지켜봐야 했습니다. 믿음 생활이 그렇습니다. 예수를 안 믿어도 세상에서 승승장구하는 친구를, 사돈을, 동서를 지켜봐야 합니다. 그러니 참고, 인내하고, 절제해야 할 일이 얼마나 많겠습니까?

그러나 하나님 나라와 세상 나라는 완전히 다릅니다. 하나님 나라는 '사랑과 희락과 화평과 오래 참음과 자비와 양선과 충성과 온유와 절제'(갈 5:22~23)라고 했습니다. 세상 나라는 영원할 수 없지만, 그리스도를 왕으로 섬기는 하나님 나라는 영원합니다.

거듭난 사람은 적어도 자기 죄를 압니다. 반면에 세상 나라 사람은 자기 죄를 모릅니다. 죄의식이 없습니다.

제아무리 잘난 사람끼리 모여도 그렇지 않습니까? 그중에서도 누군가는 일등을 하고, 누군가는 꼴찌를 할 것입니다. 하지만 그들은 자신이 꼴찌임을 인정하지 못합니다. 자신이 잘난 줄로만 알기 때문입니다. 그래서 자기 자식 성적이 조금만 뒤처져도 못 견딥니다. 금세 우울감에 빠집니다.

자녀들은 자녀들대로 자기 성적 때문에 우울감에 빠진 부모를 보면서 오직 이기고 이기는 세상 가치관을 갖게 됩니다. 낭만적 사랑의 신화에 빠져서 불신결혼을 일삼고 악하고 음란하게 살아갑니다. 그 결론으로 아말렉 같은 문제아를 낳습니다. 에서의 가족신화가 계속 이어집니다. 대대로 하나님을 부인하는 집안이 되는 것입니다.

서울 강남에서 자랐고, 중·고교 시절도 다 그곳에서 보낸 한 집사님이 계십니다.

이분은 결혼도 소위 일류대를 나온 남자와 했습니다. 온통 일류밖에 몰랐습니다. 그래서 자녀도 당연히 일류대학에 보내야 한다는 강박에 시달리면서 온갖 교육에 전념했습니다. 좋다고 소문난 학원을 찾아서 온 동네를 다 뒤지고, 유명한 과외선생에게 아이들을 맡겼습니다. 이것이 엄마로서 최선이라 생각했습니다. 그런데 아이가 고3이 되어 진학 상담을 받았는데 수도권 대학에도 진학하기 힘들다는 이야기를 들었습니다.

하지만 이 집사님은 '아니, 누구 자식인데 감히!'라고 생각했습니다. 그러고는 자신이 원하는 대학에 아이의 원서를 집어넣었습니다. 아이가 떨어지고 말고는 상관이 없었습니다. 오직 모든 사람 앞에서 "우리 애는 이 대학에 지원했어" 이 이야기를 하기 위해서였습니다.

결과는 빤했습니다. 불합격. 아이는 결국 재수를 했습니다. 그럼에도 성적은 조금도 나아지지 않았습니다. 이 집사님은 삶의 희망을 다 잃어버렸습니다. 살맛이 없어졌습니다. 우울증에 걸리고 만 것입니다. 요즘도 이런 일이 집마다 일어나고 있습니다.

이렇듯 30, 40대 엄마들의 우울증의 공통된 원인은 자녀들의 교육 때문이라고 합니다. 내 자녀들이 공부를 얼마나 잘하고 못하느냐에 따라 행불행이 좌우됩니다. 내 아이만은 최고로 키워야 한다는 강박이 우울로 변하게 됩니다. 이 또한 유한한 세상 나라의 특징입니다.

그런데 언젠가 북한 축구 대표 출신인 정대세 선수의 이야기를 담은 다큐멘터리를 보면서 부모 교육이 참 중요하다는 것을 새삼 느꼈습니다. 정 선수는 재일 한국인 3세입니다. 그의 아버지 국적도 엄연히 대한민국입니다.

하지만 정 선수가 어린 시절 살던 곳에는 한국 학교가 없었습니다. 그는 가까이 있는 일본 학교에 다녔으면 학비도 무료고, 더 좋은 교육을 받을 수 있었을 것입니다. 하지만 그의 부친은 정 선수에게 민족의식을 길러 주느라 부득이 조선 초급학교에 보내어 한글을 배우게 했습니다.

이후 정 선수는 대학도 재일본조선인총연합회가 운영하는 조선대학교로 진학했습니다. 그러다 보니 불행히도 북한에 대한 환상을 가지게 되었답니다.

당시만 해도 이 조선대학교에서는 아무리 축구를 잘해도 일본의 J리그에 못 들어갔다고 합니다. 그런데도 정대세 선수가 J리그에 진출한 것이 재일본 조선인 학생들에게 큰 희망이 되었습니다. 저는 이런 정 선수의 모습을 보면서 그에게 예수 씨가 들어갔더라면 얼마나 좋았을까 싶었습니다.

우리가 자녀를 낳고 키워도 그렇습니다. 내 아이를 믿음으로 낳고 키우기로 결단하면 하나님께서 창대하게 하십니다. 그를 통해 수많은 사람을 주님 앞으로 인도하십니다.

그럼에도 우리는 세상 나라로부터 눈길을 돌리지 못합니다. 에서가 마냥 부럽고 야곱은 그저 지질합니다. 우리들교회 홈페이지에 올려진 교인들의 나눔도 그렇습니다. 세상이 보기에는 너무나 지질합니다. 그중에 한 편을 소개합니다.

교회에서 양육훈련을 마치고 나니 그 시간이 얼마나 소중했는지 새삼 느낍니다. 정말 하나님의 족보에 오르기 위해서는 꼭 받아야 할 양육이라고 생각합니다. 저 같은 자를 양육해 가시는 걸 보면 정말 못 할 것이 없으신 하나님이심을 다시 알게 됩니다.

사실 저는 중학교도 제대로 나오지 못해서 여러 사람 앞에 나서는 것조차 두려워합니다. 학력을 얘기하는 자리에서는 주눅부터 듭니다. 더구나 나이도 많습니다. 이런 이유로 '나는 양육을 받을 만한 자가 못 된다'라고 생각했습니다.

그러나 하나님께서 저에게 순종할 마음을 주셔서 양육을 받게 하셨습니다. 처음에는 긴장해서 알지 못했지만, 한 과정 한 과정 과제를 하며 하나님의 인도하심을 알게 되었습니다.

또한 저는 양육받기 3주 전부터 하나님과 저만 알고 있는 저의 죄 문제로 아팠습니다. 술을 마시며 괴로워했지만, 아무런 소용이 없었습니다. 하지만 하나님은 양육을 통해 저의 죄를 토해 내게 하셨습니다. 매주 저의 죄를 들어 올리면서 만천하에 공개하도록 하셨습니다. 그렇게 저의 죄를 벗겨 내시니 그 상처가 너무나 아팠습니다. '정말 내가 이런 삶을 살았었나?' 하는 믿을 수 없는 과거들이 나를 괴롭혔습니다. 하지만 저는 단 한마디도 변명할 수 없었습니다. 하나님 앞에서 그저 울 수밖에 없었습니다.

그러나 하나님은 사랑이셨습니다. 내 죄 때문에 흘린 눈물보다 더 큰 축복을 저에게 수셨습니다. 그토록 즐겨 하던 술두 끊게 해 주셨습니다. 그리고 예수 믿기 전, 이혼하고 재혼한 사실과 고리대금업을 하고, 남의 것을 도적질한 죄를 고백하게 하셨습니다. 이처럼 매주 저의 죄를 일일이 기억나게 하시니 지금까지 제가 얼마나 뻔뻔하게 살아왔는지 뒤늦게 깨달아집니다. 하나님 앞에서 얼마나 민망한지 드릴 말이 없었습니다.

한편으로 저는 스스로 남편이란 깊은 감옥에 갇혀 살았습니다. 제 발에 차꼬까지 차며 남편을 지키고 살았습니다. 그러니 교회를 다니면서도 수련회 한번 못 가는 게 당연했습니다. 그런데 양육을 받으며 처음으로 남편이란 감옥에서 벗어나게 해 주셨습니다.

이제는 빛으로 인도하신 하나님께서 주신 이 자유를 결코 육체의 기회로 삼지 않고 목장에서 저의 하나님을 증거하기 원합니다. 아무것도 할 수 없었던 저를 이렇게까지 견인해 가시는 하나님을 찬양합니다.

그런데 누군가가 이 글에 다음과 같이 댓글을 달았습니다.

"한 줄 한 줄 읽는데 눈물이 시야를 가립니다. 어쩌면 글을 이렇게 잘 쓰시는지요. 이거 학력 위조한 것 아닙니까?"

보시다시피 이분이 글을 얼마나 잘 쓰셨는지 저도 놀랐습니다. 예수 믿으면 글도 잘 쓰게 됩니다. 그런데 에서 족속이 이런 글을 보면 '에이, 지질해' 할 수 있습니다. 그들은 죽어도 말씀이 안 들리기 때문입니다. 말씀이 안 들려서 죽어도 하나님을 찾지 않았습니다.

에서는 정말 회개할 줄 모르는 족속입니다. 그럼에도 사도 바울은 로마서 9장에서 에돔 족속이 돌아올 희망을 버리지 않았습니다. 저도 우리 곁에 있는 에돔 족속이 돌아올 희망을 버리지 않고 기도하겠습니다. 그들이 반드시 돌아오기를 바랍니다. 유한한 세상 나라에서 하나님의 나라로 주소를 옮기기를 바랍니다. 내 눈이 오직 주의 영광만 보는 우리가 되기를 바랍니다.

+ 지금 내 눈은 어디를 바라보고 있습니까? 유한한 세상 나라입니까, 영원한 하나님 나라입니까?
+ 내가 일삼고 있는 자랑은 무엇입니까?
+ 내 곁에 있는 에돔 족속은 누구입니까? 그 에돔 족속이 하나님 품으로 돌아오기를 기도합니까? 아예 희망을 버리고, 전도를 포기하고 있지는 않습니까?

내 아이를 믿음으로 낳고 키우기로 결단하면
하나님께서 창대하게 하십니다.
그를 통해 수많은 사람을 주님 앞으로 인도하십니다.

저는 청년 시절에 같은 선교단체에서 훈련받은 자매와 결혼했습니다. 청년 때는 이슬람 국가에 선교를 갈 정도로 신앙의 열정이 넘쳤습니다. 그러나 회사에 들어가면서 술과 음란에 빠져 간신히 주일예배만 지켰습니다. 그러다 저의 모든 것이 무너지는 사건이 벌어졌습니다. 아내의 불륜과 가출로 이혼하게된 것입니다. 게다가 회사에서 업무상 치명적인 실수를 해서제 입지마저 좁아졌습니다. 제가 할 수 있는 것은 다 해 보았지만 소용없었고, 결국 저는 패닉 상태에 빠지고 말았습니다.

그러던 어느 주일, 예배를 드리는 중에 "현재 당하는 고난은 내 삶의 결론"이라는 말씀이 나팔 소리처럼 들리며 하염없이 눈물이 흘러내렸습니다. 또 목장예배에서 저와 비슷한 고난을 겪는 지체들의 나눔을 들으며, 그동안 아내의 불륜으로 나는 피해자라고만 생각했는데 비로소 악하고 음란하게 살아온제 죄가 보이기 시작했습니다.

때맞춰 시작된 양육훈련에서 베드로가 밤이 새도록 수고하여도 물고기를 잡지 못한 본문을 묵상했습니다(눅 5장). 그러면서 그동안 헛된 것들을 좇아 얼마나 세월을 낭비했는지 절절히 깨달아졌습니다. 그러자 전처에게 제 죄를 고백하고 오히려 용서를 구해야겠다는 마음이 들었습니다. 아이와 함께

전처를 만난 자리에서 저는 지난날 아내가 외로워할 때 진심으로 감싸 주지 못한 것과 회사 술자리에서 음란했던 저의 생활을 모두 오픈했습니다. 그리고 "나 때문에 당신이 수고했다"고 고백하며 용서를 구했습니다. 전처는 고개를 숙인 채 아무 말 없이 듣기만 하더니 "솔직히 말해 줘서 고맙다"라며 함께 눈물을 흘렸습니다. 이후 전처에게 신앙서적과《큐티인》을 보내 줬는데, 저의 간절함이 전달되었는지 "고맙다"고 했습니다.

하나님은 "왜 나에게 한마디 상의도 없이 마음대로 이혼했어!"라며 울부짖던 딸의 상처도 어루만져 주셨습니다. 딸은 주일학교 목장에서 부모의 이혼을 오픈하면서 "3년 동안 만날 수 없던 엄마를 이제는 3주에 한 번 만날 수 있게 된 것이 하나님이 자신을 회복시켜 주신 일"이라고 나누며 눈물을 흘렸다고 합니다. 할렐루야!

악하고 음란하여 대대로 원수 아말렉을 낳을 수밖에 없는 저를(창 36:12) 회개하게 하사 제 안의 원수 아말렉을 물리쳐 주시고, 유한한 세상 나라에서 하나님 나라로 주소를 옮겨 주신 하나님, 감사합니다.

하나님 아버지, 에서 곧 에돔의 족보를 통해 유한한 세상 나라의 특징을 보게 해 주시니 감사합니다.

한 어머니 리브가의 배에서 태어났어도 한쪽은 믿는 족속이 되고, 다른 한쪽은 영원히 이스라엘의 원수로 자리매김하는 족속이 되었음을 봅니다. 에서가 믿음의 족속으로 출발했어도 육신의 정욕과 안목의 정욕과 이생의 자랑대로 살고파서 세일산으로 간 것임을 알았습니다. 그리고 그 인생의 종착지가 악과 음란인 것도 보았습니다. 무엇보다 내 집안에 대대로 이어지는 원수 아말렉이 그 음란의 열매임도 알게 되었습니다.

그럼에도 저마다 여전히 의지하는 덧없는 세상 것들이 있음을 고백합니다. 그래서 복음과 함께 고난을 받기보다는 고통을 받더라도 행복을 선택합니다. '믿음'보다는 '온천' 하나 바라보고 시집·장가를 갑니다. 입만 열면 세상 것을 자랑합니다. 자녀를 자랑하고, 학벌을 자랑하고, 돈을 자랑합니다. 주여, 불쌍히 여겨 주옵소서.

이제는 십자가밖에 자랑할 것이 없는 인생이 되기를 원합니다. 음행과 더러운 것과 호색과 우상숭배, 분쟁과 시기와 분냄과 당 짓는 것과 분열에 빠져 살아온 모든 죄를 용서해 주옵소서. 참으로 사랑과 희락과 화평과 오래 참음과 자비와 양

선과 충성과 온유와 절제의 성령의 열매를 잘 맺어서 영원한 하나님 나라에 거할 수 있도록 인도하여 주옵소서. 성령으로 시작해서 육체로 마치는 인생이 되지 않도록 지켜 보호해 주옵소서.

특별히 내 곁에 있는 에돔 족속을 위해 기도합니다. 더는 세상 것을 의지하지 않고 오직 주만 의지하며 살아갈 수 있도록 그들의 마음을 주님이 붙잡아 주옵소서. 유한한 세상 나라에서 하나님의 나라로 주소를 옮길 수 있도록 인도하여 주옵소서. 그들이 하나님 나라로 돌아오는 날까지 희망을 버리지 않고 기도하며 복음을 전하는 우리가 될 수 있도록 더 큰 믿음도 허락해 주옵소서. 예수님 이름으로 기도하옵나이다. 아멘.

7 장

야곱의 족보

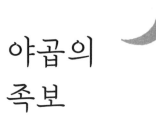

창세기 37장 1~4절

하나님 아버지, 믿음의 땅에 잘 거주하며
야곱의 족보를 잘 이어 가는 우리가 되기를 원합니다.
말씀하여 주옵소서. 듣겠습니다.

고추장하고 된장하고 만나기만 하면 싸웠습니다. 그런데 늘 고추장이 이기는 겁니다. 그래서 된장이 하나님 앞에 간절히 기도했습니다.

"하나님, 저도 좀 이기게 해 주세요."

이리하여 결국 된장이 이겼답니다. 어떻게 이겼을까요? 된장이 쌈장이 되어서 이겼습니다. 그런데 사실은 된장이나 고추장이나 둘 다 콩에서 나왔습니다. 같은 족보입니다. 우스갯소리지만 맛은 고추장이 더 좋을 수 있어도 몸에는 된장이 더 좋지 않습니까?

이삭이라는 한 족보에서 나온 에서와 야곱의 족보가 그렇습니다. 세상적인 맛은 에서의 족보가 더 나을는지 모르지만, 믿는 우리에게는 야곱의 족보가 훨씬 영양가 있습니다. 야곱의 족보의 특징을 살펴봅니다.

믿음의 땅에 거주하는 족보입니다

야곱이 가나안땅곧 그의 아버지가 거류하던 땅에 거주하였으니 _창 37:1

드디어 야곱이 그의 아버지 이삭이 거류하던 땅에 거주합니다. 약속의 땅 가나안으로 돌아온 것입니다. 그런데 이 가나안은 원래 이방인이 살고 있던 땅입니다. 게다가 몹시 척박합니다.

그럼에도 야곱이 가나안 땅에 거주하게 된 이유가 무엇입니까? 에서처럼 잘 먹고 잘살고자 했더라면 이곳으로 오지도 않았을 것입니다. 짐승을 목축하기에는 세일 산이 훨씬 좋지 않습니까. 하지만 야곱은 힘들어도, 어려워도 반드시 그 땅에 거주해야 했습니다. 하나님이 '약속의 땅은 가나안'이라고 못 박으셨기 때문입니다.

야곱이 이렇게 되기까지 무려 30년의 세월이 걸렸습니다. 그 긴 세월 동안 이곳저곳을 기웃거렸습니다. 그런데 이제는 제 발로 걸어들어와 거주합니다. 조상이 그토록 원하는 믿음 생활을 하게 되었다는 것이죠.

부모가 제아무리 신앙생활을 잘해도 그렇습니다. 교회 다니기를 귀찮아하고 싫어하는 자녀가 집안에 꼭 있습니다. 그래서 교회를 나갔다 들어왔다 합니다. 그럼에도 부모가 본을 잘 보이고 있으면 언젠가는 자녀가 돌아오리라 믿습니다.

야곱의 조상이 처음 이 땅을 밟았을 당시만 해도 그 집안 소유의 땅은 단 한 평도 없었습니다. 할아버지 아브라함이 그 땅을 사고, 아버지 이삭이 또 조금 샀습니다. 그렇게 3대가 이어지면서 그곳이 야곱의 고향이 된 겁니다.

하지만 그들의 소유는 가나안 땅 중 지극히 일부에 불과할 뿐입니다. 가나안 정복은 이제부터 시작입니다. 이 땅을 다 정복하려면 아직 갈 길이 멉니다. 곧 애굽에서 400년 동안 노예로 살아야 합니다. 출애굽도 해야 하고, 광야도 지나야 합니다. 이런 훈련을 다 거쳐야 가나안 땅을 정복할 수 있습니다. 그래야 놀라운 역사가 일어나는 것입니다.

홀몸으로 아들딸을 힘들게 키우고 있는 한 여자 집사님의 이야기입니다.

딸은 우리들교회에서 신앙생활을 잘하고 있는데 아들이 교회를 안 나왔습니다. 그러다 이 아들이 교통사고를 냈는데 피해자가 그만 사망했습니다. 아들은 어찌할 바를 몰랐습니다. 두려움에 빠졌습니다. 그런데 정작 이 집사님은 조금도 흔들림이 없었습니다. 오히려 이 일을 아들에게 일어난 구원의 사건으로 바라보며 안심했습니다.

그러면서 다음과 같은 기도 제목을 올렸습니다.

"아들이 믿음으로 거듭날 수 있게 기도해 주세요. 피해자 가족과 만나면서 상처받지 않고 '옳소이다' 할 수 있도록 기도해 주세요."

그리고 '한 영혼의 구원을 위해 공동체에서 중보해 주시기를 부탁드립니다'라고 했습니다. 이야말로 세상을 떠돌던 아들이 교통사고를 내는 바람에 드디어 어미가 거류하던 땅에 거하게 된 일 아닙니까. 30년 고난 끝에 드디어 아버지가 거류하던 땅 가나안에 거주하게 된 야곱처럼 말입니다.

또 어떤 집사님은 이런 나눔을 교회 홈페이지에 올렸습니다.

"교회도 안 다니는 며느릿감이 늘 목사님 설교를 듣고 웁니다. 그러면서 '저는 목사님이 정말 좋아요'라고 합니다. 저는 이런 며느릿감이 너무 맘에 듭니다. 어떻게 믿음 생활도 하지 않는 아이가 목사님을 좋아하고 목사님 설교를 이해할 수 있습니까? 저는 이것 때문에 며느릿감에게 100점을 주겠습니다. 다른 건 몰라도 말입니다."

비록 이제 믿기 시작했어도 이렇게 말씀이 들린다면 믿음이 자라 교회에도 잘 정착할 줄 믿습니다.

+ 지금 내가 거주하고 있는 땅은 믿음의 땅입니까, 세일 산입니까? 여전히 기웃거리고 있는 세상 땅은 어디입니까?

+ 나는 믿음의 땅에 거주하고 있어도 내 자녀는 세상을 떠돌고 있지는 않습니까? 내 자녀가 믿음의 땅으로 돌아와 잘 거주할 수 있도록 어떤 본을 보이겠습니까?

야곱의 족보

구속사의 족보입니다

야곱의 족보는 이러하니라……_창 37:2a

창세기에는 총 10개의 족보가 나옵니다. '족보'는 히브리어로 톨레도트, '세대, 자손, 후손'이라는 의미입니다. 개역한글판 성경에는 이 '족보'가 창조된 '대략'(창 2:4), 노아의 '사적'(창 6:9), 셈과 함과 야벳의 '후예'(창 10:1), 셈의 '후예'(창 11:10), 데라의 '후예'(창 11:27), 에돔의 '대략'(창 36:1), 야곱의 '약전'(창 37:2)이라고 각각 다르게 번역되어 있습니다. 그러나 개역개정판 성경은 2장 4절만 제외하고, 이 모든 것을 한 단어, '족보'로 번역했습니다.

그런데 창세기에서 본문의 야곱의 족보를 끝으로 37장 이후에는 족보에 대한 언급이 없습니다. 그만큼 야곱의 족보가 아주 중요하다는 뜻입니다.

창세기에 기록되었듯이 천지창조 이후 인간은 타락의 길로 접어들었습니다. 죄의 결과로 인간은 사망에 이르게 됐습니다. 하지만 하나님께서 유일한 해결책이신 구원자 예수님을 보내셔서 우리에게 구원을 약속해 주셨습니다. 그 약속을 찾아가는 것이 성경의 골자(骨子)입니다.

이를테면, 창세기 3장 15절에서 하나님은 사탄의 머리를 상하게 할 자가 '여자의 후손'에서 오리라고 계시하십니다. 창세기 11장에 이르면 그 '여자의 후손'이 아브라함으로 초점이 맞추어집니다. 이후 야곱이 이스라엘이 되고, 그의 후손이 이스라엘 민족을 이루어 다윗과 솔로몬이 그 왕위를 이어 갑니다. 하지만 다윗도, 솔로몬도 영원한 왕은 아닙니다. 이사야서 7장에 이르면 "주께서 친히 징조를 너희에게 주실 것이라 보라 처녀가 잉태하여 아들을 낳을 것이요 그의 이름을 임마누엘이라 하리라"(사 7:14) 합니다. '여자의 후손'이 '임마누엘'로 계시됩니다.

그리고 마태복음 1장 21절에 이르러 "아들을 낳으리니 이름을 예수라 하라 이는 그가 자기 백성을 그들의 죄에서 구원할 자이심이라 하니라" 합니다. 임마누엘 하나님이 곧 우리의 구원자이신 '예수'라는 것이 구체화됩니다.

우리가 예수를 믿어도 그렇습니다. 처음에는 코끼리 뒷다리만 만지듯 예수님의 실체를 잘 보지 못합니다. 하지만 성경을 차례차례 읽어가다 보면 반드시 예수님을 보게 될 날이 옵니다. "때가 차매 하나님이 그 아들을 보내사 여자에게서 나게 하시고⋯⋯"(갈 4:4) 말씀하신 것처럼 내 인생에도 '때가 차매' 예수가 나게 하시는 겁니다. 예수를 믿으면서도 영적인 자녀를 못 낳는 것 역시 그렇습니다. 아직 때가 차지 않아서입니다. 이것이 성경 전체의 뼈대입니다.

성경은 우리를 구속(救贖)하시는 하나님의 역사(歷史)입니다. '구속'은 우리를 구원해서 속량했다는 뜻입니다. 예수 그리스도를 통해 우리를 구원하시겠다는 하나님의 일방적인 약속입니다. 성경을 구원사(救援史)라 잘 하지 않고, 구속사(救贖史, Redemptive History)라고 하는 이유가 여기에 있습니다. 그러므로 우리는 항상 구원자인 예수 그리스도에 초점을 맞추고 성경을 읽어야 합니다.

제 경험에 의하면 성경을 읽을 때 차례대로 읽는 것이 얼마나 유익한지 모릅니다. 창세기 1장을 꼼꼼히 읽으면 그것이 바탕이 되어서 2장을 이해하기 쉽습니다. 3장을 읽으면 또 1, 2장이 바탕이 되어 줍니다. 처음에는 메시아가 뭔지 모르고 예수를 몰라도 그렇습니다. 성경을 순서대로 읽어가면 점점 한눈에 들어오는 게 있습니다.

그래서 저는 성경을 읽을 때 단 한 절도 놓치지 않고 읽었습니다. 발음하기 힘들고, '이 사람이 저 사람 같은' 이름이 나와도 대충 넘어가지 않았습니다. 저는 고된 시집살이라는 고난 가운데서 오직 살려고 성경을 읽기 시작했습니다. 당장 죽게 생겼으니 하나님이 성경을 이렇게 잘 읽게 해 주셨다고 생각합니다.

특별히 창세기 12장부터는 언약 가문으로서 아브라함이 쓰이기 시작합니다. 하나님은 아브라함에게 메시아의 조상이 '이삭'이라고 딱 가르쳐 주셨습니다. 또 이삭에게도 '야곱'이라고 정확하게 가르쳐 주셨습니다. 그리고 25장부터 야곱의 이야기가 시작됩니다.

야곱은 돌고 돌아 35장에 와서야 가나안 땅으로 돌아와 거주합니다. 이어서 36장에는 에서의 족보가 언급됩니다. 그래서 야곱의 인생이 여기서 끝난 줄 알았습니다. 그런데 37장에서 다시 야곱의 족보가 언급되고, 요셉 이야기가 시작됩니다.

야곱의 족보는 이러하니라 요셉이 십칠 세의 소년으로서 그의 형들과 함께 양을 칠 때에 그의 아버지의 아내들 빌하와 실바의 아들들과 더불

어 함께 있었더니 그가 그들의 잘못을 아버지에게 말하더라 _창 37:2

그런데 생각해 보세요. 성경은 요셉 이야기를 하면서 "야곱의 족보는 이러하니라"라고 시작하고 있습니다. 그 이유가 무엇입니까?

하나님은 야곱에게 열두 아들을 주셨습니다. 그러면서 "그중에서 메시아의 조상이 될 자녀를 네가 찾아봐라" 하셨습니다. 야곱은 이 어려운 숙제를 푸느라 험악한 인생을 살았습니다. '레아인지, 라헬인지, 요셉인지' 늘 헷갈렸습니다. 너무 예쁜 색시를 주셔서 '좋아라' 했는데 "얘, 라헬은 아니다"라고 하셨습니다. 그러시더니 이번에는 뛰어난 아들 요셉을 주면서 "얘, 요셉도 아니다" 하십니다.

요셉은 야곱의 자랑입니다. 여러모로 훌륭한 아들입니다. 그래서 야곱은 줄곧 요셉이 구속사의 주인공인 줄 알았습니다. 성경마저도 요셉의 행적을 무려 열세 장에 걸쳐 찬란하게 기록하고 있습니다. 그러나 결론부터 말하면, 하나님의 약속을 이을 자손은 요셉이 아니라 유다였습니다. 그런데 요셉이 워낙 뛰어나니까 야곱이 유다를 찾아내기까지 많은 시간이 걸렸습니다. 유다가 구속사의 주인공임을 깨닫기까지 야곱에게는 사건이 더 필요했습니다.

창세기 15장에서 하나님은 하늘의 뭇별과 같은 많은 자손을 아브라함에게 주시고, 나아가 가나안 땅을 그의 소유로 주겠다고 언약하셨습니다. 이것은 아브라함의 요구에서 비롯된 언약이 아닙니다. 하나님의 일방적인 언약입니다. 하지만 당장에 이 언약이 실현되는 것은 아니었습니다. 하나님은 아브라함과 그의 자손을 창대하게 하시되, 다

야곱의 족보

만 "네 자손이 이방에서 객이 되어 그들을 섬기겠고 그들은 사백 년 동안 네 자손을 괴롭히리니"(창 15:13) 하셨습니다. 즉, 창대하게 되기 위해서는 4대 동안 이방에서 괴로움을 겪어야 한다는 것입니다.

아브라함은 기근을 피해 애굽으로 갔습니다(창 12장). 그때는 애굽에 가지 않는 것이 순종이었습니다. 하지만 야곱의 경우는 다릅니다. 애굽에 가는 것이 순종이었습니다. 때마다 말씀 적용이 다릅니다. 어떤 때는 가는 것이 순종이고, 어떤 때는 가지 않는 것이 순종입니다.

왜 야곱은 애굽에 가야 했습니까? 죽은 줄로만 알았던 아들 요셉을 13년 뒤 애굽에서 다시 만났을 때 야곱은 깨달았을 것입니다. '아, 이래서 요셉이 팔려 갔구나, 하나님께서 아브라함 할아버지에게 말씀하신 그 이방이 바로 애굽이구나, 그래서 요셉을 미리 보내셨구나!' 깨달았을 것입니다. 자신의 인생이 왜 이토록 얽히고설킬 수밖에 없었는지, 끙끙 앓던 문제가 비로소 풀렸을 것입니다. 힘든 인생이 딱 해석됐습니다. 이처럼 성경을 잘 읽고 가면 어떤 꼬인 인생도 해석됩니다.

그 후 야곱은 생애 마지막에 이르러 요셉이 아니라 유다가 구속사의 계보를 이을 주인공임을 알아보고 유다에게 영적 장자권을 물려주고 죽었습니다. 대단한 요셉이 아니라, 며느리와 동침한 수치스러운 죄를 지은 유다(창 38장)가 예수님의 계보를 이었습니다.

앞에서도 이야기했지만 성경을 구속사적인 순서대로, 구속사에 초점을 맞춰서 읽어야 꼬인 인생이 해석됩니다. 그런데 아무리 성경을 열심히 읽어도 뭐가 중요한지 모르니까, 문맥을 살피지 않고 여기저기 읽으니까, 성경을 그저 교양 교과서 정도로만 생각하니까 해석이 안 되는 것입니다.

야곱의 족보, 구속사의 족보에서 가장 중요한 점은 요셉이 아니고 '야곱'이 주인공이라는 사실입니다. 이것이 키포인트(key point)입니다. 요셉이 너무 훌륭하니까 다들 요셉이 주인공인 줄 알지만, 요셉도 '야곱' 속에 넣고 보아야 합니다. 또 대단한 요셉이 아니라 수치스러운 유다가 예수 그리스도의 족보를 이었습니다.

결론부터 말씀드리자면 "육적 장자는 르우벤, 실제 장자는 요셉, 영적 장자는 유다"라는 것입니다. 구속사의 계보는 혈통과 행위가 아니라 하나님의 주권으로 이어짐을 이렇게 보여 주고 있습니다.

하지만 본문의 야곱은 아직 구속사를 온전히 깨닫지 못했기에 그의 인생 중에 가장 힘든 여정이 바야흐로 지금부터 시작됩니다. 그래서 '야곱의 족보'입니다. 이 야곱과 함께 구속사의 여행을 해 보려고 합니다.

우리가 구원을 향해 걸어가는 길도 그렇습니다. 결코 평탄하지 않습니다. 야곱처럼 험한 여정을 거쳐야 합니다. 하지만 예수님을 길로 놓고 걸어가면 반드시 구원을 이룰 것입니다. 내 집안의 구속사 족보를 이어 가게 될 것입니다. 그러므로 그날까지 잘 인내해야 합니다.

+ 날마다 큐티하며 성경을 차례대로 읽고 있습니까? 문맥도 살피지 않고, 이곳저곳 듣기 좋은 말만 찾아서 읽고 있지는 않습니까?
+ 너무너무 수치스러운 아들 유다가 예수 그리스도의 계보를 이었다는 것이 이해되십니까?

+ 지금 나는 어떤 괴로움을 당하고 있습니까? 그 괴로움이 내 집안의 구속 사의 족보를 위해 마땅히 치러야 할 '400년의 괴로움'임이 깨달아집니까? 그래서 그 괴로움을 잘 통과하고 있습니까?

솔직한 족보입니다

아브라함은 8명의 아들 중에서 이삭 한 명만 구원시켰습니다. 이삭은 두 아들 중에 야곱 한 명을 구원의 계보에 올렸습니다. 그러니까 아브라함은 8분의 1타작, 이삭은 반타작했습니다. 반면에 야곱은 12명의 아들 모두를 구원시켰습니다. 야곱이 오래 살아서입니까? 아닙니다. 더 오래 산 사람은 이삭입니다. 이삭은 180살까지 살았습니다(창 35:28~29). 게다가 아브라함이나 야곱이나 다 후처를 얻었습니다. 그런데 아브라함의 후처가 낳은 아들 7명은 아무도 구원받지 못했습니다. 하지만 야곱의 후처가 낳은 아들들은 모두 구원받았습니다. 야곱이 어땠기에 열두 아들을 모두 구원으로 인도했을까요?

야곱은 할아버지나 아버지보다 죄는 더 많이 지었을지 몰라도 그 죄를 솔직하게 오픈했습니다. 후처 라헬을 너무너무 좋아했지만, 라헬 때문에 인생이 힘들었습니다. 그래서 라헬에게 막 성도 냈습니다. 무엇 때문에 성을 냈습니까?

언니 레아는 아들을 순풍순풍 잘 낳는데, 자신은 그러지 못하니까 라헬은 질투가 하늘을 찔렀습니다. 그래서 야곱을 협박했습니다.

"내게 자식을 낳게 하라 그렇지 아니하면 내가 죽겠노라!"(창 30:1b)

제가 창세기 큐티강해 7번째 책『후한 선물』에서도 밝혔듯이 라헬이 이런 여자였습니다. 그럼에도 너무나 '곱고 아리따우니' 야곱은 라헬을 끊지 못했습니다.

"그렇게 문제 많은 여자지만 나는 못 끊었다!" 이것이 팩트입니다.

반면에 아브라함은 어땠습니까? 다른 아내 그두라를 얻어 들이고는 후처인지 소실인지도 명확히 밝히지 않았습니다. 창세기에는 '후처'(창 25:1)로, 역대상에는 '소실'(대상 1:32)로 기록되어 있습니다. 무엇이 그리 좋아서 문지방 닳도록 그두라의 방을 들락거렸는지도 솔직히 오픈하지 않았습니다. 성경에는 그저 그두라가 아브라함의 자식을 여섯이나 낳았다는 얘기밖에 없습니다(창 25:2).

그래도 야곱은 날이 갈수록 자기가 주님 앞에 형편없는 죄인이란 것을 알았습니다. 자신의 연약함과 죄를 솔직히 오픈하니 하나님께서 야곱을 어마어마하게 쓰신 것입니다.

그래서 '버러지 같은 너 야곱'(사 41:14)이었지만 하나님께서 "너는 두려워하지 말라 내가 너를 구속하였고 내가 너를 지명하여 불렀나니 너는 내 것이라"(사 43:1) 말씀해 주시는 인생이 되었습니다. 우리 인생은 사명 때문에 와서 사명 때문에 살다가 사명 때문에 갑니다. 이런 인생의 모델로 야곱이 쓰인 것입니다.

저도 집안의 믿음이 4대쯤 되니까 수치와 죄를 오픈하기가 쉬운 것이 있습니다. 우리들교회 사역자들도 그렇습니다. 어느 날, 서로 나눔을 하는데, 한 사역자가 "제 처가 어제는 나보고 또라이래요" 하니까 다른 사역자가 "점점 솔직해지네" 하면서 박수를 쳐 주더군요.

그렇습니다. 화평하게 하는 자의 일등 조건은 자기 죄를 보는 것입니다. 자기 죄를 보는 사람만이 화평하게 할 수 있습니다. '그냥 좋은 게 좋은 것'이 화평하게 하는 것이 아닙니다. 그러므로 우리도 어떤 죄와 수치, 연약함을 말해도 부끄러워하지 말아야 합니다. 누구는 죄가 있어서 오픈하고, 누구는 죄가 없어서 오픈 안 하는 게 아니기 때문입니다.

인간은 100% 죄인입니다. 천국 가는 그날까지 죄를 오픈해도 여전히 죄인입니다.

그런데 말씀이 안 들리면 내 죄를 못 봅니다. 또 죄를 짓고도 부끄러워 말하지 못합니다. 그러므로 날마다 말씀을 보며 내 죄를 보기 바랍니다. 그 죄를 기록부에 솔직히 기록하고, 날마다 발표하는 여러분이 되기를 바랍니다. 야곱처럼 솔직한 족보를 써 내려갈 때, 하나님께 쓰임받는 인생이 될 줄 믿습니다.

+ 나의 죄는 무엇입니까? 날마다 큐티하며 그 죄를 큐티책에 솔직히 기록하고 있습니까?

+ 나와 내 집안의 수치는 무엇입니까? 그것을 믿음의 지체들 앞에서 솔직하게 오픈하고 있습니까? 솔직히 고백해서 누리게 된 축복은 무엇입니까?

가족신화가 깨어지는 족보입니다

……요셉이 십칠 세의 소년으로서 그의 형들과 함께 양을 칠 때에 그의
아버지의 아내들 빌하와 실바의 아들들과 더불어 함께 있었더니 그가
그들의 잘못을 아버지에게 말하더라 _창 37:2b

야곱이 요셉을 너무 예뻐합니다. 날 때부터 훌륭한 사람이 있는
것 같습니다. 요셉이 그렇습니다. 요셉은 소위 애어른입니다. 놀아도
정실 자식하고 안 놉니다. 첩실의 자식들과 놉니다. 차별을 안 합니다.
그의 형들과 함께 양을 치며 형들 못지않게 일도 열심히 합니다. 사람
이 아주 됐습니다.

그런데 말입니다. 불의를 못 참습니다. 첩실의 자식들이 신앙교
육이 안 되어서 자꾸 악한 일을 행하니까 그것을 아버지한테 가서 날
마다 일러바칩니다.

요즘에 비유하자면 이렇습니다. 형들이 "PC방 가서 게임이나 하
자" 그러면 "공부해야 해"라고 합니다. 그러면서 엄마한테 가서는 "형
들이 숙제도 안 하고 게임하러 PC방 갔어요" 하고 일러바치는 겁니
다. 야곱 입장에서 보면 이런 요셉이 얼마나 예쁩니까?

요셉은 노년에 얻은 아들이므로 이스라엘이 여러 아들들보다 그를 더
사랑하므로 그를 위하여 채색옷을 지었더니 _창 37:3

야곱은 다른 아들이 와서 그랬으면 "왜 형을 고자질하고 그래!" 하고 나무랐을 것입니다. 하지만 야곱은 요셉이 무슨 짓을 해도 이쁩니다. '레아가 낳은 놈들은 빌하와 동침이나 하고, 사람까지 죽였는데 라헬의 아들 요셉은 엄마를 닮아서 역시 씨가 다르구나' 싶습니다. '이리 보아도 내 사랑, 저리 보아도 내 사랑'이던 엄마 라헬을 닮은 요셉만 보면 기쁩니다. 그래서 요셉에게만 채색옷을 입힙니다.

그러니 요셉이 어떻게 자랐겠습니까? 요셉인들 아버지에게 고자질하면 형들로부터 미움받게 될 것을 몰랐겠습니까? 하지만 아버지가 워낙 자기편을 들어주니 하고 싶은 말을 다 했습니다. 뭣이든 마음대로 하며 자랐습니다. 그러면서도 형들과 함께 양을 치러 다녔습니다. 성실하고 부지런합니다. 야곱이 보기에는 예쁜 짓만 골라 합니다.

그런데 그런 요셉을 바라보는 형들의 심정은 어땠을까요? 아빠가 보기에는 예쁜데 형들이 보기엔 나쁜 놈입니다. 관점에 따라서 너무나 다른 겁니다.

여기서 우리가 더 눈여겨봐야 할 것이 있습니다. 라헬이 죽고 나서 야곱의 라헬 중독이 끊어진 줄 알았습니다. 그런데 실상은 아직껏 안 끊어졌습니다. 라헬에 대한 야곱의 사랑이 요셉에게 고스란히 넘어간 것뿐입니다.

그러나 이 야곱의 사랑은 얄팍하기가 짝이 없습니다. 하나님은 이유 없는 사랑을 하시는데 야곱은 이유 있는 사랑만 합니다. 라헬의 아들이라서 사랑합니다. "나는 요셉을 사랑해야 한다." 명분이 뚜렷합니다. 그래서 후계자를 상징하는 채색옷을 요셉에게만 지어 입힌 겁니다. 한 번만 입힌 것이 아닙니다. 계속 대놓고 입혔습니다.

너무나 맞는 이야기 아닙니까? 내 자식이 예쁘고, 공부 잘하고, 착하고 부지런한데 안 예뻐할 부모가 세상에 어디 있겠습니까? 하지만 이것을 자식 사랑이라고 착각하면 안 됩니다.

그의 형들이 아버지가 형들보다 그를 더 사랑함을 보고 그를 미워하여 그에게 편안하게 말할 수 없었더라 _창 37:4

야곱도 편애의 희생사였습니다. 그의 아버지 이삭이 형 에서를 편애하지 않았습니까? 그래서 야곱의 마음에 상처가 적지 않았습니다. 하지만 야곱 역시나 요셉을 편애합니다. 그 결과가 무엇입니까? 다른 형제들로부터 요셉이 미움을 받습니다.

요셉의 형들이 요셉을 미워하여 "그에게 편안하게 말할 수 없었더라"는 것은 형들이 요셉과는 일상적인 인사도 안 했다는 뜻입니다. 한마디로 왕따를 시켰습니다.

지난 35장에서 맏아들 르우벤은 평생 라헬에게 집착하는 아버지 야곱을 철저히 모독하고자 서모 빌하와 동침했습니다. 그럼에도 야곱은 '그저 내 죄만 보자' 하며 입을 꾹 다물었습니다. 르우벤을 책망하지 않았습니다. 르우벤도 그런 야곱을 보며 '아버지의 편애가 좀 나아지려나' 했을 것입니다. 하지만 그때뿐이었습니다. 그토록 사랑하던 라헬이 죽고, 맏아들이 자기 첩과 동침하는 몹쓸 사건을 당하고도 야곱이 변한 게 없습니다. 여전히 라헬의 아들 요셉을 편애합니다.

자신이 문제 부모임을 알면서도 좋아하는 것을 끊지 못하는 야곱입니다. 라헬 대신 이제는 라헬의 아들에게 집착하는 아버지를 보면서 나머지 아들들은 어떤 생각을 했겠습니까?

'정말 우리 아버지는 못 말린다. 구제할 길이 없다. 믿음이고 나발이고…… 이런 아버지가 믿으라는 예수를 믿느니 차라리 나를 믿겠다!'

자식들이 이런 생각을 하지 않았을까요? 형들이 요셉을 미워하게 한 원인 제공자가 바로 야곱입니다. "문제아는 없고 문제 부모만 있다"라는 말을 제가 괜히 하는 게 아닙니다. 야곱처럼 편애를 일삼는 부모가 한둘이 아닙니다. 직장 상사든 학교 교사든 자기감정을 절제하지 못하면 좋아하는 사람만 끼고돕니다. 가책도 없이 예뻐하고, 가책도 없이 미워합니다.

언젠가 "형제끼리 자녀를 비교하지 말라"는 교육칼럼을 읽은 적이 있습니다. 이 칼럼에는 열등감 연구로 유명한 심리학자 알프레드 아들러(Alfred Adler)의 '형제 서열에 따른 자녀들의 보편적인 심리상태'에 대한 학설이 다음과 같이 소개됩니다.

"첫째 아이는 동생이 태어나면 부모로부터 헌신적 관심과 애정을 받을 수 있는 자리를 동생에게 빼앗기고 만다. 이로 인하여 생기는 분개는 동생과 부모에게로 향하게 된다. 하지만 둘째는 형처럼 헌신적인 사랑을 받지 않았기 때문에 동생이 태어나도 형과 같은 박탈감이 덜하다."

주 안에서 하나가 되어야 할 야곱 집안이 그랬습니다. 서로 시기하고 질투했습니다. 아버지는 잘난 아들 하나만 끼고돌았습니다. 산전수전 다 겪은 야곱이 어찌 이럴 수가 있습니까? 아직도 상황을 파악하지 못합니다.

하지만 믿음 없는 에서는 '집안이 이렇다, 저렇다' 오픈한 게 없습니다. 믿음 있는 야곱이니까 때마다 자기 문제를 드러냈습니다. 믿음의 조상에게도 이런 시기 질투가 있었음을 보여 주었습니다. "내가 그래서는 안 되는데 연약해서 실수했다" 하며 수치스러운 가족 이야기를 기록해 두었습니다. 그래서 지금까지 우리에게 감동을 안겨 주는 것입니다.

힌미디로 가족신화가 깨어지는 것이 믿음의 족보요, 야곱의 족보입니다. 하나님은 '주의 사랑으로 서로 매여 있으라'고 한 가족으로 붙여 주셨습니다. 그러나 이것은 인간의 힘으로는 안 됩니다. 온갖 악과 음란을 겪으면서 가족신화는 깨어지게 마련입니다. 하지만 신화가 깨어지고, 가족들이 나를 힘들게 하는 것이 도리어 은혜입니다. 가족 때문에 실망해야 하나님 생각을 하지 않겠습니까? 요셉같이 잘난 아들이 있는데 누가 하나님 앞에서 무릎 꿇고 기도하겠습니까? 유다처럼 힘들어야 하나님 앞에 무릎을 꿇습니다. 눈물을 흘립니다. 그래야 내 집안에 구속사의 족보를 쓰기 시작하는 것입니다.

야곱의 남은 인생도 그렇습니다. 얼마 뒤에 그 잘난 아들 요셉이 애굽의 총리까지 됩니다. 실질적인 장자 역할을 합니다. 그래서 야곱이 요셉을 너무너무 자랑스럽게 여깁니다. 그러다 48장에 가서야 '아, 요셉이 아니었구나' 하고 깨닫습니다. 그리고 49장에서 유다를 축복합니다. 유다가 구속사의 주인공이요, 집안의 자랑거리임을 뒤늦게 알게 됩니다. 숨지기 직전에야 구속사를 깨닫게 되는 것입니다.

하지만 아직은 야곱이 헷갈립니다. 라헬을 보고 헷갈리고, 요셉을 보고 헷갈립니다. 그래서 낭만적인 사랑의 신화와 가족신화를 계속 써 내려갑니다. 그러다 인생 후반부에 하나님이 야곱을 자식 고난으로 다루십니다. 어떤 고난입니까? 말썽쟁이 아들이 아니라 너무나 착하고 훌륭한 아들 요셉 때문에 일어난 고난입니다. 야곱에게 너무나도 뼈아픈 고난입니다. 금지옥엽으로 기른 요셉이 애굽으로 팔려간 것입니다. 심지어 야곱은 한동안 요셉이 죽은 줄로만 알았습니다.

이 고난이 없었더라면 야곱은 평생 요셉을 끼고 살았을 것입니다. 집안 식구들도 끼리끼리 뭉쳤을 것입니다. 하나님이 들어갈 틈이 어디 있습니까. 그 잘난 가족신화가 쭉 이어졌을 것입니다. 그런데 요셉의 고난으로 비로소 야곱 집안의 가족신화가 깨어진 것입니다.

그러므로 여러분도 자식이 잘났다고 부러워할 것도, 자랑할 것도 없습니다. 우리의 진짜 자랑거리는 예수 믿는 자녀입니다. 온갖 시험에 떨어지고, 하라는 공부는 죽어도 안 하면서 게임과 유튜브에 빠져 있어도 예수 믿는 자녀가 나의 가장 큰 자랑거리가 되어야 합니다.

신명기 21장을 보면 "어떤 사람이 두 아내를 두었는데 하나는 사랑을 받고 하나는 미움을 받다가 그 사랑을 받는 자와 미움을 받는 자가 둘 다 아들을 낳았다 하자 그 미움을 받는 자의 아들이 장자이면…… 그 사랑을 받는 자의 아들을 장자로 삼아 참 장자 곧 미움을 받는 자의 아들보다 앞세우지 말고 반드시 그 미움을 받는 자의 아들을 장자로 인정하여……"(신 21:15~17)라고 합니다.

사랑하는 아내가 낳은 자식이라고 무조건 장자 삼지 말라는 것입니다. 아무리 미운 아내가 낳은 자식이라도 먼저 난 자식이면 장자로 인정하라는 것입니다. 성경은 늘 이렇게 이야기하는데 야곱은 그 말씀이 들리지 않았습니다. 그래서 잘난 자식, 요셉 사랑에 눈이 멀었습니다. 내 눈에 보기 좋은 것만 최고로 여겼습니다. 그야말로 편애의 끝판왕입니다.

이제 곧 요셉이 숱한 고생을 겪게 됩니다. 하지만 요셉의 고난도 하나님의 계획입니다. 요셉을 애굽의 총리로 세우기 위함입니다. 그리고 하나님은 요셉을 통해 우리에게 통치의 개념을 가르쳐 주십니다.

야곱은 훗날 자신의 요셉 중독과 편애를 다 기억하고 회개합니다. 그래서 야곱의 족보는 가족신화를 깨트린 족보입니다. 그리고 유다를 통해 구속사의 족보가 이어집니다. 이 땅에서 환난당하고, 빚지고, 원통한 자의 아들에서부터 예수 믿는 기적이 시작된 것입니다.

참 장자란 이런 것입니다. 우리도 잘난 자식만 추켜세워서는 안 됩니다. 가족신화를 깨트려야 합니다. 예수 믿게 해 준 부모가 최고의 부모이듯이 예수 믿는 자녀가 최고의 자녀입니다. 그러니 더는 에돔의 족보에 집착해선 안 됩니다. 우리도 야곱의 족보를 계속 써 가야 합니다.

어느 집이든 편애가 있습니다. 비교와 시기, 질투가 있습니다. 하지만 내 집안에 그리스도가 오시는 것에 초점이 모아지면 얽히고설킨 내 인생이 해석될 것입니다. 여러분도 성경의 순서대로 각자의 인생을 해석하기를 바랍니다. 그리하면 자녀가 살아나고 가정이 살아날 것입니다.

+ 내가 문제 부모임을 알면서도 자녀들 앞에서 여전히 끊지 못하는 것은 무엇입니까? 편애, 분노, 혈기, 게으름, 집착, 교만, 고집, 술 담배, 게임과 도박, 음란 등 이 중에 무엇입니까?

+ 나는 어떤 가족신화를 꿈꾸고 있습니까? 내 집안에 구속사의 족보를 써 가기 위해 내가 먼저 깨트려야 할 가족신화는 무엇입니까?

어느 집이든 편애가 있습니다.
비교와 시기, 질투가 있습니다.
하지만 내 집안에 그리스도가 오시는 것에 초점이 모아지면
얽히고설킨 내 인생이 해석될 것입니다.

저는 4남매 중 셋째로 태어나자마자 외할머니댁에 맡겨졌습니다. 그러다 초등학생이 되어서야 부모님과 함께 살게 되었습니다. 하지만 부모님의 관심은 언제나 큰언니에게 있었습니다. 부모님은 큰언니에게 많은 애정과 물질을 쏟아부으며 채색옷을 지어 입히셨습니다(창 37:3). 그러다 제가 중학생 때 IMF 외환위기로 집안 형편이 어려워졌습니다. 몇 년이 지나도 형편이 나아지지 않자, 부모님은 대학원에 다니는 큰언니가 아닌 직장생활을 하는 제게 경제적인 도움을 요청하셨습니다. 그런 부모님을 이해할 수 없었지만, 부모님께 미움받을까 봐 두려워 아버지의 요구대로 은행 대출을 받고 보증도 섰습니다. 하지만 차별받는 삶이 해석되지 않아 늘 부모님을 미워하고 큰언니를 시기했습니다(창 37:4).

그 후 아버지의 사업이 망하고, 보증 섰던 채무가 제게 넘어오면서 감당할 수 없을 정도로 빚이 불어났습니다. 하지만 부모님과 형제들은 늘어난 빚에는 관심이 없었습니다. 저는 그런 가족이 죽이고 싶을 정도로 밉고 원망스러웠습니다.

빚 문제를 해결해 주시길 하나님께 부르짖어도 해결될 기미가 보이지 않아 괴로워하던 즈음에 지인의 소개로 믿음의 공동체로 인도되었습니다. 그러던 어느 주일, 설교 말씀을 들다가 비로소 안목의 정욕과 이생의 자랑으로 남자 친구를 의지하고 혼전순결을 지키지 않은 제 죄가 보였습니다. 그러면서 폭력을 행하며 제게 돈을 요구하신 아버지와, 부모님의 편애를 받은 언니가 나의 구원 때문에 수고하고 있음이 깨달아져 눈물로 회개하였습니다.

큰언니는 목회자인 형부와 결혼했지만, 애굽 같은 번성을 우상 삼아 학원을 차리고 사업을 확장하는 일에 몰두하고 있습니다. 그런 언니를 보며, 이제는 미움보다는 긍휼한 마음으로 언니를 위해 기도하게 됩니다. 큰언니를 향한 부모님의 편애는 눈먼 사랑이 되어 제게 미움과 시기, 질투라는 죄를 짓게 했습니다. 하지만 이런 편애가 없었다면 저는 여전히 주님을 찾지 않고 이기적인 삶을 살았을 것입니다. 제게 주신 회개의 은혜를 늘 기억하며, 언니 가정의 구원을 위해 기도하겠습니다.

하나님 아버지, 야곱의 족보를 통해 믿음의 땅에 잘 거주하는 지혜를 가르쳐 주시니 감사합니다. 믿음의 땅에 거주하려면 무엇보다 하나님이 나의 구원을 위해 나를 구속하신 하나님의 역사, 구속사를 알아야 한다고 하십니다. 우리를 구원하시겠다는 하나님의 일방적인 약속을 믿어야 한다고 하십니다. 항상 구원자이신 예수 그리스도에게 초점을 맞추고 성경을 차례대로 읽으며 내 집안의 구속사의 족보를 위해 '400년의 괴로움'도 잘 통과하라고 하십니다.

그런데 날마다 큐티를 하여도 문맥을 잘 살피지 않고, 이곳저곳 듣기 좋은 말에만 귀가 솔깃합니다. 삶의 힘든 과정을 견디지 못해 날마다 세일 산 같은 세상을 바라봅니다. 주여, 불쌍히 여겨 주옵소서.

믿음의 땅에 거주하려면 날이 갈수록 내가 주님 앞에 형편없는 죄인이란 것을 알라고 하십니다. 이제는 날마다 거울 같은 말씀에 나 자신을 비추어 보기를 원합니다. 내 죄를 기록부에 솔직히 기록하고, 날마다 하나님 앞에서, 공동체 앞에서 발표하며 야곱처럼 솔직한 족보를 써 내려가기를 원합니다. 버러지 같은 야곱을 구속하시고 지명하여 부르신 것처럼 버러지 같은 저희에게도 동일한 은혜를 더하여 주옵소서. "너는 내 것이라"(사 43:1) 지명하여 불러 주옵소서. 하나님께 쓰임받는 인생이 될 수 있도록 붙잡아 주옵소서.

무엇보다 편애와 차별을 일삼지 않고, 공부는 못해도 예수 믿는 자녀를 진짜 자랑거리로 삼기를 원합니다. 가족신화를 깨트리고, 오직 사명 때문에 와서 사명 때문에 살다가 사명 때문에 가는 우리가 될 수 있도록 인도하여 주옵소서. 믿음의 땅에 잘 거주하며 야곱의 족보, 구속사의 족보를 써 갈 수 있도록 역사하여 주옵소서. 예수님 이름으로 기도하옵나이다. 아멘.

8 장

꿈을
들으시오

창세기 37장 5~11절

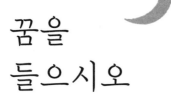

하나님 아버지, 내 야망, 내 꿈을 내려놓고
하나님이 주신 좋은 꿈을 꾸기 원합니다.
말씀하여 주옵소서. 듣겠습니다.

저는 어려서 우주를 날아다니는 꿈을 자주 꾸었습니다. 그런데 조금
도 신나지 않았습니다. 여기서 저기에 가려면 행성 위를 날아가야 하
는데 몸이 잘 움직이지 않으니까 무서웠습니다. 또 꿈속이지만 너무
정신없이 날아다녀서 그런지 이불에 지도도 자주 그렸습니다. 그런
데 시시한 꿈은 아니었던 것 같습니다. 지금도 여전히 선명하게 기억
되기 때문입니다.

　　지나고 보니까 그 꿈이 영육 간에 다 이루어졌습니다. 복음 전파
를 위해 전 세계를 다니고 있고, 또 제가 전하는 복음이 곳곳에 퍼지고
있잖아요. 어린 시절 저에게 그토록 두려움을 주던 꿈이었지만 결국

에는 좋은 꿈이 된 것입니다. 물론 이렇게 되기까지 실로 많은 시련을 겪었습니다.

반면에 저처럼 날아다니는 꿈을 자주 꾸면서도 두려움이 전혀 없었다는 집사님이 있습니다. 하도 신나게 날아다녀서 꿈을 꾸고 나면 키가 쑥쑥 자라는 것 같았답니다. 마음도 시원했다고 하고요. 그런데 이렇게 꿈도 시원시원하게 꾸는 사람은 복음을 잘 못 전하는 것 같습니다. 저처럼 꿈에서까지 안타까워서 가기 싫은 곳을 가는 사람이 더 복음을 잘 전하지 않을까요?

요셉도 좋은 꿈을 꿉니다. 그리고 훗날 총리가 됩니다. 그러니 얼마나 대박 꿈입니까! 하지만 이 꿈은 그저 주어진 꿈이 아닙니다. 요셉처럼 하나님이 주신 좋은 꿈을 꾸려면 반드시 거쳐야 할 과정이 있습니다.

꿈은 꾸어야 합니다

한마디로 꿈은 있어야 합니다. 하나님이 주신 꿈을 꾸려면 내가 먼저 꿈을 꾸어야 합니다.

흔히 돼지 꿈이나 배설물을 밟는 꿈을 꾸면 큰돈이 들어올 징조로 여깁니다. 복권에서 1등에 당첨된 사람의 절반가량은 조상 꿈을 꾸었다고 합니다. 그다음 순서로는 물 꿈, 불 꿈, 신체 관련 꿈, 동물 꿈, 대통령 꿈 등이라고 합니다.

꿈을 들으시오

아무튼 우리가 말하는 좋은 꿈의 끝에는 돈이 있고 기복이 있습니다. 그런데 지금 제가 하고자 하는 말은 "이런 꿈을 꾸면 반드시 복권을 사라"는 게 아닙니다. 오늘 말하는 요셉의 꿈도 그렇습니다. 돼지 꿈과는 주제가 확연히 다릅니다.

앞서 36장에서 보았듯이 에서는 세상에서 잘 먹고 잘살려고 약속의 땅을 떠났습니다. 악하고 음란하게 살다가 대대로 원수의 나라가 되었습니다. 덧없는 것을 의지하고, 자랑만 하는 나라가 되었습니다. '뺏고 빼앗기고'의 역사만 되풀이하다가 흔적도 없이 사라졌습니다.

반면에 야곱의 족보는 어떻습니까? 돈 좋아하고 여자 좋아하다가 험악한 인생을 살았지만 그 치부를 다 오픈한 구속사의 족보, 솔직한 족보입니다. 가족신화가 깨어진 족보입니다. 그런데도 야곱은 믿음의 땅을 떠나지 않았습니다. 그래서 이제는 야곱의 고난도 끝인가 했습니다. 그런데 지금부터 요셉의 이야기가 시작되면서 진짜 고난이 시작됩니다.

야곱에게 꿈이 있다면 바로 요셉입니다. 요셉은 너무 잘나고 착한 아들입니다. 훗날 애굽의 총리까지 되는 훌륭한 아들입니다. 그러니 꿈에도 소원이 오직 요셉 아니겠습니까?

앞에서 보았듯이 37장은 요셉 이야기부터 시작합니다. 37장 이후는 마치 '요셉의 행적' 같습니다. 그런데 지난 37장 2절에서 성경은 앞으로의 이야기가 '야곱의 족보'라고 분명히 말합니다. 구속사의 주인공이 요셉이 아니라는 것을 미리 밝힌 겁니다. 앞으로 묵상하겠지만 구속사의 계보는 요셉이 아니라 유다에게로 이어집니다.

그럼에도 성경에서 요셉 이야기가 먼저 언급되는 이유가 무엇일까요? "아우 먼저, 형님 먼저"가 아닙니다. 옳고 그름의 문제도 아닙니다. 요셉도 또 다른 구속사의 한 줄기를 이루기 때문입니다. 그런 관점에서 지금부터는 요셉을 주인공으로 놓고 구속사의 여행을 시작하고자 합니다.

유다가 구속사의 주인공이니까 유다 얘기만 열심히 묵상하고 요셉 얘기는 대충 읽는 게 아닙니다. 우리가 구속사로 성경을 읽으려면 반드시 그때그때 주시는 본문을 내게 주시는 말씀으로 받고, 그 말씀을 적용할 수 있어야 합니다. 그러므로 지금부터는 우리 각자가 요셉이 되어 하나님이 내게 주신 꿈이 무엇인지 알아 가기를 바랍니다.

요셉이 꿈을 꾸고 자기 형들에게 말하매 그들이 그를 더욱 미워하였더라_창 37:5

우리는 대부분 어릴 때의 환경에 영향을 받아 꿈을 갖습니다. 가난한 집안에서 자라면 배부르게 먹는 것이 꿈입니다. 일찍 부모를 여의거나 한부모 가정에서 자라면 행복한 가정이 꿈입니다. 이렇듯 마음에 늘 바라는 꿈은 잠재의식이 되어 실제 꿈으로 나타나기도 합니다.

요셉도 그랬을 것입니다. 채색옷을 입고 후계자처럼 늘 사랑을 받으니 자기가 왕 되는 꿈을 꾸지 않겠습니까? 실제로도 그는 애굽의 총리가 됩니다. 게다가 자기를 팔아먹은 형들을 다 용서합니다. 수많은 백성을 기근에서 구원합니다. 이야말로 백마 탄 왕자 아닙니까?

꿈을 들으시오

누가 뭐라고 해도 요셉은 우리가 가장 선망하는 성공 모델입니다.

그래서 요셉의 꿈은 우리를 설레게 합니다. 제가 아무리 유다 타령을 해도 우리는 본능적으로 요셉이 좋습니다. 아들을 낳으면 다들 요셉이란 이름은 가져다 써도 유다란 이름은 안 씁니다. 김 유다, 박 유다…… 이런 이름 들어 봤습니까? 우리는 이토록 눈에 보이는 것만 좋습니다. 요즘 중년들의 꿈도 그렇습니다. 그저 맛있는 것 먹고 건강하게 사는 게 꿈이라고 합니다. 좋은 사람과 놀러 다니는 게 꿈이라는 사람도 있습니다.

마차보다 더 빠르고 편한 이동 수단을 생각한 사람에 의해 자동차가 발명되었습니다. 새처럼 날고 싶은 꿈 때문에 비행기가 발명되었습니다. 그렇게 꿈을 꾼 사람 덕분에 지금 우리가 인생을 편하게 삽니다.

잠언 29장 18절에 "묵시가 없으면 백성이 방자히 행하거니와 율법을 지키는 자는 복이 있느니라"고 합니다. 묵시가 없으면 망하는 겁니다. 꿈이 없는 사람도 마찬가지입니다. 망한 인생이나 다름없습니다.

2024년 10월에 100번째 생일을 맞이하는 미국의 39대 대통령 지미 카터(Jimmy Carter)는 『나이 드는 것의 미덕』이란 책의 마지막 문장을 이렇게 썼습니다.

"후회가 꿈을 대신하는 순간부터 우리는 늙기 시작한다."

늙는 것은 나이와 상관없다는 겁니다. 꿈을 잃으면 나이와 상관없이 늙은 인생입니다. 클로드 모네는 76세에 수련을 그리기 시작했습니다. 벤자민 프랭클린은 78세에 다초점 렌즈를 발명했습니다. 세계적인 지휘자 레오폴드 스토코프스키는 94세 되던 해에 기간이 6년이나 되는 새 레코딩 계약서에 서명했습니다. 81년간 목회에 헌신하시다가 103세에 소천하신 고(故) 방지일 목사님의 좌우명은 "닳아 없어질지언정 녹슬지는 않으리라"였습니다.

이렇듯 우리는 항상 꿈을 가져야 합니다. 저도 그랬습니다. 좋은 대학 나와서, 언덕 위에 하얀 집에서 피아노 치며 행복하게 사는 게 꿈이었습니다. 그래서 그 꿈을 이루려고 정말 열심히 피아노를 쳤습니다. 그런데 그때는 하나님이 제게 주신 꿈이 무엇인지 알지 못했습니다. 어린 시절 우주를 날아다니는 좋은 꿈을 꾸었으면서도 그 꿈이 무엇을 의미하는 줄 몰랐습니다.

+ 그토록 간절히 바라는 내 꿈은 무엇입니까? 그 꿈을 이루기 위해 무엇을 그토록 열심히 합니까?
+ 덧없는 것을 의지하고 자랑하다가 흔적도 없이 사라진 것은 무엇입니까?

내 꿈은 버려야 합니다

6 요셉이 그들에게 이르되 청하건대 내가 꾼 꿈을 들으시오 7 우리가 밭에서 곡식 단을 묶더니 내 단은 일어서고 당신들의 단은 내 단을 둘러서서 절하더이다 _창 37:6~7

요셉이 형들의 곡식 단이 자기 단에 둘러서서 절하는 꿈을 꿉니다. 그리고 "언젠가는 형들이 나에게 절하게 된다" 하며 나름 그 꿈을 해석하여 형들에게 전합니다. 그러자 형들이 어찌합니까?

> 그의 형들이 그에게 이르되 네가 참으로 우리의 왕이 되겠느냐 참으로 우리를 다스리게 되겠느냐 하고 그의 꿈과 그의 말로 말미암아 그를 더욱 미워하더니 _창 37:8

요셉만 편애하는 아버지 때문에 극도로 피해의식을 가지고 있던 형들입니다. 그러니 채색옷을 입고 후계자가 된 것처럼 나다니는 요셉이 꼴도 보기 싫지 않았을까요? 그런데 그 불타는 분노에 기름을 붓듯 요셉이 자기가 왕이 되었다는 꿈 이야기를 한 것입니다. 형들로부터 더욱 미움받을 짓을 사서 합니다.

하나님께서 아벨의 제사만 받으시니 가인은 속이 뒤집어졌습니다. 그래서 아벨을 살해합니다(창 4장). 인간이 이렇게 악합니다. 형제라도 나보다 잘되는 걸 봐줄 수가 없습니다. 요셉의 형들도 별수 없습니다. 너무 기분이 나빠서 '부글부글' 합니다. 그런데 여기서 끝이 아닙니다.

> 9 요셉이 다시 꿈을 꾸고 그의 형들에게 말하여 이르되 내가 또 꿈을 꾼즉 해와 달과 열한 별이 내게 절하더이다 하니라 10 그가 그의 꿈을 아버지와 형들에게 말하매 아버지가 그를 꾸짖고 그에게 이르되 네가 꾼 꿈이 무엇이냐 나와 네 어머니와 네 형들이 참으로 가서 땅에 엎드려 네게 절하겠느냐 _창 37:9~10

요셉이 다시 꿈을 꿉니다. 그러고는 또다시 형들에게 꿈 이야기를 합니다. 하늘의 해, 달, 별이 자기를 향해서 절한다는 것은 곧 자기가 온 천하를 다스린다는 의미입니다. 부모까지 자기에게 절하게 된다는 것입니다.

10절에 "아버지와 형들에게 말하매"라는 구절을 원어로 보면 "계속적으로 말했다"는 의미가 담겨 있습니다. 눈만 뜨면 "아버지, 해와 달과 별이 나한테 절했어. 형님들, 곡식 단이 나한테 절했어"라고 말했다는 것입니다. 시도 때도 없이 이러니 형들이 정말 눈뜨고도 봐 줄 수가 없습니다. 아무리 요셉을 사랑하는 야곱도 이 대목에서 참을 수가 없습니다. 그래서 요셉을 꾸짖습니다.

"네가 그런 꿈을 꾸어도 그렇지, 나와 네 어머니와 네 형제들이 참으로 땅에 엎드려 네게 절하겠느냐!"

요셉이 꿈꾼 것은 사실(Fact)입니다. 그가 한 일이라곤 사실대로 이야기(Story)한 것뿐입니다. 양념 친 것이 하나도 없습니다. 하지만 아무리 사실이라도 그렇지요. 형들은 요셉의 이야기를 무조건 듣기 싫어합니다. 요셉이 콩으로 메주를 쑨다 해도 그 말을 믿지 않습니다. 이유가 무엇입니까?

요셉의 꿈 이야기 뒤에 있는 비하인드 스토리(Behind Story) 때문입니다.

야곱은 요셉의 어머니 라헬을 너무나 사랑했습니다. 심지어 라헬과 결혼하려고 7년간의 머슴살이를 며칠같이 여겼습니다(창 29:20). 그 라헬이 낳은 아들이 바로 요셉입니다. '곱고 아리따운' 라헬을 요셉이 빼다 박았습니다. 용모가 너무 수려합니다. 부인이 예쁘면 처가 말뚝에도 절한다고 하지요. 그러니 눈에 넣어도 아프지 않은 요셉입니다. 그런데 어머니마저 잃었으니 측은하기까지 합니다. 게다가 똑똑합니다. 옳고 그름을 딱 구별합니다. 그 잣대로 형들의 잘못을 일러바칩니다. 얼마나 믿음직합니까? 그래서 야곱이 요셉에게만 특별히 아름다운 채색옷을 입혔습니다. 내심 열한 번째 아들인 요셉을 자신의 후계자로 삼은 것입니다.

요셉은 또 어떻습니까? 아버지의 갖은 편애를 받고 자랐으니 그 태도가 어땠겠습니까. 매사 자기중심이 되는 건 필연입니다. 다른 사람의 생각은 아랑곳없습니다. 그가 말하는 꿈 이야기도 결국 자기중심적입니다. 자기 욕심에서 시작된 꿈입니다.

히틀러는 자기 야망으로 전 세계를 정복하겠다는 꿈을 꾸었습니다. 자기를 위한 그 꿈 때문에 전 세계가 피와 파멸과 처참한 고통에 신음했습니다. 모든 사람이 자기만을 위한 꿈을 꾸게 되면 이런 결과가 올 수밖에 없습니다.

요셉이 그랬습니다. 그러잖아도 요셉 때문에 피해의식에 잔뜩 사로잡혀 있는 형들 아닙니까? 그런 형들 앞에서 "내가 온 천하를 다 다스리고, 아버지 어머니가 나한테 절하게 된다"라니요. 아무리 꿈 내용이 사실이라 해도 그렇지요. 형들의 귀에는 '잘난 동생' 요셉의 꿈 이야기가 상처만 될 뿐입니다. 요셉이 꿈을 꾸었다는 팩트가 문제가 아닙니다. 형들은 요셉의 이런 스토리가 딱 듣기 싫은 겁니다.

제가 아무리 설교를 잘해도 그래요. 저를 싫어하면 제가 전하는 말씀이 들릴 리 없습니다. 그러므로 복음을 전하려면 미리 관계를 잘 맺어 놓는 게 중요합니다. 겸손하게 전해야 합니다. 상대방의 형편을 잘 살펴야 합니다. 때를 잘 맞추어야 합니다. 때에 맞는 말은 은쟁반에 옥구슬이지만 그렇지 못하면 소음에 불과합니다.

이사야 29장 8절에 "주린 자가 꿈에 먹었을지라도 깨면 그 속은 여전히 비고 목마른 자가 꿈에 마셨을지라도 깨면 곤비하며 그 속에 갈증이 있는 것 같이 시온 산을 치는 열방의 무리가 그와 같으리라" 합니다. 아무리 실컷 먹고 마시는 꿈을 이루어도 그렇습니다. 하나님을 소홀히 하고 예배를 소홀히 하면 여전히 주리고 목마를 수밖에 없습니다. 자기중심적인 꿈은 헛되게 마련입니다. '욕심이 잉태한즉 죄를 낳고, 죄가 장성한즉 사망을 낳는 것'입니다(약 1:15). 그러므로 하나님이 주신 꿈을 꾸려면 반드시 내 욕심, 내 야망을 버려야 합니다. 내 육적인 꿈을 버려야 합니다.

+ 하나님이 주신 꿈을 꾸기 위해 버려야 할 나의 욕심과 야망은 무엇입니까?
+ 지체들 앞에서 자랑을 일삼다가 미움받은 적은 없습니까? 피해의식에 사로잡혀 내가 더욱 미워하는 사람은 누구입니까?
+ 예수를 믿어도 여전히 주리고 목마른 것은 무엇입니까?

꿈을 들으시오

내 꿈을 하나님이 주신 꿈으로 바꾸어야 합니다

그의 형들은 시기하되 그의 아버지는 그 말을 간직해 두었더라

_창 37:11

야곱은 요셉의 말을 마음에 간직합니다. 요셉의 꿈 이야기가 무엇을 의미하는지 형들은 못 알아들어도 하나님의 사람 야곱은 알아들었습니다. 요셉의 육적인 꿈을 영적인 꿈으로 새겨들은 것입니다. 내가 육적인 꿈을 꾸어도 그렇습니다. 예수 믿는 우리는 내 꿈을 영적인 꿈으로 승화하기에 힘써야 합니다. 하나님이 주시는 꿈으로 바꾸어야 합니다. 하지만 태어나면서부터 하나님이 주시는 꿈을 꾸는 사람은 없습니다. 처음에는 다 육적인 꿈을 꿉니다.

시각장애인으로 미국에서 차관보까지 지낸 고(故) 강영우 박사의 아들인 폴 강(강진석)이 그랬습니다. 조지타운대 안과 교수인 그는 "아빠와 야구를 하고 싶어서 아빠가 눈을 뜨는 게 꿈이었다"고 했습니다. 육적인 '내 꿈'을 꾸었습니다.

하지만 아빠의 시각이 회복되지 않자, 그 꿈은 점점 달라졌습니다. "나는 눈먼 사람들을 돕는 안과의사가 될 테야"로 바뀌었습니다. 육적인 꿈이 영적인 꿈으로 승화된 것입니다. 내 꿈이 이루어지지 않으니, 하나님이 주신 꿈을 갖게 된 겁니다. 야망이 소망이 되었습니다. 이처럼 하나님이 주시는 꿈을 꾸려면 내가 가진 꿈을 내려놓아야 합니다.

교회를 다니면서도 내 꿈에만 집착하면 인생이 힘듭니다. 좋은

학교 가야 하고, 좋은 직장 다녀야 하고, 결혼도 잘해야 하고……. 그래서 다들 믿음은 포기해도 내 꿈은 버리지 못하는 것을 봅니다. 그런 사람일수록 야망을 소망으로 착각해서 자기 열심이 하늘을 찌릅니다. 안타깝게도 이런 크리스천이 곳곳에 즐비합니다.

한때 야곱이 그랬습니다. 그는 장자의 명분만 가지면 세상을 다 얻는 줄로만 알았습니다. 그래서 그것을 얻겠다고 형과 아버지를 속이기까지 했습니다. 하지만 험악한 인생을 살면서 장자의 명분이 이 세상의 축복이 아님을 알게 되었습니다. 더구나 야곱은 꿈속에서 예언을 받은 몸 아닙니까? 그래서 요셉의 꿈 이야기를 그저 흘려듣지 않았습니다. 형들은 시기해도 아버지 야곱은 요셉의 말을 간직하였습니다. 저 형편없는 요셉을 마음에 간직합니다. 그 씨를 봤기 때문입니다.

그런데 정작 꿈을 꾼 요셉은 이 꿈을 영적으로 보지 못했습니다. 그저 육적인 꿈인 줄로만 알았습니다. 형들도 마찬가지입니다. 그래서 피차 훈련을 받아야 했습니다.

야곱이 얻은 장자의 명분이 그러했듯이 요셉의 꿈도 그렇습니다. 눈에 보이는 애굽의 총리 자리가 전부가 아님을 보여 줍니다. 하나님이 요셉을 그 자리에 앉히신 이유가 무엇입니까? 우리에게 하나님 나라 통치를 가르쳐 주시기 위함입니다. 그 역할을 하느라 요셉이 총리가 된 것입니다. 그런데 우리는 애굽 총리, 세상 총리밖에 모릅니다. 요셉의 형들도 마찬가지입니다. 눈에 보이는 것에만 가치를 두고 있기에 요셉의 꿈 이야기를 듣기만 해도 배가 아픈 겁니다. 그래서 이를 갈고, 시기 질투했습니다.

마태복음 19장에 보면 재물이 많은 부자 청년 이야기가 나옵니다. 그는 천국에 가려고 나름 계명을 잘 지켰습니다. 그럼에도 주님이 "천국에 가려면 네 소유를 팔아 가난한 자들에게 주고 나를 따르라" 하시니 근심하면서 돌아갑니다. 그러자 주님은 "낙타가 바늘귀로 들어가는 것이 부자가 하나님 나라에 들어가는 것보다 쉬우니라"고 말씀하시죠. 그 말씀을 듣고 제자들이 뭐라고 했습니까? "저 부자 청년이 구원을 못 받는다면 누가 구원을 얻을 수 있으리이까" 했습니다.

하지만 야곱의 장자 명분도, 요셉의 총리직도 알고 보면 십자가 짐과 같은 것입니다. 요엘서 2장 28절에 "그 후에 내가 내 영을 만민에게 부어 주리니 너희 자녀들이 장래 일을 말할 것이며 너희 늙은이는 꿈을 꾸며 너희 젊은이는 이상을 볼 것이며"라고 합니다. 이 말씀은 곧 "교회 공동체와 그리스도인은 내 중심으로, 내 가족 중심으로, 내 나라 중심으로 꿈을 꾸는 것이 아니라 하나님 나라를 위한 꿈을 꾸어야 한다"는 뜻입니다.

제가 오래전에 '사랑의 원자탄' 손양원 목사님 60주년 추도 예배에 참석했다가 여러 유고(遺稿) 설교와 친척들의 이야기를 들은 적이 있습니다. 그때 유독 제 귀에 크게 들린 말씀도 그랬습니다.

"자기를 위해서 살고 자기를 위해서 죽는 인생은 개죽음이다. 예수님을 위하여 살고 예수님을 위해서 죽는 꿈을 꾸어야 한다."

이 땅에서 지상 낙원을 꿈꾸는 것이 아니라 하나님 나라를 위한 꿈을 꾸라는 것입니다.

1948년 10월 여수·순천 사건이 일어났을 때입니다. 손양원 목사님은 두 아들을 죽인 공산주의자 청년 안재선이 체포되어 처형당하게 되었다는 소식을 듣고는 "저 청년이 모르고 했으니 용서해 달라"고 했습니다. 그리하여 목숨을 부지한 안재선을 양아들로 삼고, 신학 공부까지 시켰습니다. 원수를 그 마음에 간직하고, 하나님이 주신 꿈을 품은 것입니다. 그런데 안타깝게도 손 목사님은 6·25전쟁 때 북한 공산군에 의해 체포되어 혹독한 고문을 당하고, 끝내는 총살당하셨습니다. 하지만 예수님을 위하여 살고 예수님을 위해서 죽는 꿈을 꾸셨던 손 목사님의 꿈은 여기서 끝나지 않았습니다. 이후 양아들 안재선이 목사가 된 것입니다. 훗날 안 목사의 아들, 즉 손 목사님의 손자도 선교사가 되었습니다. 진실로 하나님이 주신 꿈이 대를 이어 가며 이루어진 것입니다.

우리도 그렇습니다. 집마다 문제가 있습니다. 편애와 시기와 질투가 처리되지 않아 날마다 전쟁을 치릅니다. 하지만 문제 많은 그 남편, 그 아내, 그 자녀를 통해 내 집안에 하나님의 꿈이 이루어집니다. 그것을 딱 알아보아야 합니다. 내 배우자에게 문제가 많다고 이혼하고 가출해선 안 됩니다. 내쳐서도 안 됩니다. 말 안 듣는 자식, 혈기 부리는 배우자도 내 마음에 간직해야 합니다. 예수 씨를 보아야 합니다. 그리하면 반드시 변화될 날이 올 것입니다. 내 꿈도 하나님이 주신 꿈으로 바뀔 날이 올 것입니다.

+ 내 꿈을 하나님이 주신 꿈으로 바꾸기 위해 내가 변화해야 할 것은 무엇입니까?

+ 내 꿈을 하나님이 주신 꿈으로 바꾸기 위해 내 마음에 항상 간직해야 할
  말은 무엇이고, 내 마음에 간직해야 할 그 한 사람은 누구입니까?

내 꿈을 선포해야 합니다

앞서 6절에서 요셉은 형들에게 "내가 꾼 꿈을 들으시오" 하고 청했습니다. 그런데 요셉이 만일 형들에게 이 꿈 이야기를 하지 않았더라면 그 인생은 어떻게 펼쳐졌을까요? 형들에게 미움도 덜 받고, 팔려가지도 않았을 것입니다. 하지만 이 꿈은 덮어져선 안 되는 꿈입니다. 반드시 "내 꿈을 들으시오" 하고 선포해야 하는 꿈입니다. 49장에서 이 꿈이 이루어져야 하기 때문입니다.

이 꿈은 하나님이 주신 꿈입니다. 메시아적인 꿈입니다. 구속사적인 꿈입니다. 야곱 집안이 그리스도의 모형으로 묘사되는 꿈입니다. 하나님이 아브라함에게 하신 언약이 어떻게 성취되어 가는지 보여 주는 꿈입니다.

제 남편이 천국 갈 당시 큐티 말씀은 에스겔서였습니다. 그날 하나님은 "그가 스스로 헤아리고 그 행한 모든 죄악에서 돌이켜 떠났으니 반드시 살고 죽지 아니하리라"(겔 18:28) 하시며 남편의 구원을 확증해 주셨습니다.

에스겔은 1장부터 23장까지 유다, 즉 자기 백성에게 하나님의 심판을 예고하며 돌이킬 것을 촉구합니다. 그런데 하나님은 24장에

서 에스겔의 아내를 데려가십니다. 그리고 25장에서는 "네 얼굴을 암몬 족속에게 돌리고 그들에게 예언하라" 하십니다. 한 사람의 구원을 위해 24장까지 에스겔을 수고하게 하시고, 25장부터는 전 세계를 향해 나아가라고 하신 것입니다.

저도 그때부터 말씀을 전했습니다. 당시 제가 서리 집사였는데 목사님들 앞에서도 말씀을 전하게 됐습니다. 에스겔 성전, 곧 천국 성전이 세워진 말씀을 주셨을 때는 "전 세계를 향해 복음을 전하래요. 목자들을 향해 예언하래요. 그러면 천국 성전이 지어진대요!"라고 그 뜻은 다 알지 못해도 들은 말씀을 전했습니다. 그러니 옆에 사람들이 그런 저를 가소로워하며 비웃지 않았을까요?

실제로도 그랬습니다. "제가 큐티 좀 하러 오세요~" 하면 "자기가 뭔데 나를 오라 가라 해?"라고 하는 분도 있었습니다. 그래서 "제가 큐티 사역을 하다 보니 오라는 말이 입에 붙었어요~" 하면 "자기 주제에 무슨 사역을 해?"라며 저를 미워하는 분도 있었습니다. 어떤 분은 "나도 학벌 있고, 먹고살 것 있으면 복음 전하러 다니겠어요. 그렇게 다 갖추고도 복음 못 전하는 사람이 어디 있어요?" 하며 비아냥거렸습니다. "복음을 전하는 사람이 어찌 그리 피부가 좋아? 과부 티도 나고, 불쌍해 보여야 동정도 받지" 하며 저만 보면 기분 나빠하는 사람도 있었습니다. 그럼에도 하나님은 저를 통해 우리들교회를 세워 주셨습니다. 에스겔 40장에서부터 천국 성전을 보여 주시고, 43장에서 천국 성전을 세워 주셨듯이 말입니다.

그런데 말입니다. 제가 "전 세계에 복음을 전한다" 하고, "여기는 천국 성전이다"라고 하니 기분 나쁜 사람들은 또 얼마나 많았겠습니까? "저 주제에 무슨 말씀을 전해? 자기가 말씀을 얼마나 안다고?" 하지 않았겠습니까?

그렇다고 제가 누구보다 말씀을 더 잘 안다는 게 아닙니다. 저도 처음엔 잘 몰랐습니다. 그럼에도 그때그때 주신 말씀을 선포하며 여기까지 왔습니다. 그러다 보니 하나님이 저에게 주신 꿈이 무엇인지 조금씩 알게 되었습니다. 저를 통해 이루고자 하시는 하나님의 계획을 구체적으로 알게 된 겁니다.

이러기까지 얼마나 많은 사건과 시련이 지나갔는지 모르겠습니다. 하지만 하나님은 오늘날 이렇게 꿈을 이루어 주셨습니다. 앞으로도 더 크게 이루어 주실 것을 믿습니다.

이것이 바로 "내 꿈을 들으시오"입니다. 내 꿈을 선포하는 것입니다. 요셉도 처음엔 자신이 꾼 꿈의 의미를 전혀 알지 못했습니다. 하지만 형제들에게 "내가 꾼 꿈을 들으시오" 하고 선포했습니다. 그리고 '내 꿈'에서 출발한 요셉의 꿈은 결국 하나님의 꿈으로 바뀌었습니다.

그러므로 우리도 꿈을 꾸어야 합니다. 꿈을 가져야 합니다. 꿈을 잃지 말아야 합니다. 하지만 내 꿈이 하나님이 주신 꿈이 되려면 내 야망을 내려놓아야 합니다. 소망을 품어야 합니다. 그리고 "내 꿈을 들으시오" 하고 선포해야 합니다. 비록 그 꿈을 주신 하나님의 뜻을 다 알 수는 없어도 침묵으로, 행동으로, 말로 선포하는 지혜를 가져야 합니다. 그리하면 하나님이 반드시 그 꿈을 이루어 주실 것입니다.

+ 예수 믿는 것 때문에 미움받은 적이 있습니까?

+ 미움받더라도 "하나님이 내게 주신 꿈을 들으시오" 하고 가족과 친지, 이웃에게 선포해야 할 내 꿈은 무엇입니까?

"엄마, 그냥 자. 밥은 내가 알아서 먹을게." 하루에 세 마디도 하지 않는 고3 아들의 말입니다. 밤늦도록 들어오지 않는 아들에게 잔소리도 못 하니 한편으론 억울하기 짝이 없지만, 우리 부부는 안 들은 척, 못 본 척 내버려 둡니다. "일찍 자라"고 말했다가 사달이 난 것이 한두 번이 아니고, "늦게 자서 내가 안 일어난 적이 있냐?"고 따져 묻는 아들이기에 입을 다물게 된 것입니다. 사춘기 방황을 겪는 딸은 학교와 교회에 가 주는 것만 해도 할렐루야였는데, 공부 잘하는 잘난 아들에겐 욕심이 스멀스멀 올라오는가 봅니다. 아들이 이럴 때마다 올라오는 슬픔과 분노, 억울함에 제 마음이 요동합니다.

꿈이 없었던 학창 시절, 저는 친구 따라 대학에 갔다가 진로 문제로 방황을 많이 했습니다. 그래서 우리 아이들에게는 자신이 좋아하고 잘하는 것을 찾아 주고 싶었습니다. 한번은 아들 학교에서 학부모 면담을 했는데, 아들이 하고 싶은 것이 없다고 해서 얼마나 한심해 보였는지 모릅니다. 저의 기대보다 열심히 안 해 주는 아들, 믿음도 열정도 없어 보이는 아들이 실망스럽고 미워서 독설을 한바탕 쏟아붓고 싶었습니다. 자녀를 하나님 자리에 둔 결과, 사춘기 딸의 분노 폭발과 짜증, 무기력증으로 힘들었는데, 아들마저도 그리될까 봐 걱정되었던 것입니다. 우리 자녀들이 요셉처럼 꿈을 꾸며(창 37:5) 그 꿈이 하나님의 꿈으로 온전히 바뀌어 가도록 부모로서 도와야 하는데(창 37:11), 저는 어미로서 그동안 아이들을 위해 기도조차 하지 않았습니다. 아이들이 고난 가운데 하나님을 만날 수 있도록 하나님께 온전히 맡기겠다고는 하지만 때로는 아이의 자율성을 침해하면서까지 제가 보호막이 되어 주고 싶습니다. 그러면서도 한편으론 자녀로 인해 상처받는 연약한 엄마입니다.

하지만 저는 자녀 고난을 겪으며 이 땅에서 잘 먹고 잘사는 것이 아니라 저와 자녀의 구원이 하나님의 꿈임을 조금씩 알아 가고 있습니다. 그래서 오늘도 허벅지를 꼬집으며 '자녀 내려놓기' 훈련 중입니다. 이제는 자녀들의 구원과 진로를 위해 기도하며 "우리 자녀들이 예수 믿고 변화되는 것이 내 꿈입니다"라고 간절히 선포하겠습니다.

하나님 아버지, 요셉이 해와 달과 열한 별이 자신에게 절하는 꿈을 꾸었다고 합니다. 우리도 요셉처럼 온 천하를 다스리는 대박 꿈을 꾸고 싶습니다. 복권이 당첨되고 아파트가 당첨되고 모든 시험에 합격하는, 복이 차고 넘치는 인생이 되면 좋겠습니다. '고생 끝, 행복 시작'인 인생이 되어서 잘난 체하던 형제와 이웃들이 다 내게 절하는 모습을 꿈에라도 보고 싶습니다. 꿈에도 소원이 세상 성공입니다.

그런데 이런 자기만을 위한 꿈은 헛되다고 하십니다. '욕심이 잉태한즉 죄를 낳고, 죄가 장성한즉 사망을 낳는다'고 하십니다. 아무리 실컷 먹고 마시는 꿈을 이루어도 하나님을 멀리하고 예배를 소홀히 하면 여전히 주리고 목이 마를 수밖에 없다고 하십니다.

그러므로 이제는 세상 성공의 꿈을 버리기를 원합니다. 하나님 나라 소망을 품기를 원합니다. 하나님이 주신 좋은 꿈을 꾸기 위해 내 꿈, 내 야망을 버리게 하옵소서. 말 안 듣는 자식, 혈기 부리는 배우자도 내 마음에 간직하고, 그들에게서 예수 씨를 보게 하옵소서. 하나님이 주신 메시아의 꿈, 구속사적인 꿈을 꾸고, 날마다 "내 꿈을 들으시오" 하고 선포하도록 인도해 주옵소서.

지금은 비록 꿈을 주신 하나님의 뜻을 다 알 수는 없어도 침묵으로, 행동으로, 말로 선포하는 지혜를 허락해 주옵소서. 요셉에게 그리하셨던 것처럼 내 꿈을 하나님의 꿈으로 바꾸어 주옵소서. 하나님이 주신 그 꿈을 꿀 수 있도록 내 모든 길을 인도해 주옵소서. 아브라함과 야곱에게 약속하신 구원의 언약도 이루어 주옵소서. 내 집안을 통해 구속사가 이루어질 수 있도록 도와주옵소서. 예수님 이름으로 기도하옵나이다. 아멘.

9 장

꿈을
이루려면

창세기 37장 12~17절

하나님 아버지, 예수의 꿈을 선포하고
그 꿈을 이루기를 원합니다.
말씀하여 주옵소서. 듣겠습니다.

오래전에 일명 '행복 전도사'로 불리며 스타 강사로 인기를 누리던 한
작가가 자살하는 일이 있었습니다. 이분은 공영방송 단골 강사에 청
와대, 기업체, 대학원 최고 경영자 과정, 공무원, 시민, 주부 등등 그야
말로 온 계층을 대상으로 강의를 했습니다. 행복론에 관한 여러 책도
내고, 그 책들이 베스트셀러에도 올랐습니다. 이만하면 그 분야에서
다 이루신 분 아닙니까? 그런데 갑자기 건강이 나빠졌고, 투병 과정의
어려움을 견디지 못해 스스로 생을 마감했습니다. 그렇다면 이분은
모든 사람을 행복하게 해 주겠다는 자신의 꿈을 다 이루고 간 걸까요?

아쉽게도 그러지 못했습니다. 살아생전에 아무리 행복의 지혜를 가르쳤어도 결국 그가 대중에게 보여 준 것은 '힘들면 생도 포기할 수 있다'는 메시지였습니다. 그의 아픔을 체휼하지 못하는 게 아닙니다. 그렇다고 고통이 심하면 누구나 당연히 목숨을 끊어야 합니까? 정 힘들면 이혼하고, 정 힘들면 도둑질도 하고, 정 힘들면 죽어야 합니까? 아닙니다.

이분이 힘든 환경에서도 또 다른 행복한 삶을 보여 주었다면 더 큰 메시지가 되었을 것입니다. '행복해지려면 이래야 한다, 저래야 한다……' 사실 말이야 누가 못 하겠습니까? 하나님이 주신 꿈도 그렇습니다. 말로만 이루어지는 게 아닙니다. 하나님이 주신 꿈을 이루려면 어떻게 해야 하는지 본문을 통해 살펴봅시다.

원수를 직면해야 합니다

그의 형들이 세겜에 가서 아버지의 양 떼를 칠 때에_창 37:12

앞서 9절과 10절에서 요셉은 해와 달과 열한 별이 자기에게 절하는 꿈을 꾸고는 그 꿈 이야기를 형들에게 전합니다. 그로 인해 요셉은 형들로부터 시기와 미움을 받습니다(창 37:11). 그리고 그의 형들이 세겜으로 가서 아버지, 즉 야곱의 양 떼를 칩니다.

당시 유목민들은 양 치는 일을 주로 막내에게 맡겼다고 합니다. 어려운 농사에 비해 양 치는 일이 허드렛일에 속했기 때문입니다. 다

꿈을 이루려면

윗도 막내라서 양치기를 했습니다(삼상 16:11).

그런데 야곱은 막내가 해야 할 일을 형들에게 맡기고서 어떻게 했습니까? 요셉에게 채색옷을 입혀 어화둥둥 끼고돕니다. 그러니 형들의 속이 부글부글하지 않겠습니까? 자녀를 바르게 양육해야 할 부모가 도리어 자녀 간에 시기, 질투를 촉발하고 있습니다.

세겜이 어떤 곳입니까? 34장에서 야곱의 딸 디나가 하몰의 아들 세겜에게 능욕을 당한 곳입니다. 그래서 야곱의 아들들이 복수하겠다고 하몰과 그의 아들 세겜과 그 족속의 남자들을 모조리 칼로 쳐서 죽였습니다. 야곱이 그 소식을 듣고 너무 무서워서 줄행랑친 곳이기도 합니다. 그야말로 강간과 복수, 거짓과 살인으로 얼룩진 땅입니다. 야곱 집안으로서는 뒤돌아보기조차 싫은 땅입니다.

그런데 요셉을 너무 꼴 보기 싫어하던 형들이 그 세겜으로 다시 갔습니다. 물론 양을 치다 보면 물과 풀과 목초지만 있으면 어디든지 가게 마련입니다. 형들이 목적지를 세겜으로 미리 정하지 않았을 수도 있습니다. 하지만 형들에게는 이런 속마음도 있지 않았을까요?

'아버지, 그렇게 요셉만 끼고돌다가는 다 세겜에 가서 죽는 수가 있어요.'

아버지 야곱에 대한 원망과 협박의 마음이 그들의 발길을 세겜으로 향하게 했을 수도 있습니다. 마침내 형들의 증오가 이 세겜에서 곧 폭발하기 때문입니다.

13 이스라엘이 요셉에게 이르되 네 형들이 세겜에서 양을 치지 아니하

느냐 너를 그들에게로 보내리라 요셉이 아버지에게 대답하되 내가 그리하겠나이다 14 이스라엘이 그에게 이르되 가서 네 형들과 양 떼가 다 잘 있는지를 보고 돌아와 내게 말하라 하고 그를 헤브론 골짜기에서 보내니 그가 세겜으로 가니라 _창 37:13~14

자식들이 양 떼를 치느라 멀리 떠났으니 아버지 야곱으로서는 자식들의 소식이 궁금했겠지요. 그들에게 먹을 양식도 보내 줘야 했습니다. 그런데 집에 남아 있는 자식이 둘뿐입니다. 막내 베냐민은 어리니 보낼 수가 없습니다. 불행하게도 보낼 사람이 요셉밖에 없는 겁니다.

그런데 말입니다. 야곱이나 요셉은 세겜이 얼마나 무서운 곳인지 제대로 인식하지 못한 것 같습니다. 세겜 사람들에 대한 두려움이 없습니다. 한편으로는 그래요. 사실 요셉에게는 세겜 사람들보다 형들이 더 위험한 존재 아닙니까? 요셉 홀로 세겜에 갔다가는 형들이 그를 죽이려 들지도 모릅니다. 요셉을 향한 형들의 분노가 얼마큼인지 야곱은 가늠조차 하지 못합니다.

성도의 인생이 이렇습니다. 정작 자신의 문제를 모르는 부모, 형제들이 얼마나 많은지 모릅니다. 편애해 놓고는 "쟤들이 왜 저러지?" 하는 부모가 한둘이 아닙니다.

게다가 헤브론에서 세겜까지는 거의 100km가량 되는 거리입니다. 그 먼 길을 채색옷을 입고 홀로 여행하는 게 어디 쉬운 일입니까? 세겜 사람들이 복수하겠다고 길을 막을 수도 있습니다.

그런데 요셉은 전혀 망설이지 않습니다. "내가 그리하겠나이다"

합니다. 이런 것 하나만 보면 요셉은 마치 '순종의 사람' 같습니다. 그러나 이것은 어디까지나 훈련의 차원으로 봐야 합니다. 요셉이 아직 그 정도의 수준은 아니기 때문입니다.

요셉인들 아버지 없이, 그것도 세겜까지 먼 길을 가는데 얼마나 무섭고 두려웠겠습니까? 하지만 하나님은 애굽에서 힘들게 살 야곱의 자녀들을 보호하기 위해 열두 아들 가운데 요셉을 만세 전에 택하셨습니다. 훗날 애굽의 바로를 설득하려면 스펙도 갖추어야 하고, 성품도 온유해야 하고, 외모도 잘생겨야 합니다.

무엇보다 요셉이 꾼 꿈은 예수의 모형으로서의 꿈이었습니다. 따라서 "내가 꾼 꿈을 들으시오" 형들에게 선포했다면 이제는 형들을 직면해야 합니다. 아버지의 보호를 떠나 홀로서기를 해야 합니다. 형들을 피해서는 안 됩니다. 십자가의 삶을 따라가는 왕의 자녀, 예수님의 자녀라는 것을 형들에게 보여 주어야 합니다.

한 선교사님이 우리들교회에 와서 간증하시는데, 결혼한 후로 부부 싸움을 다섯 번도 안 했다고 합니다. 그 간증을 듣고 우리들교회 전도사님 한 분은 "우리 부부는 1년에 오십 번도 더 싸워요"라고 했습니다. 그 선교사님인들 집안에 싸울 일이 없었겠습니까? 선교지에서 예수님의 자녀임을 보여 줘야 하기에 '오직 순종, 오직 인내'했을 것입니다. 그러지 않고 매일 사모와 쌈박질만 하면 선교가 되겠습니까?

요셉이 지금 가는 길도 그렇습니다. 선교 가는 것과 다름이 없습니다. 요셉이 꾼 꿈은 예수 꿈이라고 했습니다. 예수 꿈은 온 세계가 나에게 절하는 꿈입니다. 왕의 자녀가 되는 꿈입니다. 모두가 미워하고 시기해도 하나님이 나를 택하였기에 지켜 주시겠다는 약속이 담긴 꿈입니다. 그러므로 두려운 것도 없습니다. "힘든 땅 세겜에 가라"고 해도 "내가 그리하겠나이다"가 저절로 나옵니다. 요셉이 지금 이렇게 순종하는 이유는 오직 자신의 꿈을 들어 달라고 말했던 형제와의 화합을 위해서입니다.

이후 요셉은 순종의 훈련을 잘 받았습니다. 그가 그럴 수 있었던 이유가 무엇입니까? 아버지 야곱으로부터 많은 사랑을 받았기 때문입니다.

제가 시집살이하며 훈련을 잘 받은 이유도 그렇습니다. 제 친정어머니는 공부 잘한다고 외모가 뛰어나다고 저희 네 자매 중 누구를 더 특별히 사랑하지 않으셨습니다. 네 딸의 입학식에도, 졸업식에도 똑같이 오지 않으셨습니다. 오직 교회를 섬기는 데만 매진하셨습니다. 제가 시댁에서 차별을 받아 낼 수 있었던 것은 친정에서 이런 차별하지 않는 사랑을 경험했기 때문입니다.

제 시댁은 지금 생각해도 너무나 무서운 집안이었습니다. 그런데 그때는 제가 너무 몰랐습니다. 그래서 "영원히 어머님, 아버님을 모시고 살 거예요!" 이딴 소리를 했습니다. 그때까지만 해도 사람으로부터 거부당한 적이 없었기 때문입니다.

게다가 결혼하기 전까지 제가 무슨 말을 해도 다들 저를 예뻐했습니다. 비록 어머니는 제게 무관심하셨어도 착하고 모범생에 효녀니까 밖에서는 칭찬만 들었습니다. 그래서 시집을 가도 시부모님 사랑을 독차지할 줄로만 알았습니다. 더욱이 '시댁에는 일하는 사람이 둘씩이나 있으니까 나는 피아노만 치면 될 거야, 시댁에서 내가 피아노 치는 것을 팍팍 밀어줄 거야' 생각했습니다. 그곳이 무서운 세곕인 것을 그때는 전혀 몰랐습니다.

하지만 저는 몰랐어도 하나님의 섭리는 이어졌습니다. 시댁이 수고해 주어서 제가 하나님만 바라보게 된 것입니다. 그래서 인생의 목적이 행복이 아니고 거룩인 것을 알게 되었습니다.

한번은 이런 일도 있었습니다. 제 아들의 대학입시 결과가 발표되는 날 큐티를 하는데, 본문 말씀이 굉장히 슬픈 내용이었습니다. 그리고 아들이 똑 떨어졌습니다. 하지만 제 입에서는 "할렐루야!"가 절로 나왔습니다. 슬픈 일이지만, 말씀대로 이루어지니 기뻤던 것입니다.

이 아들이 결혼할 무렵에도 그랬습니다. 제가 한창 이삭과 리브가가 결혼하는 창세기 24장 설교를 하고 있었는데, 리브가가 불임인 것이 괜스레 마음에 걸렸습니다. 마치 그 불임 사건이 아들 가정에 이루어질 것만 같았습니다. 하지만 '말씀대로 이루어진다면 기뻐하자' 했습니다.

하나님이 주신 꿈을 이루려면 무엇보다 순종의 훈련을 잘 받아야 합니다. 주님이 "가라" 하시면 가고, "오라" 하시면 와야 합니다. 배우자, 부모, 자녀, 형제에게 무슨 말을 들어도 "내가 그리하겠나이다" 해야 합니다. "당신이 예수 믿고, 다른 사람을 위해 살아가는 것이 내 꿈이다"라고 선포했다면 상대방이 아무리 핍박하고 미워해도 피하지 말아야 합니다. 직면해야 합니다. 대가도 치러야 합니다. 슬픈 일 가운데서도 하나님의 영광을 보여 줄 수 있어야 합니다. 왜 그렇습니까?

하나님의 꿈을 이루어야 하는 사명이 우리 안에 있기 때문입니다.

십자가 사명을 감당하려면 너무 힘든 곳, 남들이 가기 싫어하는 곳을 마다하지 않아야 합니다. 너무 보기 싫은 사람에게도 가야 합니다. 지금 요셉이 딱 그렇습니다. 아직은 그의 순종이 믿음인지 성품인지, 아니면 천지 분간 못해서인지 모호합니다. 하지만 아버지의 명령에 "내가 그리하겠나이다" 하고, 곧장 세겜으로 간 것 하나만 보아도 그는 하나님이 쓰실 만한 자격을 충분히 갖춘 것입니다.

저도 워낙 어른들 말을 잘 들었습니다. "내가 그리하겠나이다"가 전공이었습니다. 그래서 하나님이 저를 쓰신 것 같습니다. 결코 제가 잘나서가 아닙니다. 저는 "이것도 맞고, 저것도 맞다" 하는 긍정적인 마음을 가졌습니다. 의심도 없었습니다. 무엇보다 날마다 말씀을 제 삶에 적용하다 보니 드러나는 것은 저의 부족함뿐이었습니다. 그 때문에 날마다 상한 심령이 될 수밖에 없었습니다. 우리가 예수 믿고 말씀을 보면서도 여전히 상한 심령이 되지 않는다면 자신의 믿음을 다시 점검해 봐야 합니다.

예수 꿈을 선포한 자는 어떤 환경에서도 "내가 그리하겠나이다" 합니다. 행여 고통스러운 병에 걸렸을지라도 말입니다. 서두에 소개한 작가도 자신의 병을 피하지 말았어야 했습니다. 수백 가지 고통에 괴로워도 직면하는 모습을 보여 줘야 했습니다. 물론 그가 그동안 얼마나 힘든 삶을 살아왔는지 모르는 바 아닙니다. 그는 모든 곳에서 승리했습니다. 하지만 마지막 질병의 고통에서 무너졌습니다. 제가 이분의 심경을 체휼하지 못하는 게 아닙니다. "당해 보지 않으면 모른다"라고 하는데 맞습니다. 질병의 고통은 큽니다. 어떤 아픔이든 절대 치의 고난입니다. 그럼에도 제가 이렇게 담대히 말할 수 있는 것은 고통의 순간에 함께하시는 하나님을 믿기 때문입니다.

한 심리학자가 쓴 칼럼을 보니 상담가가 오히려 불행한 삶을 살기도 한답니다. 심리학자가 가장 인간의 심리를 모르기도 하고, 서두에 말했듯이 대중에게 행복을 전하던 사람이 도리어 불행하게 삶을 마치기도 합니다. 학문이 가진 구조적 한계가 여기서 드러납니다. 아무리 기술과 학문이 발달해도 그 기술과 학문이 인간의 행복에 100% 공헌하는 것은 아니라고 합니다. 특히 종교의 자리를 빼앗아 가는 심리학은 종교보다도 훨씬 무지하게 인간의 행복을 파괴하는 것 같다고 합니다. 이 칼럼은 "자기 행복을 위해 끊임없이 자기감정을 조작하는 수준의 심리상담학은 인간을 자해적으로 만들고 결국 자살로 몰아갈 수 있다"고 경고했습니다.

결국 가장 힘든 원수는 질병이 아닙니다. 나의 자아입니다. 내 자아를 내려놓으면 그 어떤 원수도 직면할 수 있습니다. 자아가 깨어지지 않아서 원수 앞에 서지 못하는 것입니다. 영적 진실성의 결과는 인내입니다. 인내는 하나님의 성품이기 때문입니다. 따라서 하나님과 친해야 인내할 수 있습니다.

하나님이 저에게 가장 많이 훈련시키신 게 있다면 바로 인내입니다. 공부도, 피아노도, 결혼생활도, 시집살이도, 자녀 교육도 오직 인내로 했습니다. 하지만 저도 때마다 피하고 싶었습니다. 때마다 세상 방법으로 하고 싶었습니다. 그러나 믿는 우리는 내가 하고 싶은 대로 인생을 살면 안 됩니다. 스스로 삶을 마감해서도 안 됩니다.

+ 하나님이 주신 꿈을 이루기 위해 직면해야 할 나의 원수는 누구(무엇)입
　니까? 그 원수를 직면하기 위해 인내해야 할 것은 무엇입니까?
+ 때마다 피하고 싶고, 때마다 세상 방법으로 하고 싶은 것은 무엇입니까?

방황하면 안 됩니다

어떤 사람이 그를 만난즉 그가 들에서 방황하는지라 그 사람이 그에게
물어 이르되 네가 무엇을 찾느냐 _창 37:15

　요셉인들 홀로 광야로 가면서 그 마음에 부대낌이 없었겠습니
까? 막상 순종은 했지만, 자신을 미워하던 형들을 만나기가 얼마나 싫
고 두려웠을까요?
　우리도 그렇습니다. 말씀을 적용하느라 그토록 미워하던 시댁으
로, 처가로 사과하러 가려는데 '안 받아 주면 쪽팔려서 어떡해?' 하는
걱정이 들게 마련입니다. 그래서 가던 길을 멈춥니다. 갈등합니다. 방
황합니다. 하지만 예수를 선포했으면 다른 선택이 없습니다. 그만 방
황하고 계속 가야 합니다. 그리하면 하나님이 반드시 돕는 손길을 더
하여 주실 것입니다.

그가 이르되 내가 내 형들을 찾으오니 청하건대 그들이 양치는 곳을 내게 가르쳐 주소서_창 37:16

그런데 요셉이 세겜에 왔는데, 형들이 보이지 않습니다. 한편으로는 '오히려 잘 됐다' 싶은 마음도 없지 않았을 것입니다. '여기까지 왔으니 내 할 일 다 했다' 하며 그냥 아버지한테 돌아가고 싶었을 것입니다. 형들이 요셉을 죽이려고 기다리고 있지 않습니까? 요셉이 바보가 아닌 이상 그런 사실을 모를 리 없습니다.

그러나 그의 사명은 세겜으로 가는 게 전부가 아닙니다. '형들과 양 떼가 다 잘 있는지를 보고' 다시 헤브론으로 돌아가 아버지 야곱에게 그 소식을 알리는 것입니다. 그러므로 하나님이 주신 꿈을 이루려면 도중에 방황하면 안 됩니다. 사명을 망각하면 안 됩니다.

열왕기상 13장에 보면 하나님의 사람이 유다에서 북이스라엘 여로보암 왕에게 심판의 소식을 전하러 갑니다. 그는 여호와의 명령대로 떡도 물도 안 받아먹고, 왔던 길로 되돌아가지도 않습니다. 하지만 벧엘의 한 늙은 선지자가 "떡 먹어라, 물 먹어라, 너무 수고했다"라고 하면서 "나도 그대와 같은 선지자라" 하니까 그만 그 유혹에 넘어갑니다. 끝까지 말씀대로 행하지 못한 겁니다.

방황이란 이런 것입니다. 하나님이 주신 꿈을 이루려면 한시라도 사명을 망각하면 안 됩니다.

"맡은 자들에게 구할 것은 충성"이라고 했습니다(고전 4:2). 하나님에 대한 충성은 사람에 대한 관계에서 나타납니다. 용서로 나타나고 사명으로 나타납니다. 그러므로 어떤 경우도 방황하고 타협하면 안 됩니다. 질병도 직면해야 합니다. 하나님께서 주신 고난이기 때문입니다.

앞서 이야기한 작가는 매우 불우한 환경에서 자랐습니다. 어머니는 몸이 아프시고 아버지는 알코올의존증에다 집안도 무척 가난했습니다. 결혼해서도 사업이 망해 계속 어려움을 겪었습니다. 그러다 한 회사의 입사 시험에 응시해서 높은 경쟁을 뚫고 합격했습니다. 현실과 직면하므로 작은 꿈을 이루었습니다.

이후 그는 여러 강연을 통해 '웃음 비타민'을 사람들에게 나누며, "나를 있는 그대로 받아들이고 행복을 만들어 나가자"라고 전했습니다. 그러면서 "못생기고 가난하고 무식한 것은 죄가 아니다, 죄는 딱 한 가지다. 열심히 안 사는 것이 죄다!" 외치기도 했습니다. 죄의 개념이 성경적이지는 않았지만, 온 국민이 그에게 열광했습니다.

그는 유서에서 "투병하며 링거를 온몸에 주렁주렁 매고는 살고 싶지 않았다. 수백 가지 통증에 시달려 본 사람들이라면 나를 이해할 것이다"라고 했습니다. 하지만 아무리 심금을 울리는 고백을 했을지라도 너무 잘나고, 세상 모든 걸 초개같이 여기는 사람은 굳이 하나님을 의지하지 않습니다. 끝내 상한 심령을 얻지 못합니다.

그는 여기서 한 걸음 더 나아갔어야 했습니다. 상한 심령이 되어 내 부족함, 내 지질함, 내 아픔을 하나님께 아뢰어야 했습니다. 하나님의 도우심을 구해야 했습니다. 그는 긍정의 힘과 내 열심이 끝내는 도움이 되지 않는다는 것을 보여 주었습니다.

기복 신앙이 그렇습니다. 반드시 잘사는 게 목적이기에 아프고,

꿈을 이루려면

떨어지고, 망하는 사건이 오면 감당을 못 합니다. 그래서 가출로 이혼으로 자살로 갑니다.

나의 생명을 하나님이 주신 시간까지 지키는 것이 가족을 사랑하는 것인 줄 왜 모릅니까? 자녀에게 자살한 부모로 자리매김하는 것이 어떻게 자녀를 사랑하는 겁니까?

우리는 고통에 맞닥뜨리면 방황합니다. 도로 옛날로 돌아가고 싶습니다. 그러나 나는 예수 꿈을 꾸는 사람입니다. 왕의 자녀입니다. "내 꿈을 들으시오" 선포했으면 전진해야 합니다. 예수를 믿는 자에게 다른 길은 없습니다. 타협하지 말아야 합니다. 뇌물도 안 받아야 합니다. 불신결혼도 하지 말아야 합니다. 이혼도 하지 말아야 합니다.

특별히 자살은 더욱더 안 해야 합니다. 하나님께서 주신 것 중에 가장 소중한 것이 생명입니다. 이를 해하는 일은 천하보다 귀한 구원의 기회를 없애는 것입니다. 어떤 경우에도 자살해서는 안 됩니다.

하지만 우리는 날마다 방황합니다. 뇌물도 받고 싶고, 불신결혼도 하고 싶고, 이혼도 하고 싶습니다. 저도 예외가 아닙니다. 하나님의 사람이 끝내는 벧엘의 늙은 선지자에게 속아서 물과 떡을 먹은 것처럼 제 마음속에도 편한 것을 원하는 게 있습니다. 좋은 게 좋다는 마음과 더러운 욕심이 있습니다. 내가 하고 싶은 것과 하나님이 원하시는 것이 이토록 다릅니다. 그래서 방황도 합니다.

그러나 이런 내 지질함을 아는 것 또한 은혜입니다. 그로 인해 하나님의 거룩 앞에서 날마다 무너지며 상한 심령이 되기 때문입니다. 그래서 상한 심령이야말로 하나님이 나를 하나님의 일꾼으로 쓰시기 위해 수준 높게 주신 선물입니다.

우리는 성경을 통해 다윗의 상한 심령과 거기서 비롯된 수많은 은혜를 볼 수 있습니다. 상한 심령은 희생적 삶이나 제사가 아닙니다. 순종으로 얻는 것입니다. 순종하는 사람에게 하나님이 베풀어 주시는 은혜입니다. 순종이 제사보다 낫고, 하나님의 말씀을 듣는 것이 숫양의 기름보다 낫다고 했습니다(삼상 15:22).

그러나 하나님의 말씀을 들으면서도 절대 순종이 힘든 우리입니다. 날마다 말씀대로 믿고 살고 누리지 못하니 상한 심령이 될 수밖에 없습니다. 하나님 앞에 드릴 것이 눈물의 제사밖에 없습니다. 하지만 이 또한 은혜임을 잊지 말아야 합니다. 무조건적인 긍정의 힘은 내 꿈, 내 야망을 이루는 데는 큰 도움이 될 수 있지만 하나님이 주신 꿈을 이루는 데는 방해가 될 뿐입니다.

믿음의 공동체도 그렇습니다. 상한 심령끼리 모여야 안식이 있습니다. 배부르고 잘난 심령이 끼어들면 공동체는 긴장합니다. 편애와 차별과 시기와 질투로 얼룩집니다. 만나도 말을 조심해야 합니다. 그러니 피차 불편합니다. 그래서 상한 심령끼리 모이는 것이 얼마나 축복인지 모릅니다. 하나님이 주신 꿈도 마찬가지입니다. 그 꿈을 이루려면 날마다 내 부족함을 고백하는 상한 심령이 되어야 합니다. 그 어떤 걸림돌 앞에서도 방황을 멈추고 가던 길을 가야 합니다.

+ 나는 지금 어떤 방황을 하고 있습니까? 무엇을 찾느라 그토록 방황하고 있습니까? 하나님이 주신 꿈을 이루기 위해 멈추어야 할 방황은 무엇입니까?

+ 나는 긍정의 힘이 충만한 사람입니까? 그래서 배부르고 잘난 심령입니까?
  아니면 나의 부족하고 지질한 모습을 보며 회개하는 상한 심령입니까?

끝까지 서 있어야 합니다

그 사람이 이르되 그들이 여기서 떠났느니라 내가 그들의 말을 들으니
도단으로 가자 하더라 하니라 요셉이 그의 형들의 뒤를 따라 가서 도단
에서 그들을 만나니라 _창 37:17

드디어 요셉이 방황을 멈춥니다. 도단은 세겜에서도 약 30km나
더 떨어진 곳입니다. 그러나 요셉은 사명을 다하기 위해 더 나아갑니
다. 아버지의 품에서 점점 멀어지는데도 더는 머뭇거리지 않고 한발
한발 나아갑니다. 그러자 어느샌가 두려움도 사라졌습니다.

요셉도 처음엔 형들을 만나러 가는 것이 마냥 두렵고 싫었습니
다. 하지만 "내가 그리하겠나이다" 하고 아버지의 명령에 순종했습니
다. 이제 도단을 향해 가면서는 '죽으면 죽으리라' 하고 갔습니다. 십
자가를 길로 놓고 갔습니다. 성품이 아니라 믿음으로 갔습니다. 그랬
더니 점점 형들이 진심으로 보고 싶어졌습니다. 아버지 품을 떠나 동
무도 없고, 형들의 미움만 있는 도단까지 가는 길이 아무리 멀어도 '반
드시 이 사명을 감당하리라' 하는 마음도 생겼습니다. 하나님이 요셉
에게 그 마음을 주셨습니다.

저도 그렇습니다. 제가 성품으로만 하면 여기까지 왔겠습니까? 십자가를 길로 놓고 오다 보니 날마다 하나님이 도와주셨습니다. 날마다 말씀을 보니 하나님이 인도해 주셨습니다. 저는 날마다 제 욕심만 가지치기하면 되었습니다.

예수 꿈을 선포한 사람은 나를 미워하고 싫어하는 사람을 결코 피해서는 안 됩니다. 미움과 무시를 각오하고 그들 앞에 서야 합니다. 내 얼굴을 보여 주어야 합니다. 그들이 나를 용서하고 안 하고는 문제가 아닙니다. 나는 내 적용만 하면 되는 것입니다. 이것이 끝까지 서 있는 비결입니다. 옆에서 "그만하면 됐어" 한다고 가던 길 멈추고 그냥 돌아오면 안 됩니다.

앞으로 보겠지만 요셉이 사명을 감당하며 나아갔어도 형들은 조금도 변한 게 없습니다. "우리 동생 잘 왔다" 하고 요셉을 반겼다는 이야기가 일절 없습니다. 우리도 그렇습니다. 내가 도단까지 가면 내 원수들이 나를 용서하고 환영하리라는 야무진 꿈은 버려야 합니다.

사도 바울은 "네 원수가 주리거든 먹이고 목마르거든 마시게 하라 그리함으로 네가 숯불을 그 머리에 쌓아 놓으리라 악에게 지지 말고 선으로 악을 이기라" 하였습니다(롬 12:20~21).

끝까지 내 얼굴을 보여 주는 것이 머리 위에 숯불을 쌓아 놓는 것입니다. 그리하면 언젠가는 내 원수도 돌아옵니다. "지금은 알지 못하나 이 후에는 알리라"(요 13:7). 이 말씀처럼 요셉의 형들도 13년 후에야 회개하지 않습니까! 나의 원수는 그보다 시간이 더 걸릴 수 있습니다. 하지만 내가 그들 앞에 끝까지 잘 서 있으면 언젠가는 그 원수들이 깨닫는 날이 옵니다. 내가 죽은 후에라도 반드시 돌아올 것입니다.

요셉이 형들과 만난 도단은 훗날 엘리사 선지자가 살던 곳입니다(왕하 6:13). 그런데 이곳에서 요셉은 곧 팔려 가게 됩니다. 비극이 시작되는 현장입니다. 하지만 요셉이 애굽의 총리가 되어서 하나님 나라의 통치를 보여 주려면 이 과정을 반드시 거쳐야 합니다. 팔려 가야지만 하나님의 구속사가 이루어지는 것입니다.

저는 남편이 의사에 부자라서 결혼했습니다. 저도 돈에 팔려 간거나 다를 바 없었습니다. 그런데 부잣집 며느리의 꿈은 저 멀리 날아가고 시댁에서 걸레질만 했습니다. 하지만 그 힘든 결혼생활을 통해제게 말씀이 임하여 지금 이렇게 여러분에게 하나님 나라의 통치를보여 주고 있지 않습니까? 애굽 총리보다 더 귀한 직분을 감당하고 있습니다. 이것이 나의 구속사입니다.

남편이 살아 있을 때엔 저는 눈에 보이는 응답은 하나도 받지 못했습니다. 그럼에도 하나님이 짝지어 주신 것을 사람이 나눌 수 없다는 것을 알고, 내 결혼을 직면했습니다. 남편을 직면했습니다. 한때는가출도 감행했지만 내 주제를 알아서 이내 방황을 멈췄습니다. 끝까지 결혼의 자리에 서 있었습니다. 그러므로 이렇게 몇십 년이 지난 후하나님이 주신 꿈을 이루게 되었습니다. 하나님이 다 이루어 주신 것입니다. 할렐루야!

우리 각자의 구속사도 그렇습니다. 지금은 비록 눈에 보이는 상이 없어도 내 원수를 잘 직면하고, 방황하지 않고, 끝까지 내 자리에잘 서 있으면 언젠가는 하나님이 주신 꿈을 이룰 날이 옵니다. 훗날에 어마어마한 상을 준비하고 기다리시는 하나님을 믿으시기 바랍니다.

한 집사님이 우리들교회 홈페이지에 이런 나눔을 올렸습니다.

최근 저는 매사 아내에게 순종하는 적용을 시작했습니다. 그런데 제 열심으로 맹종했더니 생색이 올라왔습니다. 때로는 아내에게 혈기를 부리기도 했습니다.

그러던 어느 날입니다. 회사 사람들의 권유를 뿌리치지 못해 술자리를 계속 지키다가 자정이 다 되어 갈 무렵 집으로 들어갔더니 아내가 심한 폭언을 퍼부었습니다. 그러고도 아내는 성이 차지 않았는지 급기야 침대에 누워 있는 제게 발길질을 해 댔습니다. 보통 때 같았으면 저도 참지 못해 아내와 한바탕 육탄전을 벌였을 것입니다. 하지만 그 순간 술에 잔뜩 취해 있던 저에게 기적 같은 생각이 들었습니다.

'내 아내가 아니면 쉰이 다 된 나를 누가 이렇게 걱정해 줄까? 때리면서까지 나를 위해 줄 사람이 어디 있을까? 이렇게 화내는 아내는 또 얼마나 괴로울까?'

아내에게 얻어맞으면서도 너무나 고마워서 눈물이 날 정도였습니다. 아내는 이튿날 아침에도 눈을 뜨자마자 심하게 저를 구박했습니다. 하지만 저는 그런 아내가 너무 고마웠습니다. 그래서 아내를 꼭 안아 주면서 "내가 잘못했어. 다음에는 이런 일 없도록 할게" 다짐하고 출근했습니다.

예전 같으면 '세상에서 나보다 불쌍하고 고독한 남자는 없다! 이제 이혼해야 하나?' 하며 자학하고 괴로워했을 저입니다. 하지만 우리들교회에 다닌 지 1년 만에 바가지 긁는 아내가 진정으로 예쁘고 사랑스러워 보입니다. 이런 은혜를 하나님께서 주셨습니다.

이것이 곧 현실을 직면하는 것입니다.

요셉은 애굽의 총리가 될 만큼 준수하고 훌륭한 인물 맞습니다. 순종도 잘하고, 사명도 잘 감당하고, 진실합니다. 하지만 팔려 가기 전까지만 해도 요셉은 그리 믿음이 출중한 사람이 아니었습니다. 그래도 "내가 그리하겠나이다"의 순종의 훈련을 통해 자아를 내려놓게 되었습니다. 원수 같은 두려움도 직면할 수 있었습니다. 가는 길이 험해도 방황하지 않았습니다. 형들이 반가워하지 않아도 끝까지 그 앞에 섰습니다.

하나님이 주신 꿈을 이루려면 반드시 내 자아가 깨져야 합니다. 나의 두려움과 미움과 분노와 혈기와 상처 등 원수 같은 나의 죄를 직면해야 합니다. 내 속에 가장 큰 원수인 자아를 직면하면 용납 안 되는 사람이 없어집니다. 그 어떤 질병과 고난에도 흔들리지 않습니다. 방황하지 않습니다. 끝까지 서 있게 될 것입니다.

+ '죽으면 죽으리라' 하고 끝까지 가야 할 나의 도단은 어디입니까? 그 도단에서 만나야 할 사람은 누구입니까?
+ 무조건적인 긍정의 힘만 믿다가 넘어진 일은 없습니까? 내가 하고 싶은 것과 하나님이 원하시는 것이 너무 달라서 갈등하고 방황하지는 않습니까?
+ 하나님의 꿈을 이루기 위해 끝까지 서 있어야 할 나의 자리는 어디입니까?

내 지질함을 아는 것 또한 은혜입니다.
그로 인해 하나님의 거룩 앞에서 날마다 무너지며
상한 심령이 되기 때문입니다.
상한 심령이야말로
하나님이 나를 하나님의 일꾼으로 쓰시기 위해
수준 높게 주신 선물입니다.

노름에 빠져 며칠씩 집에 안 들어오시는 아버지로 인해 부모님은 늘 큰소리를 내며 싸우셨습니다. 이런 상처가 있던 저는 너무나 성실하고 자상해 보이는 남편과 화목한 가정을 꿈꾸며 불신결혼을 했습니다. 그러나 남편은 조그만 일에도 심하게 혈기를 부리며 폭력을 행사했습니다.

이후 자녀들이 태어나면서 화목한 가정은 더더욱 이루기 힘들어졌습니다. 남편은 혈기가 불쑥 치솟으면 어린 자녀들은 안중에도 없이 무섭게 굴었습니다. 제가 끼어들면 남편의 불같은 성질에 기름을 붓는 꼴이니 저는 그저 남편 비위만 잘 맞춰야겠다고 생각했습니다. 그래서 어린 딸들이 울고불고 힘들어해도 "아빠에게 일단 잘못했다고 해!"라며 위장 화해를 강요했습니다. 그러다 큰딸이 중학생이 되면서 친구들과 어울리는 것을 힘들어하더니 학교 가기를 거부했습니다. 작은딸은 교칙을 무시하며 친구를 따돌렸습니다. 저는 원하는 대로 안 되는 남편과 자녀들 때문에 힘들어하며 변하지 않는 가족을 그저 원망하기만 했습니다.

그런데 말씀을 들을수록 제가 직면해야 할 원수는 바로 저 자신임을 깨닫게 되었습니다(창 37:12~13). 저는 어릴 때 늘 싸우시는 부모님을 속으로 무시하면서도 착한 딸로 인정받으려고 애썼습니다. 결혼 후에는 성실하지만 무능한 남편에게 순종이 안 되어 회피하기만 했습니다. 그러다 보니 어린 자녀들이 힘들 때 정작 바람막이가 되어 주지 못했습니다. 무엇보다 말씀으로 아이들을 양육하지 못했습니다. 이제는 요셉과 같은 나의 교만함을 꺾으시려고 남편이 수고했다는 밀씀에 전적으로 "옳소이다!"가 나옵니다.

이렇게 제 안의 원수인 교만을 회개하며 남편의 질서에 순종하니 남편도, 자녀들도 변하기 시작했습니다. 육적으로 곤고해진 남편은 저와 함께 신앙생활을 하며 상한 심령의 예배를 드리게 되었습니다. 교회 공동체의 권면으로 운동을 시작한 큰딸은 전학 간 학교에 잘 적응해 서울시 대표로 뽑혔습니다. 작은딸은 자신이 왕따시킨 학생과 그 부모님에게 진심으로 사죄하고 용서를 받았습니다. 이제는 방황하지 않고, 하나님의 꿈을 이루어 가기 위해 믿음으로 잘 참고 인내하는 저와 우리 가정이 되길 기도합니다(창 37:15~17).

하나님 아버지, 하나님이 주신 꿈을 이루는 지혜를 가르쳐 주시니 감사합니다. 하나님이 주신 꿈을 이루려면 원수와 직면하라고 하십니다. 방황하지 말고 끝까지 서 있으라고 하십니다. 하지만 꿈을 주셔도 때마다 피하고 싶고, 때마다 세상 방법으로 하고 싶은 것이 있습니다. 이런 자아를 깨뜨리기가 너무 힘듭니다. 직면해야 할 원수도 너무나 많습니다.

마지못해 "내가 그리하겠나이다" 순종한다고는 했지만, 이 순종이 믿음인지 성품인지도 모르겠습니다. 말씀을 적용하느라 그토록 미워하던 시댁으로, 처가로 사과하러 가지만 '안 받아 주면 창피해서 어떡해?' 하는 걱정도 앞섭니다. 그래서 가던 길을 멈춘 채 갈등하고 방황합니다. 불쌍히 여겨 주옵소서.

이제는 요셉처럼 내 안의 원수부터 잘 직면하기를 원합니다. 두려움과 미움과 분노와 혈기, 교만과 게으름과 생색과 자기연민, 자기애에 사로잡힌 내 자아를 깨뜨려 주옵소서. 가는 길 힘들고 험하여도 방황하지 않게 도와주옵소서. 끝까지 지금의 자리에 잘 서서 하나님이 주신 꿈을 이루어 가기를 원합니다. 그런데 부족함이 너무나 많습니다. 날마다 내 부족함을 고백하오니 상한 심령을 허락해 주옵소서. 성품이 아니라 믿음으로 나아갈 수 있도록 도와주옵소서.

영혼의 기도

　지금 비록 알아주는 사람 없어도 하나님이 알고 계심을 믿습니다. 열매도 없고, 보상이 없어도 훗날 하나님이 상 주실 것을 믿습니다. 내가 죽은 후라도 내 집안에 예수 꿈이 이루어질 것을 믿습니다. 그날까지 잘 인내하며 삶으로, 몸으로 예수의 꿈을 보여 줄 수 있도록 은혜를 덧입혀 주옵소서. 내 삶을 통해 주님이 주신 꿈이 나타날 수 있도록 함께해 주옵소서. 어떤 환난과 고통에도 주님이 함께하실 것을 믿습니다. 구속사의 은혜로 붙잡아 주옵소서. 역사하여 주옵소서. 예수님 이름으로 기도하옵나이다. 아멘.

10 장

꿈을
키워 가신다

창세기 37장 18~36절

하나님 아버지, 어떠한 어려움에도
저희에게 주신 꿈을 포기하지 않고
잘 키워 가기를 원합니다.
말씀하여 주옵소서. 듣겠습니다.

우리는 손으로 물건을 아주 잘 만드는 사람을 일컬어 '장인(匠人)'이라
고 부릅니다. '-장이'라는 말이 여기서 유래되었습니다. 즉, '-장이'는
오랜 연습과 단련을 통해 얻을 수 있는 직업 뒤에 붙는 접미사입니다.
대표적인 예가 '대장장이', '미장이'입니다. 그런데 조선시대에는 이러
한 수공업자를 천시하는 경향이 있었습니다. 그러다 보니 '장이'라는
용어마저 천히 여겼죠.

　　우리말에는 이와 유사한 '-쟁이'라는 말이 있습니다. 우리말 표
준법에 의하면 "기술자에게는 '-장이'를 쓰고, 그 외는 '-쟁이'를 쓴
다"라고 합니다. 즉, 특별한 기술이 아닌 무엇인가를 잘하는 사람을

쟁이라고 합니다. 예를 들면 거짓말쟁이, 멋쟁이, 점쟁이 등입니다. 어쨌거나 '-장이'와 '-쟁이'라는 호칭 안에는 천시하는 의미가 내포되어 있습니다.

기독교가 이 땅에 처음 들어온 조선 말엽에는 목사도 천히 여겼다고 합니다. 그래서 '예수쟁이'라 불렀습니다. 지금도 세상은 예수 믿는 사람을 '예수쟁이'라고 부릅니다.

그런데 어찌 보면 목사는 '예수쟁이'이기도 하고, '예수장이'이기도 한 것 같습니다. 왜냐하면 하나님의 부르심도 받아야 하고, 오랜 훈련의 과정도 거쳐야 하기 때문입니다.

그런데 본문에 "꿈 꾸는 자가 오는도다"라고 합니다(창 37:19). 이는 곧 "꿈쟁이가 오는구나, 예수쟁이가 오는구나"라는 의미입니다. 한마디로 조롱입니다.

바로 앞 장에서 하나님이 주신 꿈을 이루려면 원수와 현실을 직면해야 한다고 했습니다. '방황하지 말고 끝까지 내 자리에 서 있어라, 용기 있게 나아가라'고 했습니다.

그런데 그렇게 나아가는 자에게 기다리고 있는 것이 조롱입니다. 천하디천한 '예수쟁이' 칭호가 기다리고 있습니다. 하나님이 주신 꿈을 이루기 위해 채색옷 입은 요셉이 걸어가야 하는 길이 결코 쉽지 않음을 보여 줍니다. 이 꿈으로 말미암아 일생이 힘든 요셉입니다. 그러나 반드시 가야 하는 길입니다. 하나님이 그 꿈을 어떻게 키워 가며 인도하시는지 살펴보겠습니다.

꿈을 키워 가신다

꿈이 정면으로 도전받게 하십니다

요셉이 그들에게 가까이 오기 전에 그들이 요셉을 멀리서 보고 죽이기를 꾀하여 _창 37:18

요셉이 꾼 꿈은 구속사적인 예수 꿈입니다. 요셉은 그 꿈을 이루기 위해 자기를 미워하는 형들을 피하지 않고 직면하고자 도단까지 왔습니다. 그런데 형들은 멀리서 요셉을 보자마자 죽이기로 꾀합니다. 머나먼 길을 혼자 온 동생을 보면 연민이 생길 법도 하지만 형들은 그런 마음이 전혀 없습니다. 연민은커녕 요셉을 죽이기로 모의합니다. 요셉에 대한 반감이 켜켜이 쌓여 있기 때문입니다. 이렇듯 하나님은 우리에게 주신 꿈을 키우기 위해 우리로 하여금 조롱과 죽임과 갖은 악의 도전을 정면으로 받게 하십니다.

19 서로 이르되 꿈 꾸는 자가 오는도다 20 자, 그를 죽여 한 구덩이에 던지고 우리가 말하기를 악한 짐승이 그를 잡아먹었다 하자 그의 꿈이 어떻게 되는지를 우리가 볼 것이니라 하는지라 _창 37:19~20

"꿈 꾸는 자가 오는도다"라는 말은 "저기 꿈쟁이가 오는구나, 예수쟁이가 오는구나" 하고 요셉을 조롱하는 것이라고 했습니다. 그런데 죽이기로 꾀했다고 하니, 형들이 내뱉은 이 말은 조롱의 차원을 넘어선 것입니다. '기독교'도 아니고, "저 개독교 믿는!" 하면서 마구 저주한 것이나 다름없습니다. 우리도 전도하다 보면 이런 일을 당하게 마련입니다. 예수 믿는 우리의 진심을 알기도 전에 반감을 드러냅니다.

요셉을 대하는 형들의 태도가 바로 그렇습니다. 생각과 계획과 행동도 너무나 악합니다. 당시 여행을 하다 보면 악한 맹수에게 얼마든지 잡아먹힐 수 있었습니다. 그래서 형들도 요셉을 죽이고는 마치 맹수에게 잡아먹힌 것처럼 감쪽같이 속이는 계획을 세운 겁니다. 거짓말로 완전 범죄를 꿈꿉니다. 그러면서 "그의 꿈이 어떻게 되는지를 우리가 볼 것이니라" 합니다. "요셉을 죽여도 그 꿈이 이루어지는지 두고 보자"는 것입니다. 그들은 하나님을 시험하기까지 합니다.

사실 형들은 요셉보다 요셉이 꾼 꿈을 더 싫어했습니다. 누군가가 나보다 조금이라도 더 잘되면 우리는 배가 아픕니다. 너무 싫습니다. 그게 인지상정입니다. 그런데 어린 동생이 나보다 더 출세해서 내가 그 앞에 절을 하게 되는 꿈 이야기를 하다니……. 형들이 얼마나 꼴 보기 싫었겠습니까? 그러니 죽이기로 꾀한 것입니다.

하지만 이후 21절에서 23절까지를 보면 맏형 르우벤 덕분에 요셉이 생명만은 건집니다. 대신 채색옷도 벗겨지고 구덩이에 던져집니다. 17살의 어린 요셉에게 너무나도 혹독한 시련이 닥친 것입니다.

제가 이 말씀으로 설교할 무렵입니다. 엄마와 딸이 각각 무고와 위증으로 서로를 고소한 사건과 관련하여 헌법재판소에서 특이한 공개 변론이 열렸습니다. 도대체 이 가정에 무슨 일이 있어서 모녀가 서로를 고소했을까요?

먼저는 엄마가 대학교수인 딸을 존속상해로 고소했습니다. 딸의

꿈을 키워 가신다

사무실에 갔다가 나가 달라는 딸과 몸싸움을 벌이는 과정에서 90일 간 치료를 요하는 상처를 입었다는 것입니다. 하지만 재판 과정에서 딸은 무혐의 판결을 받았습니다. 엄마의 모든 주장은 받아들여지지 않았습니다.

당시 딸이 법원에 제출한 진술서를 통해 이 집안의 내력이 알려졌습니다. 그 진술서에 의하면 딸이 세 살 때 시끄럽게 운다고 어머니가 딸의 입을 찢었다고 합니다. 아버지가 남긴 거액의 유산을 딸이 독차지한다며 딸 집에 찾아와 소란을 피우기도 했습니다. 딸이 집 매매계약서를 숨겨 두었다고 찾아와서는 문을 열어 주지 않으니 전기 드릴로 문을 따고 들어왔다고 합니다. 심지어 이 어머니는 아버지가 살아 있는데도 유산을 차지하기 위해 허위로 사망신고를 냈다고 합니다.

어머니의 괴롭힘은 이것으로 끝이 아니었습니다. 딸이 다른 남자와 부적절한 관계를 맺고 있다고 사방에 소문을 퍼뜨렸습니다. 딸과 주변인을 상대로 수시로 소송을 걸고, 딸에게 불리한 진술을 조금이라도 하는 사람이 있으면 일일이 찾아가서 진술서나 증언을 받아서 수집했답니다. 그러면서 딸을 존속상해로 고소했던 것입니다.

그런데 이번에는 무혐의 판결을 받은 딸이 어머니를 고소했습니다. 놀라운 것은 우리나라 법에 의하면 엄마는 딸을 고소할 수 있는데 딸은 엄마를 고소하지 못하게 되어 있답니다. 형사소송법 제224조에 자기 또는 배우자의 직계존속을 고소하지 못하도록 규정했기 때문입니다. 그래서 유일한 길인 헌법소원심판을 제기한 것입니다.

그런데 "어머니의 처벌을 원하냐?"는 헌재 소장의 질문에 딸은 의외의 대답을 했습니다.

"수십 년간 저를 괴롭혀 온 어머니지만 제가 어머니의 처벌을 원하는 것은 아닙니다. 다만 어머니의 정신감정을 받아 보고 치료하고 싶은데 어머니가 제 말을 듣지 않기 때문에 법의 힘을 빌리고 싶습니다. 그래서 헌법소원을 낼 수밖에 없었습니다."

하지만 결국 딸의 헌법소원은 기각되었습니다. 9명의 재판관 중 5인이 이에 대해 위헌 의견을 내었지만, 위헌 결정을 선고하기 위해서는 6인의 재판관이 필요하다고 합니다. 그리고 소수의견인 재판관 4인의 합헌 의견이 법정 의견으로 채택되어 다음과 같은 결정을 선고했습니다.

가정의 영역에서는 법률의 역할보다 전통적 윤리의 역할이 더 강조되고, 그 윤리에는 인류 공통의 보편적인 윤리와 더불어 그 나라와 사회가 선택하고 축적해 온 고유한 문화전통과 윤리의식이 강하게 작용할 수밖에 없다. 우리는 오랜 세월 동안 유교적 전통을 받아들이고 체화시켜 이는 현재에 이르기까지 일정한 부분 엄연히 우리의 고유한 의식으로 남아 있다. 이러한 측면에서 '효'라는 우리 고유의 전통 규범을 수호하기 위하여 비속이 존속을 고소하는 행위의 반윤리성을 억제하고자 이를 제한하는 것은 합리적인 근거가 있는 차별이라고 할 수 있다. 따라서, 이 사건 법률조항은 헌법 제11조 제1항의 평등원칙에 위반되지 아니한다.

여러분은 어떻게 생각하십니까? 이러니 딸이 너무 억울하지 않습니까? 엄마가 딸을 수도 없이 고소하다니 이게 말이 됩니까? 하지만 이것은 옳고 그름의 문제가 아닙니다. 문제는 이 집안에 돈이 있어서 그렇습니다. 체면이 있어서 그렇습니다. 그러니 집안 문제가 해석이 안 되고 해결이 안 되는 것입니다.

성경에도 악인들이 때마다 등장합니다. 그래서 예수 꿈이 성취되는 것을 시시때때로 방해합니다. 하지만 이 또한 우리의 믿음을 견고하게 하시려는 하나님의 훈련입니다. 악인은 수고만 할 따름입니다. 그러니 옳고 그름으로 '착한 사람, 나쁜 사람' 따지지 말아야 합니다. 악인들의 도전을 회피하지 말아야 합니다. 예수 꿈이 사탄의 도전에 망할 것 같습니까? 결단코 망하지 않습니다. 하나님은 악인에게 도진을 정면으로 받게 하심으로 우리에게 주신 꿈을 키워 가십니다.

+ 오랫동안 내가 정면으로 받아온 괴롭힘은 무엇입니까? 그 괴롭힘이 내게 주신 예수의 꿈을 키워 가시는 하나님의 계획임이 인정되십니까? 그래서 그 괴롭힘을 잘 직면하고 있습니까?

+ "당신이 나한테 어떻게 이럴 수 있어! 당신이 인간이야?" 하며 날마다 원망하고 있는 사람은 누구입니까? 바로 그 한 사람이 나의 예수 꿈을 키워 가는 데 가장 큰 수고를 하고 있음이 인정되십니까?

하나님의 꿈은 하나님이 손수 보호하십니다

21 르우벤이 듣고 요셉을 그들의 손에서 구원하려 하여 이르되 우리가 그의 생명은 해치지 말자 22 르우벤이 또 그들에게 이르되 피를 흘리지 말라 그를 광야 그 구덩이에 던지고 손을 그에게 대지 말라 하니 이는 그가 요셉을 그들의 손에서 구출하여 그의 아버지에게로 돌려보내려 함이었더라 _창 37:21~22

하나님은 요셉의 꿈을 손수 보호하시기 위해 상상하지 못할 사람을 준비해 두십니다. 바로 르우벤입니다. 첫째 르우벤은 요셉의 배다른 맏형입니다. 레아가 낳은 맏아들입니다. 하지만 그는 아버지의 첩 빌하와 동침하는 패륜을 저질렀습니다. 그런 문제 많은 르우벤이 "요셉의 생명은 해치지 말자" 하며 의롭게 나선 이유가 무엇입니까?

르우벤이 서모 빌하와 동침하는 씻을 수 없는 죄를 지었는데도 야곱은 그를 야단치지 않았습니다. 하지만 르우벤은 내내 찔렸을 겁니다. 그래서 '지금이 기회다!' 생각하고, 아버지가 사랑하는 요셉을 지켜 내서 아버지에게 은혜를 갚고자 합니다. 그는 요셉을 구덩이에 두고 형제들 몰래 아버지에게 돌려보내려는 계획을 세웁니다. 그래서 요셉에 대한 다른 형제들의 감정도 무시합니다. 요셉을 구하더라도 형제들의 시기와 분노는 공감해 주어야 하는데 자기만 아버지께 예쁨을 받으려고 한 것입니다. 그러니까 그의 행동은 요셉을 사랑해서가 아닙니다. 믿음이 대단해서도 아닙니다. 그저 자기 안위만을 생각한 행동일 뿐입니다.

따라서 르우벤이 요셉을 도와준 것이 아닙니다. 르우벤을 통해서 하나님이 도와주신 것이죠. 하나님께서 르우벤을 만세 전부터 손수 준비하고 사용하셔서 요셉을 보호하셨습니다.

요셉이 형들에게 이르매 그의 형들이 요셉의 옷 곧 그가 입은 채색옷을 벗기고_창 37:23

그런데 여러분, 요셉도 너무 웃기지 않습니까? 100km나 되는 먼 길을 채색옷을 입고 갔습니다. 그러니 형들이 얼마나 꼴 보기 싫었겠습니까? 그런데 요셉은 그런 의식조차 하지 못합니다. 우리 가운데도 이렇게 채색옷 입고 다니는 공주병, 왕자병 환자가 얼마나 많은지 모릅니다.

그를 잡아 구덩이에 던지니 그 구덩이는 빈 것이라 그 속에 물이 없더라_창 37:24

자기를 미워하는 형들에 대한 두려움에도 불구하고 그 먼 길을 온 요셉입니다. 그런데 형들이 반기기는커녕 험악한 얼굴을 하고 요셉을 구덩이에 던져 넣습니다. 이때 요셉의 심정이 어땠을까요? "형님들, 왜 이러세요? 제발 나 좀 살려 주세요" 하면서 얼마나 애원했겠습니까?

그런데 '구덩이에 물이 없었더라'고 합니다. 물이 가득 차 있었으면 요셉은 그 구덩이에 빠져 죽었을 것입니다. 하나님이 물이 없게 하심으로 요셉을 손수 보호하신 것입니다.

> 그들이 앉아 음식을 먹다가 눈을 들어 본즉 한 무리의 이스마엘 사람들이 길르앗에서 오는데 그 낙타들에 향품과 유향과 몰약을 싣고 애굽으로 내려가는지라 _창 37:25

하지만 지금 그 형들은 어떻습니까? 동생을 구덩이에 던져 놓고 그 옆에서 음식을 먹고 있습니다. '이 꿈쟁이를 잡았다'는 기쁨으로 승리의 회식을 하는 것입니다. 남도 아닌 형제가 어찌 이리 악할 수가 있습니까? 그렇지만 요셉의 꿈을 손수 보호하시는 하나님의 섭리는 이것으로 끝이 아닙니다. 때마침 애굽으로 내려가는 미디안 사람 상인들이 나타납니다.

> 26 유다가 자기 형제에게 이르되 우리가 우리 동생을 죽이고 그의 피를 덮어둔들 무엇이 유익할까 27 자 그를 이스마엘 사람들에게 팔고 그에게 우리 손을 대지 말자 그는 우리의 동생이요 우리의 혈육이니라 하매 그의 형제들이 청종하였더라 _창 37:26~27

그런데 이때 갑자기 유다가 나섭니다. 그는 "요셉이 우리 동생이고 우리 혈육이니까 죽이지 말자, 죽여 봐야 우리에게 무슨 유익이 있느냐, 차라리 팔아넘기자"라고 합니다. 팔아넘기면 굳이 요셉을 죽이지 않아도 되고, 돈까지 생기지 않습니까?

아마도 이때 르우벤은 자리를 비운 모양입니다. 누구 한 사람 반론하지 않습니다. 다들 요셉을 죽여서 살인자가 되느니 팔아넘기고 돈까지 챙기는 게 훨씬 낫다 싶었기 때문입니다.

르우벤은 자기 혼자 아버지에게 잘 보이려고 요셉을 구덩이에 넣었다가 나중에 구출해서 아버지에게로 돌려보내고자 했습니다. 그 속셈을 나머지 형제들은 아무도 몰랐습니다.

반면에 유다는 '우리 동생, 우리 혈육, 우리에게' 운운하며 유난히 '우리'를 강조합니다. "우리가 다 공범이다"를 강조합니다. 나만 쏙 빠지려는 르우벤보다는 훨씬 나아 보이지 않습니까?

하지만 이 또한 유다의 생각이 아닙니다.

그 때에 미디안 사람 상인들이 지나가고 있는지라 형들이 요셉을 구덩이에서 끌어올리고 은 이십에 그를 이스마엘 사람들에게 팔매 그 상인들이 요셉을 데리고 애굽으로 갔더라_창 37:28

당시 장정 노예의 몸값이 은 30세겔이었습니다. 그런데 요셉은 아직 스무 살이 되지 않았기에 장정 대우를 받지 못했습니다. 그래서 20세겔, 헐값에 팔렸습니다. 이때 요셉의 마음은 또 어땠을까요? 창세기 42장 21절에 그의 심정이 잘 나타나 있습니다.

"······그가 우리에게 애걸할 때에 그 마음의 괴로움을 보고도 들지 아니하였으므로……."

요셉이 애걸복걸했다고 합니다. 하지만 형들은 그런 요셉의 괴로움을 보고도 못 본 체했습니다. "형님들, 살려 주세요. 제발 저를 팔아넘기지 마세요" 하는 요셉의 애걸을 못 들은 척했습니다.

형들의 행방을 물어 물어 가며 온갖 고생을 무릅쓰고 도단까지 온 요셉입니다. 그런데 형들은 그 선을 악으로 갚아 버렸습니다. 이런 악질분자들이 어디 있습니까? 형들 맞습니까? 야곱의 부인이 넷인데 이복형제들이 서로 미워하는 게 장난이 아닙니다. 남보다 더 못해 보입니다.

> 29 르우벤이 돌아와 구덩이에 이르러 본즉 거기 요셉이 없는지라 옷을 찢고 30 아우들에게로 되돌아와서 이르되 아이가 없도다 나는 어디로 갈까 _창 37:29~30

돌아와서 구덩이에 요셉이 없는 것을 본 르우벤은 즉시로 옷을 찢습니다. 이유가 무엇입니까? 당시 사람들은 비통한 일이 생기면 옷을 찢었다고 합니다. 하지만 르우벤의 비통함은 사랑하는 동생이 없어져서가 아닙니다. 형제들 몰래 요셉을 빼돌려 아버지로부터 신뢰를 회복하고자 했던 르우벤 아닙니까. 그런데 그 계획이 그만 물거품이 되었습니다. 그러니 "나는 어디로 갈까?" 인생이 되고 만 것입니다.

그렇다고 우리는 형들만 뭐라고 할 게 아닙니다. 하나님이 주신 꿈이 성취되는 과정에서 요셉도 형들도 훈련받아야 할 부분이 있습니다.

저마다 약한 부분이 있기에 함께 훈련해 가시는 하나님입니다. 더구나 요셉은 더욱 크게 쓰임을 받아야 하니 더 큰 훈련을 받는 것입니다.

요셉이 두 차례나 꾼 꿈도 그렇습니다. 왕이 되는 꿈에 비해 요셉이 지금 겪는 현실은 너무나도 비극적입니다. 하지만 하나님이 주신 꿈은 그 누구도 감히 막을 수 없습니다. 하나님은 그 누구도 생각하지 못하는 방법으로 손수 요셉의 꿈을 키워 가십니다.

+ 내게 주신 꿈을 하나님이 손수 보호하시기 위해 만세 전부터 준비해 놓으신 나의 르우벤, 나의 유다는 누구입니까? 그로부터 어떤 도움을 받았습니까?

+ 내 계획이 물거품이 된 적이 있습니까? 그래서 "나는 어디로 갈까?" 하며 낙망하고 있는 사건은 무엇입니까?

위로받지 못하는 슬픔으로 꿈을 키워 가십니다

31 그들이 요셉의 옷을 가져다가 숫염소를 죽여 그 옷을 피에 적시고 32 그의 채색옷을 보내어 그의 아버지에게로 가지고 가서 이르기를 우리가 이것을 발견하였으니 아버지 아들의 옷인가 보소서 하매 33 아버지가 그것을 알아보고 이르되 내 아들의 옷이라 악한 짐승이 그를 잡아 먹었도다 요셉이 분명히 찢겼도다 하고 34 자기 옷을 찢고 굵은 베로

허리를 묶고 오래도록 그의 아들을 위하여 애통하니 35 그의 모든 자녀가 위로하되 그가 그 위로를 받지 아니하여 이르되 내가 슬퍼하며 스올로 내려가 아들에게로 가리라 하고 그의 아버지가 그를 위하여 울었더라_창 37:31~35

요셉을 팔아넘긴 형들은 아버지 야곱에게로 가서 거짓 보고를 합니다. 야곱은 요셉이 죽은 줄로만 알고 오래도록 애통합니다. 남은 자식들의 위로도 받지 않습니다. 그 요셉 때문에 이스라엘 민족이 살게 되는 하나님의 뜻은 전혀 일지 못했습니다. 믿음의 조상 야곱이 이렇습니다.

1987년 서울예고 1학년이던 아들을 학교폭력으로 잃은 참빛 그룹 이대봉 회장(현 서울예술학원 이사장)의 이야기입니다. 성악을 전공한 아들은 노래도 잘하고 착했답니다. 그런데 어느 날, 마치 요셉의 형들 같은 학교 선배들이 배알이 꼴린다며 그 아들을 근처 산으로 데리고 갔습니다. 그리고 배를 여러 번 걷어찼는데 그만 그 아들이 심장마비로 죽었습니다.

미국 출장 중에 비보를 들은 이 회장은 너무나 격분해서 가해 학생은 물론 서울예고를 가만두지 않겠다는 생각으로 급히 귀국했습니다. 그러나 막상 아들의 시신을 보고는 생각을 바꾸었습니다. 아들이 평소 노래도 잘하고 착하니 하나님이 빨리 데려가신 것 같다는 생각이 들어서 마음을 고쳐먹었습니다. 그러고는 학교장에게 모든 걸 용서하겠다고 했답니다. 가해 학생들에게도 선처를 베풀고 장례 비용

조차 받지 않았습니다. 그다음에는 아들 이름으로 '이대웅 장학회'를 설립해 아이들에게 장학금을 주기 시작했습니다. 그래서 지난 35년 여 동안 3만 명의 학생들을 도왔습니다.

더더욱 극적인 것은 2010년 도산 위기에 놓인 서울예고와 예원학교를 이분이 인수한 것입니다. 다들 미쳤다고 했습니다. "아들을 죽인 원수의 학교에 왜 돈을 투자하느냐"라고 했습니다. 그런데 이분은 자기 아들의 꿈이 자라던 학교라 그냥 문 닫게 놔둘 수 없었다고 합니다.

이분이 이렇게 해석하고 가는데 믿음의 조상 야곱은 "내 귀한 자식이 죽었다"라며 슬픔에 빠져 있습니다. 아브라함이나 이삭이나 야곱이나 정말 별 인간이 없습니다.

아내를 넷이나 얻어 들인 야곱 아닙니까? 거기서 아들을 열두 명이나 낳아 놓았으니 그 집안에 바람 잘 날이 있겠습니까? 집안의 모든 문제의 근원이 야곱에게 있습니다.

더구나 지금 야곱은 자식들에게 속고 있습니다. 자기도 형을 속여서 장자권을 가로챘습니다. 아버지도 속여서 축복권을 받아 냈습니다. 어디 그뿐입니까? 속임도 수없이 당했습니다. 외삼촌 라반에게 속아서 품삯을 열 번이나 떼였습니다. 게다가 곱고 아리따운 라헬을 두고, 마음에도 없던 레아를 아내로 맞이해야 했습니다. 그러면서도 라헬 중독을 끊어내지 못했습니다. 밤낮 라헬 타령을 했습니다. 조강지처 귀한 줄 모르고 라헬만 끼고돌았습니다. 그 삶의 결론이 무엇입니까? 하나님이 너무 기가 막혀서 라헬을 먼저 데려가셨습니다. 그런데도 정신을 못 차리고 라헬의 아들 요셉을 너무 편애해서 채색옷을 지어 입혔습니다. 이러니 하나님이 잠시라도 요셉을 보낼 수밖에 없으신 것입니다.

택하신 백성에게 하나님보다 더 사랑하는 것이 있으면 반드시 벌하시는 하나님입니다. 대가를 치르게 하십니다. 그래서 여전히 라헬밖에 모르는 야곱에게도 요셉을 떠나보냄으로써 그 벌을 톡톡히 치르게 하십니다. 아마도 야곱은 요셉이 죽었다고 생각한 그 순간부터 밤마다 악몽을 꾸었을 겁니다. 그토록 사랑한 요셉이 짐승에 찢겨 죽는 모습이 밤마다 꿈에 나타났을 것입니다.

'이 어린 것이 죽기 직전에 얼마나 나를 찾았을까? 나도 스올로 내려가 아들에게로 가리라' 하면서 수십 년 동안 위로받지 못하는 슬픔에 빠져 살았습니다. 믿음이 있어도 별수 없습니다. "믿는 자에게는 능히 하지 못할 일이 없느니라"(막 9:23) 하셔도, 믿음의 조상들에게는 능히 하지 못할 일이 너무나 많은 것을 봅니다. 자녀들이 뭐라 해도 위로가 안 됩니다.

자식을 낳으면 "억울함을 푸시도다", "형과 경쟁하여 이겼도다", "다른 아들을 하나 더 주시기를 원하노라" 했던 라헬만 끼고 살던 야곱입니다. 그토록 하나님이 "라헬은 아니다" 하셨음에도 라헬 타령만 했습니다. 남편 사랑을 받지 못하면서도 "찬양하리로다", "연합하리로다", "후한 선물을 주셨도다" 하고 아들 이름을 지은 레아는 안중에도 없었습니다. 야곱은 오직 믿음 없는 라헬밖에 몰랐습니다. 그 라헬이 죽고 나서는 또 요셉밖에 몰랐습니다.

그렇게 라헬을 편애하더니 요셉을 편애합니다. 편애로 온 집안을 쑥대밭으로 몰아넣은 장본인이 바로 야곱입니다. 그러니 아버지와 자식들 간에 피차 무슨 말을 주고받아도 위로가 안 되는 것입니다. 세월이 흘러가도 변하지 않는 진리는 '심은 대로 거둔다'는 것입니다.

우리는 이러한 야곱을 보며 인간에 대한 이해가 깊어집니다. 예수를 믿어도 이렇게 위로받지 못할 슬픔이 있다는 것을 알게 됩니다. "예수 믿으면서 왜 그 모양 그 꼴이냐?" 하는데 그럴 수 있습니다. 집마다 위로받지 못할 슬픔이 있습니다. 그래도 우리는 잊지 말아야 합니다. 위로받지 못하는 슬픔으로 우리를 키워 가시는 하나님을 믿어야 합니다. 슬픔을 기쁨으로 회복시켜 주실 하나님의 때를 믿음으로 잘 기다려야 합니다.

+ 예수를 믿어도 위로받지 못할 슬픔이 있습니까? 그 슬픔이 내게 주신 꿈을 키워 가시는 하나님의 방법임이 믿어집니까? 그 슬픔이 기쁨이 될 때까지 잘 기다려야 할 것은 또 무엇입니까?
+ 하나님께 위로받고 슬픔이 기쁨이 된 사건은 무엇입니까?

하나님의 섭리를 믿어야 합니다

그 미디안 사람들은 그를 애굽에서 바로의 신하 친위대장 보디발에게 팔았더라 _ 창 37:36

미디안 상인들은 요셉을 애굽에서 바로의 신하 보디발에게 팔아 넘깁니다. 그런데 창세기 15장에서 하나님이 아들 없는 아브라함에게 주신 약속이 무엇입니까?

"하늘을 우러러 뭇별을 셀 수 있나 보라 또 그에게 이르시되 네 자손이 이와 같으리라"(창 15:5) 하셨습니다. 하지만 "네 자손이 이방에서 객이 되어 그들을 섬기겠고 그들은 사백 년 동안 네 자손을 괴롭히리니"(창 15:13)라는 단서를 붙이셨습니다. 그리고 "너는 장수하다가 평안히 조상에게로 돌아가 장사될 것이지만 네 자손은 사대 만에 이 땅으로 돌아올 것"(창 15:15~16)이라는 약속도 주셨습니다.

그러므로 지금 요셉이 바로의 신하 친위대장 보디발에게 팔려 가는 것은 앞서 15장에서 예고된 약속이 이루어져 가는 시작에 불과합니다. "이방에서 객이 되리라" 하신 하나님의 말씀이 이루어지기 위해 요셉은 팔려 가야 했던 것입니다.

그러므로 요셉이 지금 팔려 가는 것은 전혀 속상한 일이 아닙니다. 오히려 구덩이에 물이 없었던 것에 감사해야 합니다. 성경을 이처럼 구속사대로 읽어 가는 훈련을 하게 되면 팔려 가는 것에도 감사하고, 구덩이에 던져져도 감사하게 됩니다.

우리가 큐티를 해도 그렇습니다. "네 자손이 이방에서 객이 되리라"는 말씀을 기억해야 합니다. 그리하면 그 어떤 환난이 와도 해석됩니다. '아, 이방에서 객이 된다는 그 말씀이 내 자식이 대학 시험에 똑 떨어진다는 것이었구나, 내가 감옥에 가는 것이었구나' 하고 깨달아집니다. 성경을 통해 하나님의 섭리가 딱 믿어지는 것입니다. 이것이 곧 말씀을 꼭꼭 씹어 먹는 큐티의 힘입니다. 꼼꼼하게 미리 읽어 둔 말씀이 있으면 내 인생에 꼬인 일도 다 해석됩니다. 그 어떤 고난도 다 해결됩니다. 다들 "큐티만 하면 다냐?" 하지만 "네, 다입니다!"

말씀 안에 다 답이 있습니다. 이런 말씀을 새겨듣지도 않고, 예언 기도 받고, 축복 설교 들으러 백날 다녀 봐야 소용없습니다. 지금 내게 주시는 말씀이야말로 내 인생을 해석하는 열쇠입니다.

게임 구덩이에 빠진 자식이 있고, 인터넷 도박에 팔려 간 자식이 있어도 그렇습니다. 그런 고초 속에도 하나님의 섭리가 있습니다. 400년 종살이 후 내 후손이 예수 믿게 된다는 걸 기억해야 합니다. 그러므로 지금 내 자식이 구덩이에 빠져도 감사하고, 팔려 가도 감사하시기 바랍니다. 큰일, 작은 일, 이런 일, 저런 일 막론하고 모두가 다 우리를 구원하시는 하나님의 섭리이기 때문입니다.

그런데도 우리는 지금 당장 땅을 차지하는 것에만 관심을 가집니다. '애굽 총리 요셉'밖에 모릅니다. 앉으나 서나 요셉만 좋아합니다. 하지만 하나님이 요셉을 쓰신 목적은 애굽의 총리로 세우기 위함이 아닙니다. 그는 이스라엘을 애굽으로 내려보내기 위한 도구에 불과합니다.

아브라함도 400년 후에 자손들이 땅을 차지한다는 약속을 믿었습니다. 지금 당장은 눈에 보이는 것이 없고, 잡히는 것 하나 없어도 하나님의 약속이기에 굳게 믿었습니다.

"400년 후에 네 자녀들이 이 땅을 차지할 거야. 400년 후에 네 자녀들이 예수를 잘 믿을 거야."

이런 약속을 믿는 사람은 세상이 감당할 수 없습니다. 마귀가 감당 못 합니다. 마귀가 아무리 정면 공격해 와도 그는 꺼꾸러지지 않습니다. 쓰러져도 다시 일어납니다.

"내가 죽은 후에라도 내 자녀들이 예수를 믿을 것이다. 하나님이 반드시 그리되도록 하실 것이다!"

내가 이런 믿음을 가졌는데 오늘 내 자식이 공부 못한다고 화를 내겠습니까? 그런데 우리는 앉으나 서나 애들이 공부 못해서 화가 치밉니다. 이래서 화가 나고 저래서 속이 부글부글 끓습니다. 그저 내 자식이 팔려 가는 일이 없기를, 구덩이에 던져지는 일이 없기만을 기도합니다. 너나 할 것 없습니다.

그렇다면 요셉의 형들은 왜 이렇게 악역을 맡게 되었을까요? 그들은 아버지의 중혼 때문에 일어나는 어머니들의 분쟁과 반목, 시기와 질투를 지켜보았습니다. 그로 인해 방황하며 가나안의 나쁜 행실에 쉽게 물들었습니다. 게다가 아버지 사랑을 받지 못해 큰 상처를 입었습니다. 편애의 희생양이 되었습니다. 그래서 자녀는 사랑으로 키워야 합니다. 비록 치우친 사랑이지만 요셉이 야곱에게 사랑을 받아서 형들의 상처를 잘 받아 내지 않았습니까?

반면에 사랑받지 못한 형들을 보세요. 열등감이 장난이 아닙니다. 누구도 그 상처를 치유해 줄 수가 없습니다. 요셉을 죽인다고 해결될 문제가 아니잖아요. 그런데도 하나같이 요셉을 없애려는 열망으로만 가득 차 있으니, 도대체 이 상처를 어쩌면 좋으냔 말입니까. 죄에도 생명력이 있어서 가만두면 한계를 모르고 뻗어 나갑니다. 멈추지 않고 악을 행합니다.

생각해 보세요. 다른 사람도 아니고 믿음의 조상 야곱이 자식들을 이런 환경에 내버려 둔 것입니다. 요셉의 형들은 "예수 믿는 아빠가 어떻게 자식들을 편애할 수 있어! 예수 믿는 집안에서 이게 말이 돼?" 하지 않았을까요? 하지만 말이 됩니다! 여러분도 그렇지 않습니까? 말도 안 되는 환경 때문에 우리가 주님 앞에, 예배의 자리에, 말씀 앞에 앉아 있는 것 아닙니까? 배부르고 등 따뜻하면 왜 예배에 나와 앉아 있겠습니까? 인간은 100% 죄인입니다. 악하고 음란합니다.

이 극한의 시련 가운데서 요셉은 깨달아야 합니다. '아버지가 우리 엄마만 예뻐하고 나에게만 채색옷을 입히며 편애했으니 형들이 얼마나 상처받았을까? 형들이 나를 죽이려 한 것도 결국 그 상처 때문이구나!' 이걸 깨닫게 되면 하나님이 그의 꿈을 키워 가시는 겁니다. 그러나 아직은 요셉이 여기까지 이르지 못했습니다.

열등감이 많은 형들은 만날 비교만 하고 있습니다. 요셉은 형들처럼 배척도, 거절도 당해 보지 않아서 그런 형들을 이해하지 못합니다. 그래서 이 일은 형들에게도, 요셉에게도 있어야 할 일입니다. 그런데 지금은 닥친 고난이 그저 괴롭기만 하기에 요셉에게도 훈련이 필요했습니다. 하나님께서 요셉을 고된 인생 속으로 밀치심으로 비로소 요셉이 형들을 이해하게 되고, 그의 꿈도 점점 자라 갑니다.

주님이 그러셨습니다.

"건강한 자에게는 의사가 쓸 데 없고 병든 자에게라야 쓸 데 있느니라 나는 의인을 부르러 온 것이 아니요 죄인을 부르러 왔노라"(막 2:17).

그 누구도 그냥은 주님 앞으로 올 수 없습니다. 이 진리를 이해하면 요셉의 형들이 악해질 수밖에 없었던 이유가 해석될 것입니다. 말씀대로 이루어지는 하나님의 섭리가 깨달아질 것입니다. 그러니 우리는 요셉의 형들을 이해해야 합니다. 실은 야곱이 정말 나쁜 아빠입니다.

언젠가 한 TV 프로그램에서 초등학교 2학년 아이가 이런 시를 읽었습니다.

"엄마가 있어서 좋다. 나를 예뻐해 주어서, 냉장고가 있어서 좋다. 나에게 먹을 것을 주어서…… 강아지가 있어서 좋다. 나랑 놀아 주어서…… 그런데 아빠는 왜 있는 거지?"

우리의 아빠들이 이렇습니다.

양쪽 팔과 오른쪽 다리가 없이 태어난 닉 부이치치(Nick Vujicic) 목사 이야기입니다. 그는 신실한 부모의 사랑을 듬뿍 받고 자랐습니다. 하지만 여덟 살 때 학교에서 친구들로부터 '괴물'이라는 소리를 듣고 나서부터는 우울증에 빠져 자살 시도를 3번이나 했다고 합니다. 그런 과정 가운데 인격적으로 주님을 만난 그는 이후 대학교에서 회계와 경영을 전공했습니다. 그리고 지금은 지체장애인을 위한 단체인 '사지 없는 인생'의 대표로 활약하며 전 세계 장애인들에게 희망의 메시지를 전하고 있습니다. 특히 그는 몸에 발가락 두 개만 붙어 있는 왼쪽 발로 스케이트보드와 서핑, 골프, 수영에도 능하다고 합니다.

그런데 그렇게 자라기까지 그 부모의 심정은 어땠겠습니까? '이 아이를 입양 보낼까? 부모가 죽으면 애를 누가 보살펴 주나?' 하는 걱정을 얼마나 많이 했겠습니까? 하지만 그의 부모는 아들에 대한 사랑

꿈을 키워 가신다

과 희망의 끈을 놓지 않았습니다. 그의 아버지 보리스 부이치치는 다음과 같은 메시지를 남겼습니다.

"미래를 내다보고 계획을 세우는 것은 바람직한 일이지만, 최악의 두려움도 얼마든지 최상의 놀라움으로 변할 수 있다는 소망만은 놓지 말아야 한다."

그럼에도 우리는 쓸데없는 두려움을 너무 많이 가지고 있습니다. 하지만 그 어떤 어려움도 "운명아, 와라! 내가 간다" 하고 그 도전을 정면으로 받아들이기를 바랍니다.

언젠가 한 엘리트 엄마가 제 앞에 와서 통곡을 했습니다. 아들이 집에 불을 질렀다는 것입니다. 저는 그 말을 듣고 "할렐루야!" 했습니다. 그 사건이 그 집안에 주신 꿈을 키워 가시는 하나님의 섭리로 믿어졌기 때문입니다.

솔로몬이 그렇게 지혜로웠어도 자식 농사는 실패했습니다. 정말 자식은 내 마음대로 되는 게 아닙니다. 솔로몬에게는 천 명의 여자가 있었지만, 아들이라고는 르호보암 하나뿐입니다. 그런데 그 르호보암이 얼마나 문제입니까? 생각해 보세요. 자기는 모압 여자, 암몬 여자, 에돔 여자, 시돈 여자, 헷 여자 가리지 않고 무려 천 명의 여자를 거느리고 살면서 "이제 아들들아 내 말을 듣고 내 입의 말에 주의하라 네 마음이 음녀의 길로 치우치지 말며 그 길에 미혹되지 말지어다"(잠 7:24~25) 하면 아들이 그 아버지 말을 듣겠습니까?

내 자녀도 마찬가지입니다. 지금 나를 다 보고 있습니다. 지금은 모르는 것 같아도 후에는 다 압니다. 심은 대로 거둡니다.

하지만 하나님은 그 르호보암을 통해 솔로몬에게 주신 꿈을 키워 가셨습니다. 그 문제 많은 르호보암이 예수님의 계보에 올라갔습니다. 우리는 이것을 잊지 말아야 합니다.

내 배우자, 내 자녀가 악을 행하여도 그렇습니다. 르호보암 같은 내 자녀, 내 배우자를 통해 하나님이 내 집안에 주신 예수의 꿈을 키워 가신다는 것을 알아야 합니다. 그러므로 "너 죽고 나 살자" 하지 말고, 내가 먼저 뼈아프게 회개해야 합니다. 그 앞에서 "그래서 그랬구나" 하면서 내가 먼저 용서를 빌어야 합니다. 이 모든 게 다 내 삶의 결론임을 인정해야 합니다.

그리고 요셉의 형들이 난리를 쳤을 때 야곱이 그랬던 것처럼 우리도 400년 후를 생각하면서 기다리고, 참고, 인내해야 합니다. 인생의 문제가 해결되는 길은 하나님의 섭리 가운데 내가 얼마나 죄인인지를 깨닫고, 내 주제를 인정하는 것입니다. 그리할 때 하나님이 내 집안에 주신 예수의 꿈을 잘 키워 가실 줄 믿습니다.

마음에 진한 감동을 주는 한 여집사님의 나눔을 읽었습니다.

남편은 사회 친구도 없고 교회 친구도 없습니다. 사람과 사귀는 것을 두려워합니다. 낮은 학벌로 인한 열등의식과 낮은 자존감으로 사람을 피합니다. 그래도 우리들교회 안에서만큼은 자유해 보입니다. 담배를 피운다 해도 손가락질하는 사람이 없고, 예배 중간에 나가도 눈치 주는 사람이 없어서입니다. 잘 알지도 못하는 사람들이 한결같이 잘 대해 주니까 점점 우리들교회가 좋아진다고 합니다.

꿈을 키워 가신다

집사님은 다음과 같은 기도 제목을 남겼습니다.

"주여, 남편의 귀를 열어 주시고 거듭남을 체험하게 해 주세요."

우리들교회에 이런 남편을 수치로 여기지 않고, 이렇게 기도하는 아내들이 계셔서 너무나 감사합니다. 믿음이 부족하고 연약해도 우리들교회를 좋아하는 남편 집사님들이 계셔서 너무나 감사합니다. 그리고 저는 우리들교회가 이런 분들이 올 수 있는 교회가 되어서 너무나 감사합니다. "내가 교회 열심히 다녀서 돈을 잘 벌게 되었다. 좋은 대학 합격했다"라는 간증보다 '이렇게 힘든 사람들이 어떻게 살아나고 있나'를 보여 줄 수 있어서 너무 감사합니다.

정말 이 가정을 하나님이 손수 보호해 주시리라 믿습니다. 호호 불어 가시며 하나님이 주신 꿈을 키워 주시리라 믿습니다.

+ 날마다 큐티를 하면 내 인생을 이끌어 가시는 하나님의 섭리가 딱 믿어집니까? 그래서 내 인생의 모든 문제가 잘 해석되고 해결됩니까? 아직도 하나님의 섭리가 믿어지지 않아서 억울해하는 사건은 무엇입니까?

+ 하나님이 내게 주신 꿈을 이루어 주실 때까지 내가 기다리고, 참고, 인내해야 할 것은 무엇입니까? 내 자녀, 내 배우자 앞에서 먼저 뼈아프게 회개해야 할 것은 또 무엇입니까?

+ 나는 내가 얼마나 죄인인지를 알고 있습니까? 내가 인정해야 할 나의 주제는 무엇입니까?

인생의 문제가 해결되는 길은
하나님의 섭리 가운데
내가 얼마나 죄인인지를 깨닫고,
내 주제를 인정하는 것입니다.

저는 아내와 두 딸이 대중교통을 이용해 힘들게 예배에 다녀오는 것을 보고 차로 교회까지 태워다 주기만 했습니다. 그러다가 어느 순간 저도 교회에 등록하게 되었습니다. 하지만 '내가 여기에 왜 이러고 앉아 있나?' 하며 예배 시간 내내 혼자서 영한 성경책으로 영어 공부를 하며 시간을 보냈습니다. 예배를 마치고 집으로 돌아오는 길에는 차 안에서 공포 분위기를 조성하곤 했습니다.

저는 평상시에 술을 자주 마시며 노래방이나 안마시술소에 다녔고, 아내 몰래 술집 여자와 만나기까지 했습니다. 그러면서도 다른 사람과 비교하며 '나는 항상 바르게 살고 있다'고 착각했습니다. 게다가 야곱이 요셉과 형제들을 편애한 것처럼 쌍둥이 딸조차 편애하여 잘 울고 잔병치레가 심한 둘째를 냉정하게 대했습니다. 이런 저로 인해 작은딸은 정서적으로 불안을 느꼈고, 그 일로 저희 부부는 이혼 직전까지 갈 뻔했습니다. 또 한번은 교회 수련회에 가서 진행이 매끄럽지 않다고 밤중에 짐을 싸서 돌아오기도 했습니다.

그런데 하나님께서는 이렇게 변하지 않는 제가 말씀에 순종할 수 있도록 한 사건을 허락해 주셨습니다. 하루는 장애인이신 어머니를 모시고 기쁘게 교회에 왔는데, 그날따라 주차 안내하시는 집사님의 말투가 신경질적으로 들려 화가 치밀었습니다. 처음에는 그냥 참고 넘어갔습니다. 그러나 결국 분을 삭이지 못하고 차를 돌려 그 집사님 앞에 세웠습니다. 그러곤 트렁크 속 어머니의 휠체어를 보여 주며 "어떻게 장애인 어머니를 모시고 온 나에게 이럴 수 있나?" 하며 큰소리로 따졌습니다. 그러곤 굉음을 내며 교회를 빠져나갔습니다.

이후 한동안 교회 주차장에서 그 집사님의 모습을 볼 수 없었습니다. 저는 제 혈기를 다스리지 못해 잘못된 행동을 저지른 것을 깨닫고, 그 집사님에게 너무도 죄송한 마음이 들었습니다. 그러면서 '정말 변화되고 싶다'는 마음이 들었습니다. 그래서 교회에서 하는 모든 양육을 성실히 받기 시작했습니다. 그러자 직장에서의 여러 일과 딸들의 문제를 통해 내가 얼마나 죄인인가를 깨닫고 내 주제를 인정하게 되었습니다. 이제는 최악의 두려운 상황도 얼마든지 최상의 놀라움으로 변하게 하실 하나님의 섭리가 믿어집니다(창 37:18~36). 저와 저희 가정을 호호 불어 가시며 꿈을 키워 가시고 그것을 이루실 하나님, 감사하고 사랑합니다.

하나님 아버지, 우리에게 꿈을 주시고, 그 꿈을 호호 불어 가며 키워 주셔서 감사합니다. 하나님이 주신 꿈을 잘 키워 가려면 정면으로 악의 도전을 받으라고 하십니다. 손수 보호해 주시는 하나님을 의지하라고 하십니다. 위로받지 못하는 슬픔도 잘 감당하라고 하십니다. 말씀대로 이루어지는 하나님의 섭리를 믿으라고 하십니다.

그런데 '예수쟁이' 소리를 들어 가며 우리가 걸어가야 하는 길이 결코 만만치가 않습니다. 아직도 하나님의 섭리가 믿어지지 않아서 억울한 일이 한둘이 아닙니다. 내 자식이 게임 구덩이에 빠지고, 인터넷 도박에 팔려 가고, 대학 시험에 똑 떨어지는 사건들이 해석이 안 됩니다.

"예수 믿으면서 왜 그 모양 그 꼴이냐?" 하는 말만 들으면 내 인생이 슬프기만 합니다. 남편도 아내도 자식도 사업도 공부도 내 계획대로 되는 것이 없습니다. 그래서 날마다 "나는 어디로 갈까?" 합니다. 불쌍히 여겨 주옵소서.

하지만 이 문제 많은 배우자와 자식들을 통해, 악한 사탄의 도전을 통해 하나님이 내게 주신 꿈을 키워 가신다는 것을 알았습니다. 그러므로 이제는 그 어떤 악의 도전도 피하지 않고 정면으로 받기를 구합니다. 내 자식이 구덩이에 빠져도 감사하고, 내 배우자가 팔려 가도 감사하기를 원합니다. 위로받지 못하는 슬픔을 당해도 기쁨으로 회복시켜 주실 하나님을 기대하며 나아가게 하옵소서. 내 죄가 내 고난보다 크다는 것을 인정하고 그 어떤 고난도 회피하지 않게 하옵소서. 내가 얼마나 죄인인지, 내 주제를 인정하고 인내하며 모든 악의 도전을 통과하도록 인도해 주옵소서. 주여, 도와주옵소서. 지켜 보호하여 주옵소서.

큰일이든 작은 일이든, 이런 일이든 저런 일이든 모두가 다 우리를 구원하시는 하나님의 섭리임이 깨달아지는 믿음도 허락해 주옵소서. 형편이 좋아지고, 환경이 나아지지 않아도 오늘 내게 주시는 말씀으로 모든 문제가 잘 해석될 수 있도록 도와주옵소서. 인생의 모든 문제가 해결되어 이 땅에서 천국을 누릴 수 있도록 역사하여 주옵소서. 그 꿈을 우리가 다 이룰 수 있도록 하나님이 키워 주옵소서. 예수님 이름으로 기도하옵나이다. 아멘.

꿈을 키워 가신다

PART 3

그는
나보다 옳도다

11 장

여호와가
보시기에 악하므로

창세기 38장 1~11절

하나님 아버지, 여호와가 보시기에 악하기 그지없는
우리의 모습을 회개하기를 원합니다.
말씀하여 주옵소서. 듣겠습니다.

사람이 보기에는 아름다운데 여호와가 보시기에는 악한 사람이 있습니다. 사람이 보기에는 지질해 보이는데 여호와가 보시기에는 아름다운 사람도 있습니다. 하나님 생각과 우리 생각에는 이토록 다른 것이 있습니다.

　　지난 37장에서 하나님이 주신 꿈을 선포한 요셉은 그 꿈을 이루기 위해 사탄의 정면 도전을 받고 애굽으로 팔려 갔습니다. 그러면 38장에서는 요셉이 애굽에서 어떤 일을 겪는지가 나와야 하지 않습니까? 그런데 생뚱맞게 유다의 이야기가 마치 에피소드처럼 나옵니다. 이유가 무엇일까요?

창세기 15장에서 하나님은 아브라함의 후손들을 이방인의 객이 되게 한 후 400년 후에 돌아오게 하겠다는 약속을 주셨습니다. 그런데 그 구속사의 주인공은 요셉이 아닙니다. 요셉이 예수 그리스도의 모형이라는 건 분명합니다. 하지만 예수 그리스도는 유다의 후손으로 오셨습니다. 그러므로 구속사의 주인공은 요셉이 아니라 유다입니다.

하나님이 요셉 이야기를 하는 도중에 급히 유다 이야기를 하시는 것도 이런 관점에서입니다. 38장의 유다 이야기야말로 성경에서 가장 중요한 구속사의 정점입니다.

성경은 예수 그리스도의 역사로 초점이 모아져 있습니다. 따라서 예수 그리스도가 어떤 혈통을 통해 오는지 아는 것이 매우 중요합니다. 유다가 그 주인공이라고 하니 우리는 과연 그가 예수 그리스도의 조상이 될 자격이 있는지를 봐야 합니다. 그런데 38장이 시작되며 등장하는 유다의 가계를 살펴보면 하나같이 자녀들이 불효하고, 불화하며 여호와께 악을 행합니다. '여호와가 보시기에 악하므로 여호와께서 그를 죽이셨다'는 말이 거듭해서 나옵니다. 여호와가 보시기에 그들이 어떤 악을 행했는지 보겠습니다.

공동체를 떠나는 악으로 시작합니다

그 후에 유다가 자기 형제들로부터 떠나 내려가서 아둘람 사람 히라와 가까이 하니라 _창 38:1

지난 37장에서 유다가 요셉을 팔아넘기는 데 앞장선 것을 기억하시죠? "우리의 동생이요, 우리의 혈육이니까 죽이지는 말고 팔자"고 제안한 주인공이 바로 유다입니다(창 37:27). 그래도 구속사의 주인공으로 만세 전부터 택함받은 유다니까 아주 죄책감이 없지는 않았을 겁니다. 한편으로는 동생 요셉을 시기, 질투해서 죽이고자 했던 형제들, 즉 공동체에 대한 환멸도 있었을 것입니다.

"이러고도 예수 믿는 집안이라니, 이게 말이 돼? 아버지는 요셉이나 끼고돌고, 그래도 나는 어떻게 해서라도 요셉을 살리려고 했는데…… 정말 이 형제들은 말이 안 돼!"

유다가 자기 형제들로부터 떠난 이유가 여기에 있습니다. 너무도 지질한 형제들이 싫어서 이스라엘 공동체를 떠난 것입니다. 그런데 결국 그가 간 곳이 어디입니까? 1절에 보니 "아둘람 사람 히라와 가까이 하니라"고 합니다.

아둘람은 우상을 숭배하는 가나안의 대표적인 성읍입니다. 아버지가 있는 헤브론, 해발 3천 미터가 넘는 높은 곳에서 내리막길로 계속 내려가고 또 내려가야 하는 곳입니다. 1절에 '내려가서'라는 말은 원어로도 높은 곳에서 낮은 곳으로 내려갔다는 뜻입니다.

또한 '히라'라는 이름은 '반석'이란 뜻입니다. '찬란하고 훌륭하고 빛나고 장엄하다'라는 의미입니다. 그동안 유다가 속한 예수 공동체는 지질하기 짝이 없었습니다. 반면에 '히라'는 너무 찬란하고, 장엄합니다. 반짝반짝 빛나는 반석 그 자체입니다. 유다가 아둘람에서 반석 같은 친구를 만났습니다.

하지만 우리는 세상과 벗하면 안 됩니다. 예수 믿으면 세상과 완전히 관계를 끊으라는 말이 아닙니다. 세상으로 가서 세상 친구와 벗하면 타락한 가나안의 문화에 전염될 수밖에 없습니다. 그 누구도 장담 못 합니다.

유다가 그랬습니다. 공동체를 떠나 아둘람 사람 히라에게 가서 너무 잘 먹고 잘사는 것 같아도 이제부터는 내리막길을 걷기 시작합니다.

어떤 분이 우리들교회 목장에서 이런 나눔을 했습니다.

가고 싶은 길이 있는데 목장만 가면 '그렇게 하지 말라, 그리로 가지 말라'고 합니다. 그러니 이해도 안 되고, 못 견디겠습니다. 그래서 점점 하나님과 말씀을 밀어내는 것 같습니다.

또 어떤 분은 다음과 같이 나누었습니다.

저도 지금까지 많은 사람으로부터 '예수 믿으라'는 이야기를 들었습니다. 하지만 저를 전도한 사람들은 한결같이 부족하고 별 볼 일 없어 보였습니다. 그래서 예수 믿는 게 더없이 지질해 보였습니다. 저는 그렇게 복음을 거절하고 내 힘으로 잘살아 보겠다며 유학을 떠났습니다. 그런데 지도교수를 정하려고 면담하는 과정에서 70번이 넘도록 거절당했습니다. 1년 치 준비해 간 학비와 생활비도 바닥을 드러내기 시작했습니다. 급한 마음에 아르바이트 자리를 구하러 나섰지만, 그마저도 30여 번이나 떨어졌습니다. 그럼에도 저는 하나님을 인정하

여호와가 보시기에 악하므로

기 싫었습니다. 하지만 '드디어' 먹을 것이 떨어지고 통장의 잔고가 텅비자 하나님 앞에 매달렸습니다.

누구든지 예수님을 인격적으로 만나려면 이 정도 바닥까지 내려가야 하나 봅니다. 아직 먹고살 것 있으면 너나없이 교만한 것 같습니다.

애즈베리 신학교 교수인 M. 로버트 멀홀랜드(Mulholland, M. Robert, Jr.)는 『영성 형성을 위한 거룩한 독서』라는 책에서 영성 형성(spiritual formation)이란 '이웃을 위해 그리스도의 형상과 일치되어 가는 과정'이라고 말합니다. 즉, '이웃과의 관계 안에서' 점차 그리스도를 닮아 가는 과정이라는 것입니다. 또한 그는 "우리와 하나님과의 관계의 배경이 우리와 이웃의 관계"라고 설명합니다.

이러한 관점에서 보자면 영성 형성은 개인의 영적 행위가 아닙니다. 'Hidden will of God', 곧 숨겨진 하나님의 뜻이 'Revealed will of God', 곧 성자 하나님의 사역과 'Effective Power', 곧 성령 하나님의 효과적인 도움으로 우리에게 나타납니다. 이처럼 삼위 하나님이 함께 역사를 이루어 가시듯, 우리도 공동체와 함께 가야 한다는 것입니다. 진정한 믿음의 공동체는 하나님 안에서 서로를 보듬어 주고 위하여 울어 주는 관계를 통해 영성이 형성되어 가게 마련입니다.

물론 공동체 안에서 상호작용을 하면서 상처를 받을 수 있습니다. 그래도 우리는 상처받는 관계 속으로 들어가야 합니다. 아이러니하지만 서로 상처를 주고받으면서 사랑을 주고받는 것을 배우게 되기 때문입니다.

그러므로 유다는 이스라엘 공동체에 머물러야 했습니다. 공동체 안에서 상처를 주고받으면서 진정한 사랑을 배우는 영적 여정을 거쳐야 했습니다. 하지만 세상 사람인 히라와의 관계는 다릅니다. 그저 "좋은 게 좋다" 하며 잘 먹고 잘살다가 지옥 가는 교제에 불과합니다. 영성이 형성될 리가 없습니다. 영적 형성이 싫어서, 점차 그리스도를 닮아 가는 과정이 싫어서 세상으로 떠나면 타락할 수밖에 없습니다. 유다도 별수 없습니다. 믿음의 공동체를 떠나니 악행이 연속됩니다.

+ 나는 지금 믿음의 공동체에 잘 붙어 있습니까? 공동체 안에서 연약한 형제를 만나면 하나님의 마음으로 잘 보듬어 주고 그를 위하여 울어 줍니까? 지질하게 여기며 거리를 두고 있지는 않습니까?
+ 지금 내가 가까이하고 있는 아둘람 사람 히라는 누구입니까? 그 히라와 함께하느라 세상으로 점점 흘러 떠내려가고 있지는 않습니까?

불신결혼의 악을 행합니다

유다가 거기서 가나안 사람 수아라 하는 자의 딸을 보고 그를 데리고 동침하니 _ 창 38:2

가나안 사람의 딸을 본 유다는 아주 당연한 듯 그녀를 '데리고' 동침합니다. '데리고'의 성경 원어는 '취하다'입니다. 이 말은 '장가들다',

여호와가 보시기에 악하므로

'결혼하다'라는 뜻으로도 쓰이지만, '어떤 것을 불법적으로 탈취하다'라는 부정적인 의미로도 쓰입니다. 그만큼 유다가 타락의 길로 들어서고 있음을 보여 주는 말입니다. 그도 그럴 것이 유다 아내의 이름이 없습니다. 그저 '가나안 사람 수아라 하는 자의 딸'로만 소개됩니다. 인격적인 결혼이 아니라 정욕으로 취한 결혼이기 때문입니다. 그녀의 아버지 수아는 '부요함'이라는 그 이름의 뜻대로 부자였던 것 같습니다.

그동안 요셉에게만 다 퍼다 주는 아버지 야곱을 보았던 유다 아닙니까? 무의식적으로도 아버지에게 복수하고 싶은 마음이 컸을 겁니다. 그래서 '이제는 나도 보란 듯이 잘살아 보겠다!' 하고 공동체를 떠났습니다. 그러고는 히라와 어울리면서 재벌 딸을 소개받고 장인 덕을 톡톡히 보며 살겠다고 합니다. 그 소원대로 돈에, 미모에, 성적 매력까지 갖춘 아내를 얻었습니다. 그러니 이제부터는 뭐든지 다 잘될 줄로만 알았습니다. 불신결혼의 전형적인 예입니다.

아브라함은 이삭의 신결혼을 위해, 리브가는 야곱의 신결혼을 위해 얼마나 큰 대가를 치렀는지 모릅니다. 아브라함은 행여나 이삭이 가나안 여자와 결혼할까 봐 늙은 종 엘리에셀을 고향 땅에 보내 믿음 있는 며느릿감 리브가를 데려왔습니다(창 24장). 이삭과 리브가는 아들 에서가 가나안 여자들과 결혼하자 근심했습니다(창 26:34~35). 그래서 야곱에게는 가나안 사람의 딸들 중에서 아내를 맞이하지 말고 본향의 딸들 중에서 아내를 맞이하라고 신신당부했습니다(창 28:1~2). 야곱은 그 명령을 따라 레아와 라헬, 본향 여자와 결혼했습니다.

그러므로 유다는 아버지가 불신결혼을 싫어한다는 것을 당연히 알았을 것입니다. 하지만 그는 아버지의 감정과 원함을 다 무시했습니다. 아주 보란 듯이 악의 결론으로 불신결혼을 감행했습니다.

노아 시대에 하나님의 아들들이 사람의 딸들을 아내로 삼으며 죄를 일삼자 하나님은 이 땅을 홍수로 심판하셨습니다. 이후에도 솔로몬이 천 명의 왕비와 빈을 얻어 들여서 결국 나라가 분열되고 말았습니다. 유다 집안도 예외가 아닙니다. 유다의 불신결혼으로 집안의 불행이 시작되었습니다. 믿음의 순수한 혈통이 무너지기 시작합니다. 믿음의 공동체를 떠나니 불미스러운 일이 계속 이어지는 것입니다.

+ 믿음의 공동체를 떠났다가 세상 유혹에 빠진 적이 있습니까?
+ 나의 결혼(교제)은 '믿음으로'입니까, '정욕으로'입니까? 정욕으로 결혼 (교제)해서 치러야 했던 불행은 무엇입니까?

공동체를 떠나 불신결혼한 결론으로 문제아가 나옵니다

3 그가 임신하여 아들을 낳으매 유다가 그의 이름을 엘이라 하니라 4 그가 다시 임신하여 아들을 낳고 그의 이름을 오난이라 하고 5 그가 또 다시 아들을 낳고 그의 이름을 셀라라 하니라 그가 셀라를 낳을 때에 유다는 거십에 있었더라 6 유다가 장자 엘을 위하여 아내를 데려오니 그의 이름은 다말이더라 _창 38:3~6

여호와가 보시기에 악하므로

한결같이 악한 자녀들이 나옵니다. 돈 보고 외모 보고 불신결혼 했는데 아들 셋을 줄줄이 낳았습니다. 이게 웬 복입니까?

더구나 첫째 아들 엘은 파수꾼이고, 둘째 아들 오난은 부유하고, 왕성하고, 정욕적입니다. 셋째 아들 셀라는 평화롭기 그지없고 기도도 잘합니다. 사람이 그렇다는 게 아닙니다. 이름 뜻이 그렇다는 겁니다. 하는 짓이 어떻든 간에 좋은 이름은 다 가져다 붙였습니다. 남들이 보기에 너무 성공한 아들들입니다.

요셉은 팔려 가서 억울하게 옥살이나 하고 있고, 고향에 있는 다른 형제들은 여전히 양치기나 하고 있는데 유다는 그 공동체를 떠나서 너무나 잘살고 있습니다. 예수 공동체를 떠나고 나니 되레 잘되는 일이 많습니다.

그런데 5절에 보니 "유다는 거십에 있었더라" 합니다. '거십'이라는 지명에는 '거짓의 도시'란 뜻이 있습니다. 위선의 도시입니다. 하지만 유다는 이곳에서 돈 많은 장인 덕택에 잘 먹고 잘살고 있습니다. 예쁜 아내는 아들도 쑥쑥 잘 낳았습니다. 종려나무 같은 예쁜 며느리 다말도 얻었습니다. 겉으로는 만사형통입니다. 유다가 거짓의 도시에서 위선적으로 살면서 승승장구하고 있습니다.

그런데 이제 그 아들들로 말미암아 일이 터지기 시작합니다. 왜 그렇습니까? 하나님이 만세 전부터 유다를 예수님의 조상으로 지목하셨기 때문입니다. 불신결혼하고 악하게 사는데도 문제가 없다면 그 집안이야말로 하나님께 잊힌 가정입니다. 이제부터 그 아들들이 얼마나 문제아인지 보겠습니다.

첫째, 성적으로 방종합니다.

유다의 장자 엘이 여호와가 보시기에 악하므로 여호와께서 그를 죽이
신지라 _창 38:7

장자 엘이 구체적으로 무슨 죄를 지었는지 죄목은 없습니다. 그
는 세상 관점으로는 괜찮아 보였을지 몰라도 여호와의 관점에서는 아
주 악한 자였습니다. 앞뒤 정황으로 보아 아마도 엘이 성적으로 방종
하지 않았을까 싶습니다.

당시 가나안에서는 곡물과 생산을 주관하는 풍요의 여신 아스다
롯에게 제사를 지낼 때 신전 창녀의 매음 행위가 공공연했습니다. 이
런 것을 어려서부터 보고 배운 유다의 아들들입니다. 그러니 부도덕
한 성 윤리에 빠질 수밖에 없습니다.

사사시대 말기 대제사장 엘리의 두 아들 홉니와 비느하스는 어
려서부터 독실한 아버지를 통해 엄격한 신앙교육을 받았습니다. 그
런데도 회막 문에서 수종 드는 여인들과 동침하는 악행을 범했습니
다(삼상 2:22). 그래서 그 두 아들은 한날에 죽었습니다. 하나님이 그리
하셨습니다(삼상 2:34, 4:11). 유다의 아들 엘이나 엘리 제사장의 아들들
이나 얼마나 방종했으면 여호와가 죽이셨겠습니까? 유다의 자녀니
까, 엘리의 자녀니까 하나님이 수준 높게 생각해서 죽이신 겁니다.

솔로몬은 "너는 청년의 때에 너의 창조주를 기억하라 곧 곤고한
날이 이르기 전에, 나는 아무 낙이 없다고 할 해들이 가깝기 전에"라

고 했습니다(전 12:1). "내가 천 명의 여자를 데리고 살아 봤지만 이건 아니더라" 하고 청년들을 가르쳤습니다.

믿음이 있으나 없으나 청년의 때에는 정욕을 주체하기 힘듭니다. 하지만 하나님을 기억하며 그 정욕을 절제할 줄 알아야 합니다. 그러지 못하면 여호와가 보시기에 엄청난 죄악을 저지를 수밖에 없습니다.

내 자녀들 역시나 정욕의 문제 앞에서 취약해질 수밖에 없습니다. 더구나 요즘은 핸드폰과 컴퓨터를 끼고 살아서 중독의 문제가 여간 심각한 게 아닙니다. 3명 중 한 명이 중독에 빠져 있다는 통계도 보았습니다. 거의 종일 온라인 게임이나 도박, 유튜브 등에 빠져 있는 사람도 허다하답니다. 게임에 한번 빠지면 학교도 안 가고, 교회도 안 갑니다. 친구도 안 만나고, 연애도 안 합니다. 결혼도 하기 싫어진답니다. 게임이 친구이자 애인입니다. 오직 게임에 빠져 세월을 다 보냅니다. 그러다 돈을 걸고 하는 게임에 한번 맛을 들이면 인터넷 도박으로까지 빠진다고 합니다. 그게 수순이라는 겁니다.

스티븐 아터번(Stephen Arterburn)과 프레드 스토커(Fred Stoeker)가 공동으로 저술한 『모든 남자의 참을 수 없는 유혹』이라는 책을 보면 남자들이 얼마나 정욕의 문제 앞에 취약한지 알 수 있습니다. 그들의 리포트에 의하면 청장년 할 것 없이 남자들은 시각을 통해 성적인 만족을 얻는다고 합니다. 섹시한 여자를 보면 눈으로 위아래를 더듬는 나쁜 습관을 저마다 가지고 있다는 것입니다. 그리고 이것이 부도덕한 행위임을 알면서도 계속 생리적으로, 천성적으로 성적인 유혹에 빠지는 습관을 쌓아 간다고 합니다.

그러면서 이들은 다음과 같이 주장합니다.

"정욕에서 비롯되는 부도덕한 습관은 단칼에 끊기가 힘들다. 그러나 이러한 습관은 병이나 결손이 아니다. 얼마든지 고칠 수 있다. 가장 좋은 방법은 정욕의 대상에서 철저히 눈을 돌리고 굶기는 것이다."

이렇게 해서 우리의 모든 유혹과 중독이 다 끊어진다면 얼마나 좋겠습니까? 그러나 유혹과 중독을 끊어 내는 최상의 방법은 말씀의 방패에 힘입는 것입니다.

둘째, 극단적 이기주의에 싸여서 돈밖에 모릅니다.

8 유다가 오난에게 이르되 네 형수에게로 들어가서 남편의 아우 된 본분을 행하여 네 형을 위하여 씨가 있게 하라 9 오난이 그 씨가 자기 것이 되지 않을 줄 알므로 형수에게 들어갔을 때에 그의 형에게 씨를 주지 아니하려고 땅에 설정하매 10 그 일이 여호와가 보시기에 악하므로 여호와께서 그도 죽이시니 _창 38:8~10

당시 집안의 한 형제가 후손을 남기지 못한 채 죽으면 그 가문의 대를 이어 주기 위해 친형제나 친족 중 하나가 죽은 형제의 부인과 결혼해서 아들을 낳아 주어야 했습니다. 이른바 '계대혼인법'입니다. 이 제도는 후사가 끊어지지 않게 하시려는 하나님의 배려입니다. 그러므로 당시에는 형이 죽으면 동생이 형수와 결혼하는 것이 아우로서의 본분이요, 마땅한 책무였습니다.

여호와가 보시기에 악하므로

하지만 9절에서 오난은 형수와 동침하고도 그의 형에게 씨를 주지 아니하려고 땅에 설정(泄精)합니다. 왜 그랬겠습니까?

형이 죽었으니 형의 재산은 당연히 오난한테 돌아오게 돼 있습니다. 그런데 오난이 형의 아들을 낳아 주면 그 재산이 조카에게 가지 않겠습니까? 자기 것이 안 됩니다. 형수와 동침해서 형의 아들을 낳아 주면 자기만 손해인 셈입니다. 그래서 형수와 잠자리할 때마다 땅에 설정해서 형수가 아이를 갖지 못하게 한 것입니다. 원어로 보면 형수에게 들어갈 때마다 정액을 땅에 던져서 파괴했다고 합니다. 습관적으로 수태를 방해한 것이죠. 의도적으로 형의 가정을 파괴한 극도로 이기적인 행태입니다.

당시 동생이 계대혼인법 의무를 행하지 않으면 장로들과 모든 사람 앞에서 형수가 시동생의 신발을 벗기고 그 얼굴에 침을 뱉음으로써 공개적인 모욕을 가할 수 있었습니다. 그렇게 모욕을 당하면 그 동생은 형수와 결혼하지 않아도 되었습니다. 하지만 오난은 이런 수치도 당하기 싫었습니다. 그래서 겉으로는 형수와 결혼해서 계대혼인법을 잘 지키는 척하면서 성적인 쾌락만 즐긴 것입니다.

세상을 살면 누구에게나 부여받는 의무가 있습니다. 부모로서 의무가 있고, 자녀로서 형제로서 국민으로서 각자 지켜야 할 의무가 있습니다. 하지만 오난은 겉으로는 의무를 행하는 척했지만 날마다 형을 모독하고 형수에게 말할 수 없는 치욕을 안겨 주었습니다. 신의도, 의무도, 돈 앞에서 다 저버리고, 정욕 때문에 자기 형수를 창녀처럼 취급한 것입니다.

결혼은 신성한 것입니다. 당시 계대혼인 역시나 그랬습니다. 그런데 오난은 재산에, 정욕에 눈이 어두워서 신성한 의무를 저버렸습니다. 또한 땅에 설정함으로써 하나님의 예정을 반대했습니다. 생명을 땅에 버려 파괴했습니다. 이 끔찍한 인간 오난이 유다의 둘째 아들입니다. 이는 하나님은 의도적인 피임을 기뻐하지 않으신다는 의미로도 볼 수 있습니다. 그래서 오난을 죽이셨습니다. 이런 이기심은 나도 죽고 남도 죽입니다.

유다의 아들들은 극단적 이기주의자였습니다. 자기 정욕만 채우려 들었고, 돈밖에 몰랐습니다. 다른 사람도 아니고 예수 그리스도의 조상 유다의 첫째 아들, 둘째 아들이 그랬습니다.

+ 지금 내 인생에 '잘되고 잘되는 것'은 무엇입니까? 그래서 하나님께 감사하며 믿음의 공동체에 잘 붙어 있습니까? '이제는 됐다' 하며 하나님과 공동체로부터 멀어져 있지는 않습니까?
+ 생리적으로, 천성적으로 쌓아 가는 나쁜 습관은 무엇입니까?
+ 돈에, 정욕에 눈이 어두워서 가정과 직장, 공동체에서 마땅히 지켜야 할 의무를 저버린 적은 없습니까?
+ 문제 많은 내 자녀 앞에서 날마다 자녀 탓만 합니까, 불신결혼한 내 죄를 보고 회개합니까?

여호와가 보시기에 악하므로

책임을 전가하는 악을 행합니다

유다가 그의 며느리 다말에게 이르되 수절하고 네 아버지 집에 있어 내
아들 셀라가 장성하기를 기다리라 하니 셀라도 그 형들 같이 죽을까 염
려함이라 다말이 가서 그의 아버지 집에 있으니라 _창 38:11

　동생 팔아먹고, 공동체 떠나고, 이방 여인과 결혼해서 첫째 아들
죽고, 둘째 아들까지 죽었으면 이제는 정신을 차려야 하는데, 유다는
도통 정신을 못 차립니다. 기업을 이으려면 다말을 셋째 아들에게 들
여보내야 마땅합니다. 그런데 유다는 셋째 아들 셀라도 '그 형들같이
죽을까' 염려하여 며느리 다말에게 수절할 것을 강요합니다. "계대혼
인이고 뭐고 간에 너는 그냥 고독하게 과부로 지내다 죽어라" 하고 명
령한 것입니다.
　유다의 아버지 야곱은 요셉이 죽었다는 말을 들었을 때 위로받
지 못할 슬픔으로 애통했습니다. 그런데 유다는 아들이 둘이나 죽었
는데도 슬퍼했다는 말이 전혀 없습니다. 아주 매정하기 짝이 없습니
다. 두 아들이 여호와가 보시기에 악해서 죽게 된 것도 인정하지 않습
니다. 며느리 하나 잘못 들여서 집안에 불행이 연속된다고만 생각합
니다. 모든 책임을 며느리 다말에게 전가한 것입니다. 그러면서 자기
새끼만 소중하니 '셀라가 죽을까' 염려합니다. 유다는 가족신화와 가
족 우상 주의에 제대로 젖어 있습니다.
　미국의 가족 치료 전문가인 데이빗 스툽(David Stoop)과 제임스 매

스텔러(James Mastelle)는 『부모를 용서하기 나를 용서하기』라는 책에서 "부모를 용서하려면 나를 용서해야 하고, 나를 용서하려면 부모를 용서해야 한다"라고 합니다. 그리고 이를 위해서는 가족 시스템의 변화가 매우 중요하다고 주장합니다. 하지만 가족 시스템의 변화는 결코 쉬운 일이 아니라고 합니다.

보통 사람의 정상 체온은 36.5도이다. 더운 방으로 들어가면 안정된 체온을 유지하기 위해 땀을 흘리고, 추운 데서도 우리 몸은 36.5도를 유지하도록 되어 있다. 가족 시스템도 같은 식으로 움직인다. 관계 패턴이 한번 설정되면 아무리 환경이 바뀌더라도 똑같이 유지하려고 작동한다.

그들은 그 요인이 '가족비밀'과 '가족신화'에 있다고 주장합니다.

정신질환으로 입원한 아버지가 있어도 가족들은 아버지에 대해 거론하는 것을 강력하게 피한다. ……그러니 집안이 부자연스러워질 수밖에 없다. 늘 웃고 있지만 그 웃음조차도 인위적인 미소에 불과하다. 이런 환경에서 자란 아이들은 어려서부터 그들이 보고 들은 것을 부인하도록 가르침을 받는다. 자랄수록 점점 모든 걸 부인하고 삶을 부정하는 것을 배우게 된다. ……가족신화의 대부분도 합의된 거짓말이다. 거짓말에서 '신화'가 만들어진다. 그리고 가장 일반적인 가족신화는 '우리 가족은 친해요'라는 것이다. 가족 상담 중에 가정에서 일어난 상처와 실망에 대해 실컷 이야기하다가도 끝에는 다들 '우리 가족은 정말 가깝습니다'라고 한다. ……가족신화와 가족비밀은 서로 연결되어 있다. 가족신화는 가장 수치스러운 가정사의 은폐에 불과하다. 그러한 신화를 직면하고 그 배후에 있는 진실을 폭로하기 전까지는 그 가정의 상처는 결코 치유되지 않고 그대로 있게 된다.

즉, 가정의 대부분이 이러한 가족비밀과 가족신화로 가족 시스템의 변화에 저항한다는 것입니다.

그런데 지금 여러분의 가정은 어떻습니까? 날마다 교양 있게 "우리 가족은 서로 너무너무 사랑해요", "우리 애들은 착하고 공부 잘하고, 우리 부모님은 돈도 너무 잘 벌어요" 하고 있지는 않습니까? 하지만 이런 집안일수록 가족비밀과 가족신화가 연결되어 있습니다. 그래서 가정의 상처가 회복되려면 이런 가족비밀을 없애야 합니다. 가족신화를 깨뜨려야 합니다.

하지만 유다는 이것을 알지 못했습니다. 믿음의 공동체를 떠나니 판단력을 잃어 버린 것입니다. 그래서 분별하지 못했습니다. 권면해 줄 지체도 없으니 인생을 계속 그르칠 수밖에 없었습니다.

아무리 아둘람 사람 히라의 공동체에 돈 많고 예쁜 여자들이 많아도 그렇지요. 유다는 이스라엘 공동체에 꼭 붙어 있어야 했습니다. 예수의 계보를 이어가기 위해 영적 후사를 낳고 잘 키워야 했습니다. 하지만 유다는 믿음의 대물림은커녕 자기 죄도, 아들들의 죄도 보지 못했습니다. 죄를 인정하지도 않았습니다. 자식 농사는 자기가 다 망쳐 놓고 오히려 불행의 원인을 며느리에게 돌렸습니다. "너 때문에 우리 아들이 다 죽었어" 하며 며느리를 탓하고 온갖 고통을 떠안겼습니다.

그런데 공동체에 붙어 있어도 스펙 보고, 미모 보고, 재산 보고, 자식들을 불신결혼시키는 경우를 종종 봅니다. 그러다 집안에 우환이라도 생기면 "안 믿는 너 때문에 우리 집안이 이렇게 잘못됐어, 망했어" 합니다. 하지만 이럴 때는 불신결혼한 자녀 탓만 해서는 안 됩니다. 불신결혼시킨 내가 유다 못지않게 악한 부모임을 알아야 합니다.

비록 유다가 지금은 가족신화와 가족 우상 주의에 젖어 있지만, 훗날엔 자기 죄를 봅니다. 형편없이 낮아져서 '나는 아무것도 할 수 없다'라고 고백합니다. 그럼으로써 구속사의 주인공으로 우뚝 서게 됩니다. 그래서 구속사의 족보는 은혜의 족보입니다. 무엇보다 성경에 집안의 비밀을 솔직하게 오픈해 놓아서 오늘날까지 우리가 은혜받고 있지 않습니까? 한 집사님이 목장에서 이런 나눔을 했습니다.

교회에서 양육을 받으며 하나님을 다시 만났습니다. 주님이 제 곁에 계심을 느끼는 가운데 점차 내 사명이 무엇인지를 알아 가고 있습니다. 그리고 이 훈련을 마치기 위해 더 많은 고난이 남아 있음을 알고 두려움을 느낍니다. 하지만 담대히 나아가겠습니다. 나의 약재료를 가지고 사람을 살리는 사명을 찾는 데 인생의 초점을 맞추겠습니다.

이분의 믿음이 너무 많이 자란 것 같지 않나요? 그런데 곁에서 아내 집사님이 이렇게 초를 칩니다.

여호와가 보시기에 악하므로

우리 남편은 진실성이 없어요. 양육을 받으면서도 일주일에 나흘 정도는 술을 마십니다. 담배 피우면서 양육 숙제를 하고 설교 요약을 한답니다. 수요예배 중에도 문자를 보내고, 목사님 기도가 끝나기 전에 벌떡 일어나 전화하러 나갑니다. 제게는 이것저것 아껴 쓰라며 숨도 제대로 못 쉬게 하고는 정작 자기는 술 마시고 대리운전시켜서 집에 들어오고 택시까지 타고 다닙니다. 며칠 전에는 TV 보다가 한 소리를 했더니 휘리릭 나가선 술 마시고 들어왔습니다. 그래서 뭐라 했더니만 도망치듯 나가서는 차에서 자고 들어왔지 뭐예요.

우리에게 가족신화가 있고 가족비밀이 있으면 어떻게 이런 이야기를 목장에서 나누겠습니까? 어림도 없습니다. 그런데 이런 가족비밀을 오픈하지 못하고, 가족신화에 사로잡혀 있는 대표적인 인물이 바로 유다입니다. 공동체를 떠나 맛있게도 냠냠 하면서 잘 먹고 잘살 것처럼 행세할 뿐만 아니라, 하나님이 계속 사인(Sign)을 주셔도 깨닫지 못합니다. 생각해 보세요. 아들이 둘이나 죽는 사인이면 굉장한 경고 아닙니까? 그럼에도 유다는 정신을 못 차립니다.

거기에 비하면 요셉은 '상감마마'입니다. 착한 데다가 여러모로 너무 훌륭합니다. 그래서 예수 그리스도의 모형이 되었습니다. 그러나 예수 그리스도는 실제적으로 유다의 혈통에서 오셨습니다. 이런 형편없는 유다에게서 예수 그리스도가 나셨다니 정말 기가 막히지 않습니까? 그래서 예수 그리스도는 정말 은혜로밖에는 못 믿습니다. 내 행함으로, 내 잘남으로는 진짜 못 믿습니다.

하나님이 유다에게 두 아들을 잃는 아픔을 주신 이유도 그렇습니다. 하나님은 유다를 통해 또 다른 꿈을 키워 가야 하셨습니다. 그랬기에 팔려 간 요셉보다 요셉을 팔아넘긴 유다에게 훨씬 더 고통스러운 값을 치르게 하신 것입니다.

여러분 가운데도 유다처럼 별의별 고난 가운데 계신 분이 있을 것입니다. 다들 "되는 일이 없다" 하지만, 그것이 곧 '되는 일'입니다. 유다처럼 나와 내 집안의 수치에도 불구하고 여전히 목을 뻣뻣하게 하고, 가족비밀, 가족신화에 사로잡혀 있으면 더 끔찍한 일만 만나게 될 뿐입니다. 맨날 유다처럼 "너 때문이야!"만 부르짖으면 집안을 살릴 수 없습니다. 결국 집안을 망칩니다. 하나님과 믿음의 공동체 앞에서 내 가족비밀, 가족신화를 낱낱이 오픈하는 것이야말로 가정이 건강해지는 비결입니다. 가정이 살아나는 비결입니다.

어떤 환경에서도 내 가족비밀을 오픈하고 가족신화를 깨뜨리면 이제부터 되는 일만 있을 줄 믿습니다. 여러분의 가정을 통해 예수 그리스도의 후손이 이어질 줄 믿습니다.

+ 죽을까 염려함으로 망설이는 것은 무엇입니까?
+ "너 때문에 내가 이 꼴이 됐어" 하며 날마다 내 가족, 내 이웃에게 책임을 전가하고 있지는 않습니까?
+ 아직 그 누구에게도 오픈하지 못한 내 집안의 가족신화와 가족비밀은 무엇입니까?

어린 시절부터 아버지는 제게 무섭고 두려운 존재였습니다. 아버지는 주먹과 여러 도구를 이용하여 자녀를 훈육하셨고, 아버지의 말 한마디가 곧 가정의 법이었습니다. 저는 그런 아버지의 인도로 신앙생활을 시작했습니다. 이후 대학에 합격했지만, 아버지는 등록금이 비싸다며 그런 학교에 갈 바엔 차라리 군대나 가라고 하셨습니다. 저는 집안에 돈이 없다는 것을 잘 알고 있었기에 아버지의 말에 따를 수밖에 없었습니다. 하지만 그 일로 아버지에 대한 분노는 점점 커졌습니다.

그런데 제대 후에 신앙생활을 잘하고 계신 줄 알았던 아버지가 이단 교회에 다니고, 그곳에서 만난 여자를 통해 다단계에 빠져 거액의 빚을 졌다는 사실을 알게 되었습니다. 저는 너무나도 큰 충격을 받았습니다. '하나님, 20년 넘게 교회를 다녔는데 어찌 이런 일이 저희 가정에 생긴 것입니까?' 원망하며 탄식했습니다.

이후 부모님의 이혼을 위해 누구보다 적극적으로 나섰고, 이혼 도장을 찍어 주지 않는 아버지에게 칼을 들이대며 주먹질을 하기도 했습니다. 그리고 유다가 자기 형제들로부터 떠난 것처럼, 하나님과 교회를 떠나 술과 음란을 좇으며 살았습니다(창 38:1~2).

그러다 직장 동료의 소개로 믿음의 공동체에 속하게 되었습니다. 하지만 여전히 술과 음란은 끊어지지 않았고, 말씀을 들어도 변한 것이 하나도 없다는 생각에 늘 두려웠습니다. 그럼에도 최소한의 순종으로 공동체에 붙어만 있었더니 제 힘으로는 중독을 끊어 낼 수 없고, 오직 주님만이 답이라는 것을 고백하게 되었습니다. 그러면서 막노동하시는 부모님을 무시하고 내 열심으로 가족 구원을 이루려고 한 것이 며느리에게 책임 전가한 유다와 같은 모습임을 알고 회개하였습니다(창 38:11). 또한 제게 예수 씨를 심어 주신 아버지야말로 가장 감사해야 할 분임을 깨달았습니다.

이제는 어떤 사건에서도 "너 때문이야"가 아니라 "나 때문이야"를 고백하며 상한 마음의 제사를 드리기를 원합니다. 악하고 음란한 제게 죄 고백을 할 기회를 주시고, 이런 고백을 통해 우리 가정에 예수 그리스도의 후손을 이어 가게 하겠다고 말씀하시는 주님, 감사합니다.

하나님 아버지, 유다가 공동체를 떠나면서부터 여호와 보시기에 악을 행하기 시작합니다. 유다의 아들들 역시 악을 행합니다. 이를 통해 가장 무서운 죄가 믿음의 공동체를 떠나는 것임을 알았습니다. 정말 잘 떠나서 원하는 것을 다 가졌다고 생각했는데, 유다의 불신결혼으로 말미암아 첫째 아들이 죽고 둘째 아들이 죽었습니다. 그럼에도 여전히 정신을 못 차리고 "너 때문이야"를 부르짖는 유다를 보면서 웃어야 할지 울어야 할지 모르겠습니다. 우리의 모습 같아 그저 입이 다물어집니다.

민음의 형제들을 지질하게 여기고, 믿음의 공동체를 떠나서 돈 많은 아둘람 사람 히라와 가까이한 유다가 바로 우리 자신임을 고백합니다. 돈에, 정욕에 눈이 어두워서 생리적으로, 천성적으로 쌓아 가는 나쁜 습관도 한둘이 아닙니다. 자녀들에게 보여 준 모습이 이뿐인지라 내 자녀들도 세상과 벗하며 불신교제, 불신결혼을 일삼습니다. 그래서 날마다 내 자녀가 앞으로 어찌 살까 염려됩니다. 그러다 집안에 안 좋은 일이라도 생기면 "너 때문에 내가, 내 집안이 이 꼴이 됐어" 하며 자녀들에게 책임을 전가합니다. 그런데 이런 모든 행위와 생각들이 여호와가 보시기에 악한 것이라고 합니다. 이런 우리와 자녀들을 불쌍히 여겨 주옵소서.

영혼의 기도

이제는 아무리 지질해 보여도 믿음의 공동체를 떠나지 않기로 결단합니다. 문제 많은 내 자녀 앞에서도 더는 자녀를 탓하지 않게 하옵소서. 정욕으로 불신결혼한 내 죄를 보고 회개하는 믿음을 허락해 주옵소서. 날마다 말씀 앞에서 여호와가 보시기에 악한 내 모습을 보고 회개하며, 모든 유혹과 중독을 단칼에 끊을 수 있는 믿음도 더하여 주옵소서.

유다처럼 공동체를 떠난 지체들이 있다면 더 심한 수치를 당하기 전에 이제는 돌아오게 하옵소서. 지질한 내 집안의 가족신화와 가족비밀을 솔직하게 오픈함으로 공동체에 유익을 끼치는 내 가정이 될 수 있도록 도와주옵소서. 구속사의 주인공으로 우뚝 서서 은혜의 족보를 써 내려가는 우리 모든 가정이 될 수 있도록 지켜 주옵소서. 가정과 직장, 공동체에서 마땅히 지켜야 할 지체의 의무도 저버리지 않도록 도와주옵소서. 그리하여 여호와가 보시기에 아름다운 인생을 살아가는 우리가 되도록 은혜 위에 은혜를 더하여 주옵소서. 예수님 이름으로 기도하옵나이다. 아멘.

12 장

그는
나보다 옳도다

창세기 38장 12~30절

> 하나님 아버지, "그는 나보다 옳도다" 고백함으로
> 나도 살고, 가정과 직장과 교회와 나라를
> 살리는 인생이 되기를 원합니다.
> 말씀하여 주옵소서. 듣겠습니다.

"당신이 나보다 옳습니다!"

이 말을 못 하는 것이 우리 인생의 문제입니다. "옳소이다!"가 잘 되면 모든 문제가 해석될 텐데, 죄인인 우리는 늘 "나는 옳고 당신은 틀렸다"고 부르짖습니다.

그런데 이 어려운 고백을 하고서 구속사의 중심에 우뚝 선 인물이 있습니다. 바로 "유다"입니다.

창세기 37장부터 요셉의 이야기가 시작됐습니다. 아버지 야곱이 요셉만 편애하자 형제들이 그를 시기하여 애굽으로 팔아넘겼습니다. 그러니 이제부터 요셉이 고초를 겪는 이야기가 펼쳐져야 그 순서가 맞습니다. 그런데 이어지는 38장에 느닷없이 요셉의 형 '유다'가 등장합니다. 그 이유가 무엇일까요?

"여호와의 말씀이 그에게 임하여 이르시되 그 사람이 네 상속자가 아니라 네 몸에서 날 자가 네 상속자가 되리라 하시고"(창 15:4).

하나님은 아브라함의 후손에게서 영적 후사가 나리라고 약속하셨습니다. 앞으로 보나 뒤로 보나 훌륭한 요셉이야말로 최고의 영적 후사 같아 보이지 않습니까? 요셉이 말도 못 하게 멋있으니까 다들 요셉을 최고라고 합니다. 요셉을 예수님만큼이나 추앙합니다. 그러나 하나님의 구속사는 요셉이 아니라 '유다'에게로 이어졌습니다. 그런데 다들 헷갈려하니까 하나님이 너무 급해서 중간에 유다 얘기를 끼워 넣으신 겁니다.

야곱의 족보에서 빼놓으면 안 될 사람이 바로 유다입니다. 요셉이 그리스도의 표상이라면, 유다는 예수 그리스도의 씨입니다. 유다가 예수 그리스도의 직계 조상입니다.

야곱도 내내 헷갈리다가 유다가 예수 씨요, 요셉은 예수의 표상, 즉 모형이란 걸 죽기 직전에야 분별해 냈습니다. 모형과 진짜는 다르잖아요. 아무리 닮은 사람이라도 내 혈육, 내 아들에는 비할 수 없습니다.

성경은 예수 그리스도의 역사가 그 주제입니다. 우리가 지금 묵상하는 창세기도 예수 그리스도의 혈통의 근원에 관한 이야기입니다.

그러면 죄 많은 유다가 어떻게 예수님의 조상이 될 수 있었을까요? 나아가 유다처럼 우리도 예수 그리스도의 계보를 이으려면 어떻게 해야 할까요?

그는 나보다 옳도다

"나는 옳고 너는 틀렸다"에서 벗어나야 합니다

한마디로 "네 탓이야"를 그쳐야 합니다.

38장 1절부터 11절까지 유다가 어떤 짓거리(?)를 벌였습니까? 믿음의 공동체를 떠나서 불신결혼을 하고, 그 결론으로 자녀들이 문제아로 자랐습니다. 그중 두 아들이 여호와가 보시기에 악하므로 죽임당하죠. 그런데도 유다는 자기 죄를 못 보고 며느리 다말에게 모든 책임을 전가합니다. 다말은 20여 년간 고통 속에서 지낸 것도 모자라 집안에 불행을 불러들인 대역죄인이 됐습니다.

38장 1절을 다시 보면 "유다가 자기 형제들로부터 떠나 내려가서 아둘람 사람 히라와 가까이 하니라"고 했습니다. 왜 유다가 자기 공동체를 떠났겠습니까? 동생 요셉을 팔아넘긴 장본인으로서 죄책감에 시달리지 않았을까요? 그 죄책감이 나날이 증폭되며 아버지와 형제들에게까지 환멸을 느꼈을 겁니다. 아버지나 형제들이나 악하기 짝이 없고, 은근슬쩍 요셉을 생각하는 척했지만 동생을 팔아먹은 건 유다도 매한가지입니다. 그러니 자책과 환멸이 뒤섞여서 '다 싫다!' 하고 떠난 것이죠.

이처럼 내 탓보다 네 탓이 커 보일 때 우리는 공동체를 떠나 버립니다. 그러나 내 상처를 노출시킬 수 있는 곳이 진정 좋은 공동체입니다. 앞 장에서도 이야기했듯이, 우리는 상처를 주고받으면서 사랑을 주고받는 걸 배우기 때문입니다. 그러므로 때로는 환멸도 느껴 봐야 합니다.

믿음의 공동체라고 환멸 느낄 일이 없겠습니까? 그런데 유다는 '이러고도 저들이 하나님을 믿는 사람인가?' 탓하면서 믿음의 공동체를 훌쩍 떠났습니다. 그러고는 이방 사람 히라를 가까이하며 삶이 내리막길을 걷기 시작했습니다.

죄의 문제가 해결되지 않은 사람은 유다처럼 배우자 탓, 식구 탓, 공동체 탓을 하기 일쑤입니다. 옳고 그름만으로 따지면서 그들과 헤어지는 게 상책이라고 합니다. 헤어지면 잠시는 편하겠지요. 그렇다고 가정을, 공동체를 떠나 버리면 됩니까?

특히나 교회는 위로받으려고만 가는 곳이 아닙니다. 교회는 예수께서 십자가 보혈로써 값을 치르고 주신 공동체요, 주의 몸된 공동체입니다(골 1:24). 그러므로 옳고 그름을 떠나 반드시 교회 공동체에 붙어 있어야 합니다.

교회는 누구나 거할 수 있는 차별 없는 공동체여야 합니다. 그러나 죄인들이 모인 공동체이기에 마냥 화목할 수는 없습니다. 때로는 서로 껄끄럽고 불편해지기도 합니다. 그런데도 왜 주님은 교회 공동체로서 함께 가게 하십니까? 거기서 내가 얼마나 사람을 차별하는 교만한 자인가를 보라는 뜻입니다.

목자의 권면이 받아들여지지 않아서 이를 갈던 한 성도님이 계십니다. 직면하기 싫은 남편과의 문제를 목자가 자꾸 들쑤시는 것만 같아서 목장예배만 다녀오면 마음이 불편해졌답니다. 얼마나 갈등했는지 두통이 오기까지 했습니다. 목자가 성령에 이끌려서 전해 주는 권면인 걸 알지만, 아직 이분이 말씀이 잘 들리지 않다 보니 끊임없이 마음속에 갈등이 일었습니다. 그러다 하루는 참다못해 목자에게 대들고 말았습니다. 마치 귀먹은 사람처럼 목자의 말을 무시해 버렸죠. 그런데 수요예배에 참석하여 말씀을 듣는 중에 성령이 역사하셔서 이분의 입에서 회개가 터져 나왔답니다. 눈물이 주체할 수 없이 흐르며 "목자님이 옳다"는 고백이 자기도 모르게 튀어나왔습니다. 그래서 예배 후 목자에게 연락하여 "무시하고 대들어서 죄송하다"라고 진심으로 사과했답니다.

이처럼 목장의 권면을 잘 듣고 다 살아나면 좋을 텐데, 회개가 안 되어 공동체를 떠나는 사람도 있습니다. 말씀으로 정확히 권면하고 위로해 줘도 그것을 듣고 따르기가 참 쉽지 않습니다. 그러나 어려워도 한 걸음, 한 걸음 순종하다 보면 곧 영적으로 시원하게 됩니다. 그러므로 잘 참아 내십시오. 공동체 안에서 이런 과정을 거치면서 우리가 점점 성숙해지는 것입니다.

믿음의 공동체를 떠난 유다의 결론이 무엇이었습니까? 이방 여인과 불신결혼하는 악까지 저질렀습니다. 불신결혼이 얼마나 집안에 불행을 가져오는지는 느헤미야서, 여호수아서 등 성경 곳곳에서 언급하고 있습니다. 물론 신결혼한 야곱이 마냥 행복하게 산 건 아닙니다. 야곱도 험악한 삶을 살았지만, 신앙과 불신앙 사이에서 불필요한 싸움을 하지는 않았습니다. 우리는 어떤 문제든지 영적인 관점으로 생각해 봐야 합니다. 불신결혼하면 얼마나 돌아, 돌아가게 되는지 모릅니다. 그러기엔 우리 인생이 너무 짧습니다.

우리들교회가 "불신결혼은 안 된다"고 하도 부르짖으면서 가니까 초등부 아이가 이런 간증을 했습니다.

초등학교를 입학할 때 많이 두렵고 떨렸어요. 게다가 반 아이들을 때리고 다니는 무서운 친구와 짝이 돼서 더 걱정됐죠. 그런데 그 아이가 저를 밀쳐 심하게 다치는 바람에 선생님이 짝을 바꾸어 주셨어요. 바뀐 짝은 친절하고 공부도 잘하고 외모도 귀여웠어요. 저는 그 친구가 점점 좋아졌어요. 그런데 그 친구가 예수님을 믿지 않는 걸 알게 됐어요. 가족과 큐티하며 그 얘기를 나누자, 남동생이 "그 형이랑 결혼하면 불신결혼이야"라고 제게 으름장을 놓는 것 아니겠어요? 저도 "너는 누나를 그렇게 마음 약한 여자로 봤냐!"라고 맞받아쳤죠. 그 후로 그 친구가 예수님을 믿기 전까지 좋아한다고 고백하지 않기로 결심했어요. 지금은 하나님이 많은 친구를 보내 주셔서 좋아했던 그 친구와 다른 친구를 똑같이 대할 수 있게 되었어요.

여느 어른보다 훨씬 낫지요? 어린아이가 감정 처리도 참 잘합니다. 이렇게 평소 가족과 한 말씀으로 큐티하며 자라는 아이들은 불신 결혼을 하려야 할 수가 없습니다. 가족이 영육의 파수꾼이 되어 딱 지켜보고 있으니까 경계를 늦출 수가 없는 겁니다.

그런데 유다처럼 부모와 사이가 나쁘고 가족과 단절된 사람들이 결혼을 해치워 버리듯 하는 걸 종종 봅니다. 부모에게서 빨리 떠나려 하거나 혹은 부모에게 복수하려는 심리입니다. 혹시 여러분도 그런 결혼을 했습니까? 아니면 앞으로 그럴 예정입니까?

그는 나보다 옳도다

그렇다면 유다의 불신결혼이 어떤 여파를 낳았는지 좀 보세요. 문제 부모 아래서 문제 자녀가 생겨납니다. 아들들이 하나같이 악합니다. 오죽하면 장자 엘과 차자 오난이 '여호와가 보시기에 악하므로' 죽임을 당했다고 했습니다(창 38:7, 10). 그런데도 유다는 그들의 악함을 인정하지 않습니다. 자기 죄도 전혀 보지 못합니다. 오히려 며느리에게 "너 때문에 집구석이 이렇게 되었으니 너는 수절하고 네 아버지 집에 가 있어라" 하면서 문제의 책임을 죄다 전가했습니다. "나는 옳고 너는 그르다"라는 생각에서 여전히 벗어나지 못합니다.

요즘 드라마만 봐도 "너 때문에"에서 모든 갈등이 시작됩니다. "너 때문에 내 아들이 잘못됐다", "너 때문에 우리 집안이 망했다!" 드라마 속 세상만 그럴까요? "사위 때문에 내 딸이 잘못됐다", "친구 잘못 사귀어서 내 자녀가 비뚤어졌다!"…… 하며 다 자기 자녀밖에 관심이 없습니다.

유다도 남은 아들 셀라만 생각합니다. 그가 이스라엘 공동체에 계속 머물러 있었다면 믿음의 선배들이 바로잡아 주었을 텐데, 나 홀로 떨어져 나와 지체가 없다 보니까 그저 남만 탓하고 정죄합니다. "너 때문에 내 아들이 죽었다"고 며느리 다말만 질책합니다. 드러난 현상만 보면서 책임을 전가하는 겁니다. 끝까지 자기 죄는 못 봅니다. 그러니 회개의 반대말은 "너 때문이야"입니다.

유다가 남 탓만 하니까 이제 어떤 일이 일어납니까?

얼마 후에 유다의 아내 수아의 딸이 죽은지라 유다가 위로를 받은 후에 그의 친구 아둘람 사람 히라와 함께 딤나로 올라가서 자기의 양털 깎는 자에게 이르렀더니 _창 38:12

이번에는 하나님이 유다의 아내를 데리고 가 버리십니다. 그런데 그 아내의 이름은 여기서도 안 나옵니다. 지난 2절에서 그랬던 것처럼 성경은 여전히 '수아의 딸'이라고만 합니다. 부잣집 딸과 결혼했는데 그 아내가 죽었습니다. 그러므로 유다는 이제 돈 많은 장인과도 끈이 떨어지게 되었습니다.

두 아들에 아내까지 잃었으면 이제는 믿음의 공동체로 돌아갈 법도 하잖아요? 하지만 유다는 위로를 받은 후에 히라와 함께 자기의 양털을 깎으려고 딤나로 올라갑니다. 아내까지 죽으니 오히려 세상에서 더 헤어 나오지 못합니다.

어려울 때 안 믿는 친구와 동행하면 문제가 뭔지도 모르고 그저 내가 옳다고만 여기게 됩니다. 히라는 반석 같고, 훌륭하고, 빛나는 이름을 가진 세상 친구입니다. 믿는 친구보다 훨씬 유연하고 가치 있어 보입니다. 하지만 예수가 없는 세상 관계가 얼마나 허망한지는 곧 깨닫게 됩니다. 그것이 인생입니다.

그런데 하나님은 이렇듯 죄뿐인 유다를 왜 갑자기 등장시키셨을까요? 37장에서 요셉 이야기를 하다가 38장에서 갑자기 유다 이야기를 왜 하시는 걸까요? 유다가 잘나서가 아닙니다.

"유다가 이렇게 형편없어도, 너희가 아무리 형편없어도 은혜로 이끌어 가는 것이다!"

그는 나보다 옳도다

이 메시지를 주시기 위해서 수치스러운 비밀이 많은 유다를 급히 등장시키신 것입니다.

우리에게도 저마다 가족신화와 가족비밀이 있습니다. 믿음의 조상, 예수님의 직계 조상인 유다가 이토록 가족비밀이 많은데 우린들 없겠습니까?

『신실한 남자의 들키고 싶지 않은 비밀』과 『신실한 여자의 숨기고 싶은 비밀』의 저자이자 방송인인 태미 몰트비(Tammy Maltby)는 말합니다.

"우리 주위에는 부모의 폭행과 친척들의 성폭력, 이혼 등과 같은 수치와는 상관없을 것 같은 착한 크리스천들이 수두룩하다. 그러나 조금만 깊이 들어가 보면 이런 수치들이 탄로날까 봐 두려움에 떨며 방황하고 있는 크리스천들이 교회 가득 앉아 있다."

많은 크리스천이 끝없는 절망감을 떠안고 살면서도 단지 크리스천이란 이유만으로 자기 수치를 절대로 드러내지 않는다고 합니다. 자신이 얼마나 가혹한 시련을 견디고 있는지조차 가늠하지 못한 채 신앙생활을 한다는 겁니다.

태미 몰트비 역시 자신의 이혼 경력 때문에 교인들로부터 오랫동안 따돌림을 당했다고 합니다. 어려서는 부모의 학대를 받았고, 동거하는 남자에게 매도 맞았답니다. 혼전순결도 지키지 못했다고 합니다. 그녀가 일취월장하고 있을 때도 끊임없이 '나는 학벌이 낮아서, 뚱뚱해서, 이혼 경력이 있어서……' 등등의 자격지심에 사로잡혔답니다.

하지만 그녀는 그럴수록 더더욱 외부 활동에 몰두했습니다. 남들보다 외모가 못났다는 생각에 성형수술에 집착하기도 했습니다. 그러니 사람들이 그녀의 속사정을 알 리 없었습니다. 언제나 그녀를 착한 크리스천, 똑소리 나는 인기 강사로만 바라보았습니다.

그러나 이야말로 자신의 지질한 비밀을 덮기 위해서 다른 일에 몰두한 끝에 얻은 신화에 불과합니다. "나는 모자란 것이 많고, 가족 비밀도 많으니까 절대로 허점을 보이면 안 돼. 언제나 성공해야 해"라면서 맨날 자신을 채찍질한 결과일 따름입니다.

그녀처럼 하나님보다 사람의 눈을 더 무서워하고, 열등감이 깊은 사람일수록 "내가 옳다"는 것을 보여 주기 위해서 얼마나 열심히 사는지 모릅니다. 하지만 "내가 옳다"라는 말과 생각은 내 열등감을 온몸으로 나타내는 반응에 불과합니다.

지금 유다가 그렇습니다. 두 아들이 죽은 책임을 며느리 다말에게 전가하던 유다는 아내가 죽어도 자기 문제를 못 봅니다. 계속 "내가 옳다"만 부르짖고 있습니다. 가족비밀을 숨기고 더 열심히 살려고 애씁니다. 믿음의 공동체로 돌아가지 않고 세상 친구 히라와 함께 딤나로 올라간 이유가 여기에 있습니다.

+ 탄로 날까 봐 날마다 두려워하는 나와 내 집안의 수치는 무엇입니까? 그 수치를 가리려고 더욱 열심인 것은 또 무엇입니까?
+ 세상 친구 따라 함께 가고 싶은 나의 딤나는 어디입니까?
+ 믿음의 공동체를 떠나고, 불신결혼을 하고, 책임을 전가하는 유다의 악 중에 나는 어느 단계에 있습니까?

"내가 옳다"만 부르짖으면
결정적인 악을 행하게 됩니다

13 어떤 사람이 다말에게 말하되 네 시아버지가 자기의 양털을 깎으려
고 딤나에 올라왔다 한지라 14 그가 그 과부의 의복을 벗고 너울로 얼
굴을 가리고 몸을 휩싸고 딤나 길 곁 에나임 문에 앉으니 이는 셀라가
장성함을 보았어도 자기를 그의 아내로 주지 않음으로 말미암음이라

_창 38:13~14

다말이 너울로 얼굴을 가리고 변장한 채 시아버지를 유혹하러
나섭니다. 이유가 무엇입니까? 셀라가 장성했음에도 자신을 셀라에
게 들여보내 주지 않아서입니다.

앞 장에서도 설명했지만, 그 당시 계대혼인법에 의하면 첫째 아
들이 대를 이을 아들을 얻지 못하고 죽으면 홀로된 며느리를 둘째 아
들에게 주어서 집안의 대를 이을 아들을 낳게 했습니다. 둘째 아들도
죽으면 셋째 아들이 그 의무를 행해야 합니다.

그런데 유다는 셋째 아들까지 죽을까 봐 며느리에게 수절을 강
요하고 친정으로 돌려보냈습니다. 이 집안에 씨가 마르게 생겼습니
다. 그럼에도 유다는 이에 대한 책임을 망각하고 있습니다. 그러니 이
제 며느리 다말이 나섭니다. 시아버지 유다와 관계해서라도 그 집안
의 대를 이으려는 것입니다.

우리의 사고방식으로는 이해하기 어려운 행동입니다. 하지만 이

런 다말의 행동을 영적 관점으로 바라봐야 합니다. 예수 믿는 사람이 한 명이라도 더 나와야 하지 않습니까? 다말의 행동은 믿음의 대물림, 영적 후사가 그만큼 중요하다는 것을 시사합니다.

> 15 그가 얼굴을 가리었으므로 유다가 그를 보고 창녀로 여겨 16a 길 곁으로 그에게 나아가 이르되 청하건대 나로 네게 들어가게 하라 하니 그의 며느리인 줄을 알지 못하였음이라…… _창 38:15~16a

유다는 두 아들에 아내까지 잃었어도 자기 죄를 보지 못했습니다. 여전히 "내가 옳다"는 생각에 사로잡혀 있었습니다. 열심히 일하면 슬픔도 이겨 낼 줄 알았습니다. 돈을 많이 벌어서 히라처럼 빛난 삶을 살게 될 줄 알았습니다. 하지만 누구나 돈이 생기면 쾌락과 음란으로 가기 마련입니다.

유다도 그렇습니다. 해태(獬豸) 눈이 돼서 며느리도 못 알아봅니다. 창녀로 여깁니다. 슬픔을 이기려고 일에 미쳤다가 돈을 버니 창녀와 놀아납니다. 가나안 생활에 푹 젖은 삶의 결론입니다. 딤나에서 풍성한 양털을 얻었으면 하나님께 감사해야 하는데, 영은 잠들고 육의 쾌락만 찾아다닙니다.

이런 유다를 보면서 두 아들이 왜 성적으로 방종했는지 이제야 알 것 같습니다. 아버지가 이토록 아무런 부대낌 없이 창녀를 찾는데 그 아들들이야 오죽했겠습니까? 성적으로 방종하다가 둘이나 목숨을 잃은 게 너무나 당연해 보입니다.

16b ……그가 이르되 당신이 무엇을 주고 내게 들어오려느냐 17 유다가 이르되 내가 내 떼에서 염소 새끼를 주리라 그가 이르되 당신이 그것을 줄 때까지 담보물을 주겠느냐 18 유다가 이르되 무슨 담보물을 네게 주랴 그가 이르되 당신의 도장과 그 끈과 당신의 손에 있는 지팡이로 하라 유다가 그것들을 그에게 주고 그에게로 들어갔더니 그가 유다로 말미암아 임신하였더라 _창 38:16b~18

날마다 "내가 옳다"만 부르짖던 유다가 결국 죄의 흔적을 남깁니다. 창녀로 변장한 며느리에게 반하여 자기 씨를 잉태하게 한 것입니다. 더구나 동침하는 조건으로 도장과 끈과 지팡이를 담보물로 건네줌으로써 주도권이 완전히 며느리에게로 넘어갑니다.

19 그가 일어나 떠나가서 그 너울을 벗고 과부의 의복을 도로 입으니라 20 유다가 그 친구 아둘람 사람의 손에 부탁하여 염소 새끼를 보내고 그 여인의 손에서 담보물을 찾으려 하였으나 그가 그 여인을 찾지 못한지라 21 그가 그 곳 사람에게 물어 이르되 길 곁 에나임에 있던 창녀가 어디 있느냐 그들이 이르되 여기는 창녀가 없느니라 22 그가 유다에게로 돌아와 이르되 내가 그를 찾지 못하였고 그 곳 사람도 이르기를 거기에는 창녀가 없다 하더이다 하더라 23 유다가 이르되 그로 그것을 가지게 두라 우리가 부끄러움을 당할까 하노라 내가 이 염소 새끼를 보냈으나 그대가 그를 찾지 못하였느니라 _창 38:19~23

유다가 얼마나 창녀를 찾았는지 21, 22절에서 창녀라는 말이 세 번이나 나옵니다. 겉은 신실한 아브라함과 이삭과 야곱의 후손인데 속은 악과 음란에 젖어 있는 유다의 모습을 우리가 지금 보고 있습니다.

그런데 일을 치른 후 염소 새끼를 보냈는데 그 창녀를 찾지 못합니다. 그러니 순간적으로 아차 싶었습니다. '도장과 끈과 지팡이를 맡겼는데 이를 어쩌나, 내 신분이 드러나면 어쩌나?' 걱정이 몰려듭니다.

하지만 이런 와중에서도 유다는 여전히 남 탓을 합니다. "그대가 그를 찾지 못하였느니라" 하고 친구 히라에게 책임을 전가합니다.

히라가 누구입니까? 유다가 지금까지 그토록 '좋아라' 하며 가까이한 친구, 자기를 위해서 비서실장을 자처하며 창녀를 찾으러 다녀준 친구입니다. 그런 히라에게 "네 책임이야, 너 때문에 창녀를 놓쳤다"라고 한 것입니다. 과연 며느리에게 "너 때문에 아들이 죽었다"라고 한 유다답습니다. 이런 유다를 보면 믿는 사람들이 안 믿는 사람보다 더 졸렬한 것 같습니다. 아무튼 하나님보다 인간을 의식하면 죄가 멀어지지 않습니다. 더 큰 범죄의 기회가 오게 됩니다.

> 석 달쯤 후에 어떤 사람이 유다에게 일러 말하되 네 며느리 다말이 행음하였고 그 행음함으로 말미암아 임신하였느니라 유다가 이르되 그를 끌어내어 불사르라 _창 38:24

자신이 며느리를 임신시킨 줄도 모르고 유다는 "행음한 며느리를 죽이라"고 합니다. 자기 죄를 인식하지 못하면 인정하기도 힘듭니

그는 나보다 옳도다

다. 내가 옳기 때문입니다. '똥 묻은 개가 겨 묻은 개 나무란다'라는 말은 이럴 때 씁니다.

성경에서 '며느리와 동침한 죄'는 여기서 한 번밖에 안 나옵니다. 그 끔찍한 죄를 예수님의 조상인 유다가 지었습니다. 그래서 임신까지 시켰는데 더 큰 죄는 자기 씨인 줄도 모르는 것입니다. 예수님의 씨인 줄도 모르고, "며느리를 불살라 죽이라"고 하는 더 큰 악을 저지르고 있습니다.

"내가 옳다"라는 생각에 빠진 사람은 그 어떤 충고나 권면도 받아들이지 않습니다. 무슨 말을 해도 듣지를 않습니다. "여기까지!", "됐어!", "이제 그만!" 하고 중간에서 딱 자릅니다. 두말하면 "더 이상 나한테 토 달지 마", "시끄러워!", "나가!"라고 합니다.

내가 옳은 사람은 다른 사람의 생각과 의견을 절대 들으려 하지 않습니다. 무조건 틀렸다고 판단합니다. 밥 먹고 하는 일이 "나는 옳고 너는 틀렸다" 뻗대는 겁니다.

톰 데이비스(Tom Davis)는 이런 책임 전가가 '신실한 남자들의 들키고 싶지 않은 비밀'에서 비롯된다고 합니다.

그는 입양까지 해서 여섯 아이를 키우고 있는 훌륭한 아빠입니다. 그리고 고아들을 돕는 국제기구의 대표로 활동하고 있습니다.《포춘(FORTUNE)》지가 선정한 500대 기업의 리더십 개발 컨설팅을 해 주는 실력자입니다. 신실한 크리스천으로서 꼬박꼬박 교회에 나가고, 성경도 열심히 읽고, 하나님의 은혜로 날마다 기분 좋게 자리에서 일어난다고 합니다.

그런데 그는 수많은 여성과 잠자리를 했고, 코카인을 흡인하고, 남의 지갑에서 현금을 빼돌렸고, 감옥살이까지 했습니다. 더욱 놀라운 것은 이런 죄를 모두 그리스도를 믿은 후에 저질렀다는 것입니다.

소위 크리스천이라는 남성들이 얼마나 엉뚱한 곳에서 엉뚱한 짓을 하는지 모릅니다. 성경에 그런 사연이 넘쳐납니다. 아브라함과 이삭과 야곱의 가문에서 이런 일이 수도 없이 일어났습니다.

그런데 이것 가지고 흥분하는 사람들이 있습니다. 이들이야말로 바리새인입니다. "나는 남을 속인 적 없다, 나는 며느리와 동침한 적이 없다" 하며 남을 정죄하는 교만은 더 큰 문제입니다. 자기 죄를 모르기 때문입니다.

톰 데이비스 역시나 자기 죄를 보지 못하고 오랫동안 바깥에서 문제의 원인을 찾았답니다. '친아버지를 모르고 태어나 양아버지에게 학대를 받았던 가족비밀을 숨기기 위해서 날마다 일탈 행위를 했다'라고 하며 자신을 합리화했다는 것입니다.

그러면서 그는 다음과 같이 말합니다.

잘못을 저지른 사람이 가장 먼저 보이는 반응은 그 잘못을 축소하려고 애쓰는 것이다. 특별히 남자들은 죄를 짓고 시치미 뚝 떼는 데 탁월한 기량을 보인다. 그러고는 남 탓을 한다. '상사가 막무가내여서 마지못해 술을 마셨다, 내가 공부 못하고 못사는 것은 못난 아버지를 닮아서 그렇다'는 둥……. 내가 크리스천으로 고통을 무릅쓰고 자기 행동에 책임을 지는 법을 배우지 않으면 '아빠 때문이야, 엄마 때문이야,

그는 나보다 옳도다

당신이 돈이 없어서, 사장이 이상해서, 내가 학대를 당해서……' 하며 남 탓만 하게 된다. 사정이야 어찌하든 자기 행동에 책임을 지지 않으려고 한다면 여러분은 단 한 발짝도 전진할 수 없다.

지금 유다가 그렇습니다. 아직껏 자기가 행음한 죄를 깨닫지 못합니다. 정말 이것은 성령님께서 깨닫게 해 주셔야 합니다. 사람의 머리로는 깨달을 수 없습니다.

+ 나는 내 집안의 구원을 위해 맡은 사명을 망각하고 있지는 않습니까? 구원의 사명을 어떻게 이행하고 있습니까?
+ "아빠 때문이야, 엄마 때문이야, 당신이 돈이 없어서, 사장이 이상해서, 내가 학대를 당해서……" 하며 날마다 남 탓만 하고 있지는 않습니까? 나는 무엇이 그리 잘나서, 무엇을 그리 잘해서 남 탓을 하고 있습니까?
+ 계속 무너지고 있는데도 내 죄를 인정하지 못하고 결정적인 악으로 치닫고 있는 것은 무엇입니까?

모든 문제의 해결책은 "네가 나보다 옳다"입니다

한마디로 "내 책임이다~" 이렇게 고백할 수 있어야 모든 문제가 해결됩니다.

여인이 끌려나갈 때에 사람을 보내어 시아버지에게 이르되 이 물건 임자로 말미암아 임신하였나이다 청하건대 보소서 이 도장과 그 끈 과 지팡이가 누구의 것이니이까 한지라 _창 38:25

다말이 끌려 가면서 시아버지 유다의 도장과 끈과 지팡이를 딱 보여 주었습니다. 그러면서 "이것이 아버님 것입니다"라고 하지 않습 니다. "이 물건의 임자로 말미암아 임신하였나이다"라고 합니다. 이 물건의 임자가 '내 아이 아버지'라는 것입니다.

아들 둘이 죽었으면 계대혼인법을 따라 기업 무르기를 해야 하는 데 유다는 그 책임을 지금까지 망각하고 있었습니다. 그런데 며느리 가 끌려가면서 자기 도장과 끈과 지팡이를 보여 주니까 그제야 정신 이 확 들었습니다.

유다가 그것들을 알아보고 이르되 그는 나보다 옳도다 내가 그를 내 아들 셀라에게 주지 아니하였음이로다 하고 다시는 그를 가까이 하 지 아니하였더라 _창 38:26

"그는 나보다 옳도다!"
성경에서 가장 위대한 문장입니다. 창세기에서 제일 중요한 키 워드라고 할 수 있습니다.

그동안 모두에게 책임 전가만 하던 유다였습니다. 그런데 지금 은 어떻습니까? 며느리가 내민 자신의 도장과 끈과 지팡이를 알아보

그는 나보다 옳도다

고 드디어 자기 죄를 깨닫습니다. 도장과 끈과 지팡이를 알아봤다는 것은 하나님의 약속을, 언약을 알아봤다는 의미입니다. 그리고 "내가 그를 내 아들 셀라에게 주지 아니하였음이로다" 하고 자기 죄를 고백합니다. 창녀로 변장해서 자기를 속이고 임신한 다말의 죄가 자신의 죄에 비하면 너무 약하다는 것입니다.

여기서 다말이 옳다는 것은 결코 '절대적 의(義)'를 이야기하는 것이 아닙니다. 우리는 믿음으로 의롭게 되지만 '절대적 의'는 누구에게도 없습니다. "She is more righteous than I……", 즉 '상대적 의'입니다. "믿음 있는 집안의 나보다 이방 사람인 다말 네가 훨씬 옳다"라는 것입니다.

또한 이 고백은 곧 유다의 '공동체 고백'입니다.

"나는 지금까지 구원에 대해 관심이 없었다. 영적 후사에 관심이 없었다. 그저 돈 버는 일에 열심이었다. 그리고 번 돈으로 창녀와 동침했다. 그런데 알고 보니 그 창녀가 내 며느리 다말이었다. 하지만 내 며느리가 욕정으로 나를 유혹한 것이 아니다. 예수 씨가 내 집안에 오게 하려고 수치스러운 일을 감당했다. 우리 집안의 구원을 위해서, 예수님의 탄생을 위해서 불에 태워져 죽임당할 것을 불사했다."

그러면서 마음에도 없이 며느리 다말에게 수절을 강요하고, 셀라가 장성하기를 기다리게 한 거짓 약속의 죄를 가족들 앞에서, 공동체 앞에서 고백했습니다. 만일 그가 공동체 앞에서 '며느리가 옳다'고 인정하지 않았다면 다말은 꼼짝없이 죽임당했을 것입니다.

또한 '다시는 다말을 가까이하지 않았다'는 것은, 자신이 근친상간을 저지른 부도덕한 죄인임을 인식한 데서 더 나아가 영적 후사를 낳는 것이 기업 무르기의 참뜻임을 유다가 정확히 알게 되었음을 의미합니다. 이런 유다의 죄 고백으로 말미암아 유다와 다말은 찬란히 빛나는 구속사의 계보에 올랐습니다. 마태복음 1장, 예수 그리스도의 계보에 그 이름이 올랐습니다(마 1:3). 할렐루야!

"그는 나보다 옳도다." 여기서 예수님이 오시게 된 것입니다. 이것은 요셉이 한 말이 아닙니다. 유다가 한 말입니다.

앞에서 소개했던 태미 몰트비는 자신이 아무것도 할 수 없는 속수무책의 상황에서 발견한 보물은 '정직'이라고 말했습니다. 그녀는 고난을 통해서 '자기 단점과 고통에 대해서 정직해야 함'을 배웠다고 합니다. "어려움에도 불구하고 '나는 아무 문제 없어', '우리 집은 아무 문제 없어', '우리 회사도 아무 문제 없어'라고 하는 것은 하나님의 사역을 가장 방해하는 것"이라고 합니다.

내가 아프다는 사실을 스스로 인정하지 않으면 치료받을 수 없습니다. 치유될 리도 없습니다. 내가 아픈 것을 알고, 병원에 가야 치료가 시작됩니다. 치유가 시작됩니다.

하지만 우리의 실상은 어떻습니까? 공동체 안에서 나의 고난, 나의 수치를 숨기려 듭니다. 태미 몰트비처럼 아버지한테 학대받고 성폭력당하고 동거남에게 매 맞는 이야기를 남들 앞에서 하는 것을 굴욕으로 여깁니다. 그러고는 기도와 성경 공부에 매달리면서 "나는 애써서 만족하고 감사해야 해!" 하고 자신을 닦달합니다. 하지만 이것도 일종의 강박증입니다. 하나님은 결코 이런 나의 모습을 원하지 않으십니다.

태미 몰트비는 다음과 같이 말합니다.

"가장 내밀한 고통과 수치심을 예수 그리스도와 다른 사람에게 감추지 않고 과감하게 드러낼 때만이 우리는 다른 사람들의 깊은 고통에 닿는 길을 찾을 수가 있다."

내 단점과 모든 고통에 대하여 정직하게 고백하면 그 고백을 들은 사람에게도 영향을 주게 된다는 것입니다. 다른 사람의 정직한 고백을 낳고 낳아서 공동체 안에 치유가 일어나는 것입니다. 그러므로 혼자서 끙끙 앓지 마십시오. 정직한 고백을 통해 지속적으로 환기를 일으켜야 합니다.

"이 물건 임자로 말미암아 임신하였나이다"라는 다말의 고백도 그렇습니다. 당시 도장과 끈과 지팡이는 그 소유자의 신분을 나타내는 물건들이었습니다. 그러므로 "이 도장과 그 끈과 지팡이가 누구의 것이니이까!" 하는 다말의 외침은 "당신은 약속의 사람, 도장의 사람, 끈의 사람이다. 당신은 그렇게 살면 안 된다. 내가 당신 가족을 이끌어가야 하는데, 이방인인 내가 와서 이렇게 열심히 예수 믿으려고 노력하는데 당신은 장로가 되어서 목사가 되어서 왜 그러느냐? 뭐가 그렇게 수치스럽냐?"라는 의미입니다. 하나님 앞에서 자신을 진실하게 드러내고 우는 것을 부끄러워하지 말라는 것이죠. 유다에게 환기를 불러일으키는 메시지입니다. 그러므로 결국 다말이 "그는 나보다 옳도다"라는 유다의 고백을 이끌어 낸 것입니다.

+ "나는 옳고 너는 틀리다" 하며 날마다 정죄하는 사람은 누구입니까?

+ 다시는 가까이하지 말아야 할 나의 다말은 누구(무엇)입니까?

+ 주님과 지체들 앞에서 감추지 않고 과감하게 드러내야 할 나의 고통과 수치심은 무엇입니까? 그 고통과 수치를 오픈함으로 이제는 자유함을 얻었습니까?

"네가 나보다 옳다"라는 고백을 통해 최고의 축복을 주십니다

27 해산할 때에 보니 쌍태라 28 해산할 때에 손이 나오는지라 산파가 이르되 이는 먼저 나온 자라 하고 홍색 실을 가져다가 그 손에 매었더니 29 그 손을 도로 들이며 그의 아우가 나오는지라 산파가 이르되 네가 어찌하여 터뜨리고 나오느냐 하였으므로 그 이름을 베레스라 불렀고 30 그의 형 곧 손에 홍색 실 있는 자가 뒤에 나오니 그의 이름을 세라라 불렀더라 _창 38:27~30

다말이 부끄러움을 무릅쓰고 적용하여 시아버지 유다를 살렸습니다. 하나님은 그런 다말에게 쌍둥이 아들을 주셔서 유다의 죽은 두 아들을 보상하게 하셨습니다. 베레스는 '갑작스레 터트리고 나온다'라는 뜻이고, 세라는 '떠오르고 빛난다'라는 뜻입니다.

그런데 다말의 출산 과정이 심상치 않습니다. 아주 난산입니다. 아기는 머리부터 나와야 정상인데 손부터 나왔으니 산파가 그 손을

그는 나보다 옳도다

도로 들입니다. 그리하여 본래 장자였던 빛나는 세라는 다시 들어가고, 차자 베레스가 먼저 터트리고 나와서 기업을 잇는 자가 됩니다. 아브라함과 이삭과 야곱과 유다의 기업을 이어 장차 오실 메시아의 직계 조상이 됩니다.

이방 여인 다말이 베레스를 낳기까지 얼마나 힘든 일을 많이 겪었습니까? 남편이 죽고, 집안의 대를 잇기 위해 자신과 결혼했던 시동생마저 죽었습니다. 그것도 모자라 창녀로 변장하고 시아버지와 동침하여 쌍둥이를 임신했지만, 화형당할 뻔도 했습니다. 그 정신적 고통은 이루 말할 수 없었을 것입니다.

그럼에도 다말은 그 누구도 원망하지 않았습니다. 탓하지 않았습니다. 그저 당하고만 살았습니다. 유다보다 근본적으로 겸손할 수밖에 없었습니다.

우리가 예수 믿고, "주를 위해 생명을 바친다, 주를 위해 살리라" 하여도 그렇습니다.

우리는 눈곱만한 자존심 때문에 지고는 못 삽니다. 싫은 소리를 못 듣습니다. 수치도 못 견딥니다. 그런데 다말은 모든 자존심을 내려놓았습니다. 욕정 때문이 아니라 오직 집안의 구원을 위해서 시아버지와 동침하는 수치스러운 일을 감행했습니다. 가족신화, 가족비밀 따위에는 아랑곳하지 않았습니다. 그녀가 잘나서가 아닙니다. 태미 몰트비의 고백처럼 다말 역시나 고난을 통해 자기 단점과 고통에 대해서 정직해야 함을 배웠기 때문입니다.

하나님의 은혜로 주님을 만난 사람은 자신이 벌레만도 못한 인생임을 알게 됩니다. 그 어떤 수치와 고난도 자기 죄에 비하면 아무것도 아니라는 것도 알게 됩니다.

하지만 약할 때 강함이 되어 주시는 하나님을 우리는 잊지 말아야 합니다. 다말이 그랬고, 베레스가 그랬습니다. 근친상간과 난산을 통해서 태어나고, 더구나 장자가 아닌 차자이지만 그 약한 베레스의 혈통에서 예수님이 오시지 않았습니까? 유다를 비롯한 그 아들들이 기업 무르기에 관심이 없을 때도 약한 다말에게 강함이 되어 주신 하나님이십니다. 그녀 혼자라도 중심을 잡게 하시고, 기업을 무르게 하셨습니다. 이야말로 구속사적으로 중요한 사건입니다.

그러므로 하나님께서 이 사건을 얼마나 칭찬하시는지 아십니까?

베레스의 후대 이야기인 룻기를 보면, 나오미는 흉년을 피해 모압으로 떠나지만 남편과 두 아들을 다 잃고 맙니다. 결국 그녀는 자신을 따르는 한 며느리 룻과 함께 고향 땅으로 돌아옵니다.

그렇게 나오미도, 룻도 텅 빈 인생인 줄만 알았습니다. 그런데 보아스라는 사람이 나타나 나오미의 기업을 무르기 위해 룻과 결혼합니다. 그때 성문에 있던 모든 백성과 장로들이 다음과 같이 보아스를 축복합니다.

"여호와께서 이 젊은 여자로 말미암아 네게 상속자를 주사 네 집이 다말이 유다에게 낳아준 베레스의 집과 같게 하시기를 원하노라 하니라"(룻 4:12).

세상 시선으로 보면 시아버지와 며느리가 동침하여 아들을 낳은 일은 저주이고 수치입니다. 그런데도 다말 이야기로 보아스를 축복했다는 것은, 그들도 구속사를 알고 있었다는 뜻입니다.

룻과 보아스가 받은 축복은 역사상 가장 큰 복입니다. 예수님의 직계 조상이 되는 것보다 더 좋은 복이 어디 있습니까? 그들이 받은 축복대로 보아스와 룻의 자손인 오벳을 통해 베레스의 계보가 이어 졌습니다. 오벳의 손자인 다윗의 후손에게서 예수님이 나셨습니다(룻 4:18~22). 할렐루야!

그러니 치졸하고 지질해도 예수 믿는 게 최고입니다. 믿음은 신 비한 비밀입니다. 맏아들이 하버드 대학을 나왔어도, 철창에 갔다 온 둘째가 예수님 만났으면 그 아들이 진짜입니다. 게임에, 도박에, 술에 찌들었어도 예수님 만났으면 그 아들이 진짜입니다. 내가 아무리 인 정하고 싶지 않아도 예수 믿는 아들이 진짜입니다. 하나님 나라에는 이런 비밀이 있는 것입니다.

『모든 남자의 참을 수 없는 유혹』의 저자 스티브 아터번(Stephen Arterburn)은 "많은 사람이 자기 인생을 통제하고 조절할 수 있는 것처 럼 말하지만 인생은 우리 뜻대로 되지 않는다"라고 말합니다.

'의지력만 더 기르면 돼, 게을러서 그런 거야, 조금만 더 부지런 해지면 돼, 조금만 더 철저히 살면 돼, 노력해서 안 될 일은 없어……' 하며 열심을 내지만 이런 거짓만 믿고 살다 결국 아무것도 할 수 없다 는 절망감에 다 빠지고 만다는 것입니다.

여러분은 어떻습니까? 지금 인생의 벽에 부딪쳤습니까? 하지만 이 사건은 내가 할 수 없는 일을 하나님께서 대신 해 주시겠다는 사인 입니다. 그런 하나님께 항복해야 합니다. 항복은 포기하고 아무것도 안 하면서 가만히 있는 것이 아닙니다. 하나님의 존재를 인정하는 행위입니다. 적극적으로, 의식적으로 하나님께 돌아서는 행위가 바로 항복인 것입니다. 하나님께 항복하지 않고 혼자서 다 하려는 것은 지극히 파괴적인 태도입니다.

그러므로 하나님 앞에 나의 모든 것을 내려놓기를 바랍니다. 유다와 다말처럼 기가 막힌 수치까지 오픈하는 성도들을 하나님이 얼마나 예뻐하시는지 모릅니다.

한 여집사님의 수치스러운 나눔을 소개합니다.

저는 학교 다닐 때 공부를 지지리도 못했습니다. 그래서 야간 고등학교를 다니며 낮에는 일하고 밤에 공부했습니다. 또 외모가 예쁜 편인데도 성형수술을 네 번이나 했습니다. 주변에 예쁜 친구들이 유흥업소로 빠지는 걸 종종 보면서 안타까웠는데, 저도 그만 잘못된 길로 빠지고 말았습니다. 빗나간 선택으로 남자들의 성적 노리개가 될 수밖에 없었습니다.

그럼에도 저는 여전히 외모가 우상입니다. 지금도 공부가 싫고 컴퓨터 배우기도 싫어서 제대로 다루지 못합니다. 장애아를 둔 엄마 중에서 운전을 못하는 사람도 저밖에 없습니다.

그러나 하나님 말씀은 신기하게도 잘 읽어집니다. ……이제는 악하고 음란한 이 세상의 성적 노리개가 된 여성들을 찾아가 예수님을 전하는 인생을 살기 원합니다.

　　　　　　　　　　　그는 나보다 옳도다

성 어거스틴(St. Augustine)은 신앙심 좋은 어머니에게 사랑을 받고 자랐지만, 젊은 날을 방탕하게 보냈습니다. 하나님을 외면하며 지적 욕구만 채우는 삶을 살았습니다. 그러나 훗날 회심하여 주교가 되고 『고백록』을 집필했습니다.

반면에 어거스틴과 동시대에 활동한 펠라기우스(Pelagius)는 목회자 아들이고, 똑똑하고, 모범생이지만 어거스틴을 너무나 괴롭혔습니다. "인간은 자기 노력으로 구원을 얻을 수 있다" 주장하며 어거스틴을 대적했습니다. 그러다 결국 이단으로 몰렸습니다.

정말 별 인생 없습니다. 그러므로 지금 내 아들이 속을 썩이면 "너는 어거스틴이구나" 하고 축복하는 부모가 되기를 바랍니다. 내 아들이 공부 잘한다고 너무 잘난 척도 하지 말고, 공부 못한다고 열등감을 갖지도 말기 바랍니다. 잘하든 못하든 예수 믿는 자녀가 최고입니다.

내 자녀가 아무리 문제라도 그렇습니다. "그래, 나보다 네가 옳다" 고백하는 부모가 최고의 부모입니다. 내 죄만 고백하면 그 죄가 힘을 잃습니다.

그러므로 이제는 내 집안의 수치의 사건을 통해 내 죄를 보기 바랍니다. 수치의 사건이 없다고 해서 "나는 죄 없다" 해서도 안 됩니다. '상대적인 의'라고 했습니다. '상대적인 내 죄'를 보아야 합니다. 행여 내 배우자가 바람을 피워도 그 사건 속에서 "내 배우자가 나보다 옳다"라고 고백할 수 있어야 합니다. 수치를 무릅쓰고 공동체에 오픈해야 합니다. 그 공동체 고백이 내 집을 살립니다. 상처가 치유되고, 예수님이 오실 줄 믿습니다.

+ 지금 내 집안에 난산(難産)처럼 '터진' 사건은 무엇입니까? 그것이 내 집안의 구원을 위해 구속사적으로 매우 중요한 사건임이 인정됩니까?

+ 내 가족, 내 지체가 지은 죄를 통해 상대적으로 보게 된 나의 죄는 무엇입니까? 내 집, 내 가족의 구원을 위해 주님과 공동체 앞에서 그 죄를 오픈했습니까?

+ 내 집안, 내 가족을 살리기 위해 "그는 나보다 옳도다" 고백해야 할 '그'는 누구입니까?

그는 나보다 옳도다

제 아들은 발달장애 3급 자폐아입니다. 지하철 전 노선을 다 외우고 안내방송을 똑같이 따라 하는 것을 보고 처음에는 영재인 줄 알았습니다. 하지만 자폐아의 특징적인 현상이라는 것을 알고는 지하철을 폭파시키고 싶을 만큼 제 현실이 싫었습니다. 아들을 손가락질하며 쳐다보는 사람들을 향해 마음속으로 온갖 저주를 퍼붓고, 밖에서 입은 상처들을 꾹 누르고 집에 와서 "내가 원래 이렇게 살 사람이 아닌데 너 때문이야"라고 소리 지르며 아들을 때렸습니다.

유다가 들키고 싶지 않은 가족의 비밀을 간직하고 열심히 살았던 것처럼 제 열등감과 가족의 비밀을 숨기고 아무 문제가 없는 것처럼 언제나 웃으며 멀쩡한 얼굴로 가식적인 신앙생활을 했습니다. 그러다 아들이 6학년 때 담임선생님과 너무 안 맞아 학교를 다닐 수 없는 상황이 되자 절망감에 빠져 믿음의 공동체를 찾아 목장예배에도 참석하게 되었습니다. "어떻게 선생님이 이럴 수가 있냐?"고 침을 튀기며 내가 옳다고 억울해하는 저에게 목자님은 "아들이 나의 구원을 위해 수고하고 있다"라고 말씀하셨습니다. 정말 충격적이었습니다. 그러나 "주신 이도 여호와시요 거두신 이도 여호와시오니 여호와의 이름이 찬송을 받으실지니이다"(욥 1:21)라는 욥기 말씀을 통해 아픈 아들을 우리 가정에 주신 것이 하나님 뜻이며, 아들은 내 것이 아니라 하나님 자녀라는 것도 깨닫게 됐습니다. 하나님이 나보다 옳으시다는 걸 비로소 인정하게 된 것입니다(창 38:26).

그때부터 하나님 자리에 두었던 아들을 내려놓는 훈련이 시작되었습니다. 아들을 위해 근무했던 보조교사 일을 내려놓고 모든 예배를 사수하고자 파출부 일을 시작하였고, 남편과 작은아들에게 관심이 부족했던 것을 회개하고 남편의 질서에 순종하는 적용을 하게 되었습니다.

그 후 저는 청소년부 교사로 부르심을 받고 섬기게 됐습니다. 우리 목장에 힘든 아이가 새가족으로 오면 저는 자폐인 아들을 소개하며 아들의 안내방송 성대모사를 은혜롭게 들려줍니다. 또 "선생님도 정신과 치료를 받았고 작은아들도 상담치료를 받고 있다"고 제 얘기를 스스럼 없이 나눕니다. 그러면 아이들도 마음의 문을 열고 힘든 상처들을 오픈합니다.

얼마 전 아들이 "엄마 저도 크면 결혼할 수 있을까요?" 물어서 저와 남편을 놀라게 했습니다. 요즘은 나중에 청년부 예배를 다니기 위해 집에 혼자 가는 적용을 하고 있습니다. 아들이 미래를 계획하며 소망을 가지고 살도록 성장시켜 주신 하나님, 감사하고 사랑합니다.

하나님 아버지, 믿음의 공동체를 떠난 유다가 불신결혼하고, 두 아들이 죽고, 아내까지 죽고, 일에 미쳐서 살아가는 악을 계속해서 행합니다. 그러다 신전 창녀와 놀아났는데 그 창녀가 며느리라고 합니다. 정말 기가 막힌 악에 직면했음에도 유다는 여전히 자기 죄를 보지 못하고 며느리를 불살라 죽이려고까지 합니다. 그런데 주님, 그런 유다가 바로 나임을 고백합니다. 죽어도 내 죄가 보이지 않고, 마지막까지 내 죄를 축소하고 은폐하려는 우리를 불쌍히 여겨 주옵소서.

또한 이방 여인으로 믿음의 집안에 시집와서 남편이 죽는 재앙을 연이어 당하고, 친정으로 쫓겨났어도 기업을 무르기 위해 생명을 내어놓는 적용을 한 다말을 봅니다. 그러므로 시아버지 유다로부터 "그는 나보다 옳도다"라는 성경에서 가장 위대한 고백을 받아 내는 것을 보았습니다.

때마다 시마다 "나는 잘못한 것 없다"가 입에 붙어 있는 우리입니다. 날마다 옳고 그름으로 따지고 "나는 옳고 너는 틀렸다"를 부르짖습니다. 긍휼히 여겨 주옵소서.

이제는 가정에서, 직장에서 "너는 나보다 옳도다" 이 말만 쓰기로 결단합니다. 죽는 날까지 이렇게 내 잘못만 보고 가도록 인도해 주옵소서.

영혼의 기도

모든 수치와 조롱을 무릅쓰고 날마다 구원을 위해 자기의 수치를 오픈하는 우리 지체들의 가정을 찾아가 주옵소서. 유다와 다말이 죄와 수치를 오픈함으로 말미암아 빛나는 구속사의 계보에 오른 것처럼 우리 모두가 그리되기를 원합니다. 약속을 붙잡고, 도장과 끈과 지팡이를 붙잡기를 원합니다.

어떤 환경에서도 남을 탓하지 않고 "당신이 나보다 옳다" 하며 윈윈하는 가정과 직장, 교회와 나라가 되도록 축복하여 주옵소서. 하나님의 놀라운 축복으로 우리 모두가 예수님의 계보에 오르는 은혜를 허락하여 주옵소서. 예수님 이름으로 기도하옵나이다. 아멘.

그는 나보다 옳도다

13 장

요셉의
형통

창세기 39장 1~6절

하나님 아버지,
요셉의 형통이 우리에게도 다 이루어지기를 원합니다.
말씀하여 주옵소서. 듣겠습니다.

드디어 요셉의 '형통' 스토리가 시작됩니다.

요셉을 팔아먹은 유다는 믿음의 공동체를 떠나서 불신결혼을 하고, 세상 친구와 어울리며 갖은 악을 행했습니다. 인간의 지질한 모습을 다 보여 주었습니다. 그런데 지금부터 시작되는 요셉의 스토리는 오직 '형통'입니다.

39장 1절부터 6절까지 말씀을 보면 '요셉'이란 이름이 아홉 차례나 나옵니다. 요셉을 지칭하는 '그'라는 말도 여덟 차례 나옵니다. 여섯 절 말씀에 요셉을 지칭하는 말이 모두 열일곱 번 나오는 셈입니다. 요셉이 그만큼 중요한 인물이기 때문입니다. 그냥 '형통'이 아니고,

'요셉의 형통'이 너무 중요합니다.

　요셉의 이름 뜻은 '나의 부끄러움을 씻으셨다'입니다. '다시 다른 아들을 내게 더하시기를 원하노라'라는 뜻도 있습니다(창 30:23~24). 그 이름에 걸맞게 요셉은 부끄러움을 씻기 위해 열심히 살았습니다.

　반면에 유다는 너무 지질한 인생을 살았습니다. 그런데 그 이름의 뜻은 '여호와의 이름을 찬송하리로다'입니다. 유다가 구속사의 계보를 이었으니 정말 그 이름대로 된 것 같아서 전율이 느껴집니다. 하지만 웬일인지 성경에 "유다가 형통하였더라"는 말은 없습니다.

　우린 요셉 같은 형통을 너무 '좋아라' 합니다. '형통'은 사전적으로는 '모든 일이 뜻과 같이 잘되어 감'을 의미합니다. 유다는 찬양하는데 요셉은 형통합니다. 하지만 하나님이 요셉에게 주신 형통은 우리가 그토록 원하는 '만사형통'과는 차원이 다릅니다. 무엇이, 어떻게 다를까요? 요셉의 형통에 대해 하나님이 뭐라고 하시는지 함께 보겠습니다.

'이끌려 가는' 형통입니다

요셉이 이끌려 애굽에 내려가매 바로의 신하 친위대장 애굽 사람 보디발이 그를 그리로 데려간 이스마엘 사람의 손에서 요셉을 사니라 _창 39:1

　형들에 의해 팔려 간 요셉이 이른 곳은 '애굽'입니다. 그런데 애굽의 평범한 집이 아닙니다. 애굽의 여러 집 중에서도 바로의 신하 친위대장 보디발의 집입니다. 즉, 종으로 팔렸어도 대통령 비서실장 집으로 보내진 것입니다. 왜 하나님은 이처럼 요셉을 형통하게 하실까요?

지금 요셉이 너무 애매한 고난을 당하고 있잖아요. 그러니 하나님이 미안하셔서 축복을 바가지로 쏟아부어 주십니다. 우리도 그래요. 애매한 고난 가운데 있는 자녀에게 하나님이 큰 복을 주시는 걸 봅니다. 특히 어려서 성폭행 같은 큰 고통을 당한 사람들에게 하나님이 후대하시는 것을 저는 많이 보았습니다. 몸과 마음이 다 찢겨서 자기 의지로는 도저히 일어설 수 없을 때 하나님이 강한 힘으로 붙잡아 주시고 육적으로도 축복하시는 것을 보았습니다. 요셉이 바로 그런 모델입니다.

형들이 요셉을 죽이려고 물 없는 구덩이에 던져 놓았습니다. 그러다 애굽을 왕래하는 이스마엘 장사꾼에게 은 20세겔을 받고 요셉을 팔았습니다. 그때 요셉의 나이는 17살에 불과했습니다. 그 어린 요셉의 심경이 어땠겠습니까? 한 번만 살려 달라고 하며 얼마나 발버둥 쳤겠습니까? 창세기 42장 21절을 보면 그때 요셉이 "애걸했다"라고 합니다. 그럼에도 자신을 팔아넘긴 형들입니다. 그러니 형들을 얼마나 원망했을까요? 인간으로서는 겪을 수 없는 인생 최대의 배신을 겪었습니다.

더구나 왕이 되는 꿈을 꾸었던 요셉입니다. 그런데 노예로 팔려가다니……. 이제 그 꿈도 물거품이 될 지경에 놓이고 말았습니다. 이토록 억울하고 불공평한 일이 어디 있겠습니까?

고려대 조대엽 교수(사회학)는 한 토론회에서 '불공정을 넘어 체감적 공정사회로'란 제목의 발제를 하며 "대한민국 국민은 태어나면서부터 죽을 때까지 평생 불공정에 시달린다"라고 했습니다. 그러면서 그 실태를 대략 다음과 같이 밝혔습니다.

> 원정 출산이 유행처럼 번지면서 국내에서 태어난 아기는 차별을 경험한다. 산후조리원도 이용 요금이 천차만별인지라 양극화의 불공정이 엄습한다. 유치원도 그냥 유치원이 아니라 영어유치원이 따로 있다. 초등학교도 사립이 있고, 청년기엔 학벌의 차별을 받는다. 대기업은 노골적으로 지방대를 차별한다. 불공정은 노령층도 괴롭힌다. 저소득층은 경제적 이유로 질 좋은 의료서비스는 꿈도 못 꾼다…….

그렇습니다. 기저귀도, 유모차도 가격이 천차만별입니다. 부모의 형편에 따라 아기들이 태어나면서부터 불공정을 겪습니다. 그래서 한쪽은 울화통이 터집니다. 다른 한쪽은 세상을 실컷 누리며 룰루랄라 합니다. 그러면서 불공정을 겪는 사람을 체휼하기는커녕 차별하고 무시합니다.

그런데 요셉은 어땠습니까? 태어나면서부터 아버지의 사랑을 독차지했습니다. 더욱이 본문 1절을 보면 "요셉이 이끌려 애굽으로 내려갔다"라고 합니다. 시편 기자는 105편 17절에서 "그가 한 사람을 앞서 보내셨음이여 요셉이 종으로 팔렸도다"라고 했습니다. 여기서 그가 누구입니까? 바로 우리의 하나님이십니다. 요셉이 이스마엘 사람의 손에 이끌려 갔지만, 이들의 행위를 주관하신 분은 하나님이시라는 것입니다. 즉, 요셉이 하나님께 이끌려 갔다는 말입니다.

요셉의 형통

하나님은 자기 백성을 애굽으로 이주시켜서 훈련할 계획을 가지고 계셨습니다. 그리고 그 선발대로 요셉을 애굽으로 보내셨습니다. 종살이, 옥살이로 그를 연단하시고, 애굽의 행정을 익히고, 나아가 나라를 다스리는 법을 배우게 하셨습니다.

이스마엘 사람이 요셉을 데리고 애굽으로 간 것은 결코 우연이 아닙니다. 그들로서는 당시 애굽이 가장 부자 나라여서 노예 값도 가장 후하게 쳐주니까 요셉을 애굽으로 데리고 갔겠지만, 이 또한 하나님의 계획입니다. 하나님이 허락하지 않으셨다면 형들이 요셉을 팔아넘기지 못했을 것입니다. 이스마엘 사람도 요셉을 데리고 애굽으로 가지 않았을 것입니다. 하나님이 보내지 않으시면 요셉을 팔아먹지도, 이끌고 가지도 못하는 겁니다.

게다가 요셉이 마냥 가나안 땅에서 채색옷 입고 아버지의 편애만 누렸다면 나중에 어떻게 큰사람이 될 수 있습니까? 요셉으로서는 참으로 원치 않는 일을 당했지만 이것은 결코 불공정이 아닙니다. 요셉이 종으로 갔지만 훗날 13년 만에 총리가 됩니다. 이보다 형통한 일이 어디 있습니까? 그러므로 우리는 이 사건 가운데 요셉을 향한 하나님의 뜻과 목적을 보아야 합니다.

고대 애굽의 파라오 이야기를 다룬 『람세스』라는 책을 보면 수천 년 전인 당시에 이미 애굽에선 여성에게 참정권이 주어졌습니다. 아직도 기독교에 남존여비 사상의 잔재가 남아 있는, 그래서 여성 목회자들은 인정받기 어려운 지금의 우리나라에 비하면 너무 세련된 나라 아닙니까? 너무 문화적이고 뛰어난 문명사회에다, 휴머니즘이

철철 흘러넘치는 나라가 바로 애굽이었습니다.

당시 많은 노예가 그 애굽으로 팔려 갔는데, 그중에서도 요셉은 귀족 보디발의 집으로 이끌려 갔습니다. 이제부터 시작될 요셉의 노예 생활이 그저 의미 없는 고난이 아니라 하나님의 손에 붙들려 있다는 걸 의미합니다.

저도 그랬습니다. 시댁에서 종노릇하는 동안에는 '내가 왜 이런 불공정을 당해야 하나?' 했습니다. 하나님이 지금 이렇게 저를 쓰실 줄 어찌 알았겠습니까? 만세 전부터 저를 위해 포석을 까시고, 시댁의 손에 이끌려 가게 하셨습니다. 거기서 밑바닥부터 겪었지만, 하나님의 손에 붙들린 바 된 인생이었습니다. 그 결과 지금 세상의 종노릇하는 여러분을 구해 내고 있지 않습니까? 정말 저는 유다와 다말을 묵상할 때는 제가 유다 같고 다말 같았습니다. 그런데 요셉을 묵상하니 제가 또 요셉 같습니다. 여러분도 성경을 이렇게 읽고 묵상하기를 바랍니다.

자, 그렇다면 하나님은 어떻게 요셉을 형통하게 하실까요? 요셉이 노예 생활 13년을 어떻게 통과하는지 보겠습니다.

여호와께서 요셉과 함께 하시므로 그가 형통한 자가 되어 그의 주인 애굽 사람의 집에 있으니 _창 39:2

"여호와께서 요셉과 함께하시므로" 요셉이 형통한 자가 되었다고 합니다. 요셉이 잘나서가 아닙니다. 일을 잘해서도 아닙니다. 하나님이 이처럼 그를 형통한 자로 만드신 것은 하나님의 계획을 이루기 위한 포석입니다. 앞서도 언급했지만, 요셉을 애굽으로 이끌어 가서 종으로 살게 하신 것도 일종의 포석입니다. 이스라엘 백성을 구원하시기에 앞서 애굽의 고센 땅에 모아 놓고 훈련하시기 위함입니다. 그렇다면 하나님은 왜 굳이 애굽 땅에서 이런 훈련을 받게 하셨을까요?

당시 이스라엘과 그의 자녀들은 가나안 땅에만 하나님이 계신 줄 알았습니다. 가나안 땅을 벗어나면 큰일 나는 줄 알았습니다. 그런데 요셉이 가나안 땅을 벗어납니다. 심지어 애굽에서 종노릇하고 있는데도 "여호와께서 요셉과 함께하시므로"라고 합니다. 이것은 곧 "성전 우상주의에서 벗어나라"는 메시지입니다. 가나안에도, 애굽에도 계시는 하나님입니다.

요셉은 채색옷 입고 가나안 땅에 살 때보다 애굽에서 종노릇하며 믿음이 더 좋아집니다. 저도 그랬습니다. 교회에서 피아노 반주를 10년 동안 하면서 그렇게 교양 있게 교회를 다녔어도 사실은 시댁에서 걸레질할 때 주님을 더 잘 믿게 되었습니다. 지나고 나서 돌아보니 제가 바로 김요셉입니다.

내가 지금 이방 땅 같은 곳에서 종살이, 시집살이, 더부살이하고 있어도 그렇습니다. 이런 환경일수록 더욱 주님께, 말씀에 집중해야 합니다. 고된 훈련을 잘 받아야 합니다. 그리하면 하나님이 고난을 축복으로 바꾸어 주십니다.

하나님이 함께하시는 자는 힘든 곳에서도 예수 꿈을 잃어버리지 않습니다. 막힌 환경에 처했더라도 '내가 여기서 어떤 예수 꿈을 꿀 수 있을까?' 비전(vision)을 품습니다. 요셉은 비록 애굽에서 종살이했지만, 하나님의 손에 붙들려서 그 훈련을 잘 받았습니다. 보디발을 잘 섬겼고, 훗날 감옥에 가서도 사람들을 잘 섬겼습니다. 어려운 환경이 그로 하여금 오히려 또 다른 비전을 품게 했습니다.

그러자 어떤 일이 일어납니까? 조금씩 삶이 나아집니다. 들에서 노동하다가 보디발의 집에서 일하게 됩니다. 이른바 승진입니다. 그만큼 그가 인정받고 사랑받았다는 것입니다. 그런데 요셉에 대한 보디발의 인정과 신뢰는 여기서 그치지 않습니다.

그의 주인이 여호와께서 그와 함께 하심을 보며 또 여호와께서 그의 범사에 형통하게 하심을 보았더라_창 39:3

이 말씀은 곧 요셉의 정직함과 성실함을 본 이방인인 보디발이 요셉이 믿는 하나님까지 인정하게 되었다는 뜻입니다. 그가 하는 일마다 하나님이 관여하신다는 것을 보디발이 마음 깊이 깨닫게 되었습니다.

한때 저는 제가 잘나서 피아노를 잘 친다고 생각했습니다. 그런데 하나님이 그 길을 막으셔서 시댁에서 걸레질만 하고 있었습니다. 하지만 그것으로 끝이 아니었습니다. 유학도 안 다녀왔는데 훗날 예고 강사가 되게 하셨습니다. 당시도 지금만큼이나 예고 강사 임용 경쟁이 심했습니다. 특히나 피아노 강사는 더했죠. 그런데 제가 "피아노로 쓰임받게 해 달라"고 사흘간 기도했더니 하나님이 그 자리를 허락해 주신 것입니다. 이러니 제가 "하나님이 함께하셨다~"가 되지 않겠습니까? 만일 제가 부정한 방법으로 무엇을 갖다 바쳐서 그 자리를 얻었다면 이런 간증을 할 수 있겠습니까?

또한 "여호와께서 그의 범사에 형통하게 하심을 보았더라"고 합니다. 요셉이 기쁜 일뿐 아니라 슬픈 일을 당해도 하나님이 그를 '범사에' 형통하게 하셨다는 것입니다. 기쁜 일이 생겨도, 슬픈 일을 당해도 요셉이 한결같았기에 보디발로부터 큰 신뢰를 얻을 수 있었습니다.

이처럼 감정 기복 없이 한결같은 사람은 상대방의 마음을 편하게 합니다. 감정의 높낮이가 없어야 같이 일하고 싶은 사람이 됩니다. 어떤 사람, 어떤 일에 부딪혀도 항상 해석을 잘하기 때문입니다. 한결같이 범사에 형통하게 되는 것입니다. 그런 사람이 신뢰의 대상이 되게 마련입니다. 그러므로 믿는 우리는 기쁜 일, 좋은 일뿐 아니라 궂은 일, 슬픈 일을 당해도 한결같아야 합니다.

리브가의 유모 드보라가 그랬습니다. 야곱의 어머니인 리브가는 죽음이 자세히 언급되지 않았는데 그녀의 유모 드보라는 어느 날 죽고, 어디에 장사되었는지까지 기록됐습니다(창 35:8). 종의 신분이라도 신뢰의 대상이 되면 성경책에 이름이 올라가는 줄 믿습니다.

그렇다면 요셉의 '이끌려 간 형통'을 내 삶에 어떻게 적용해야 할까요? 요셉이 그러했듯이 구레네 사람 시몬도 억지로 십자가를 지고 가다 예수님을 따르는 제자가 되었습니다(마 27:32). 그러므로 억지로라도 이끌려 교회 다니기를 바랍니다. 억지로라도 이끌려서 예배드리고, 억지로라도 이끌려서 수련회 가고, 목장 참석하고, 양육받으시기를 바랍니다. 이야말로 내 인생 최대의 형통인 줄 믿기 바랍니다. 하나님이 함께하심으로 최고의 형통이 될 줄 믿습니다.

+ 지금 내 원함과는 다르게 억지로 이끌려 가는 사건은 무엇입니까? 이 사건이 나를 범사에 형통하게 하시려는 하나님의 계획임이 믿어집니까?
+ 지금 나는 하나님이 함께하심으로 범사에 형통한 인생을 살고 있습니까? 그 모습을 내 가족, 내 이웃에게 잘 보여 주고 있습니까? 범사에 형통하기 위해 억지로라도 잘 이끌려 가야 할 일은 무엇입니까?
+ 나는 한결같은 사람입니까? 감정 기복이 심하지는 않습니까? 어제는 친절했다가 오늘은 혈기 부렸다가 하면서 주변 사람을 늘 긴장시키지는 않습니까?

은혜로 섬기는 형통입니다

요셉이 그의 주인에게 은혜를 입어 섬기매 그가 요셉을 가정 총무로 삼고 자기의 소유를 다 그의 손에 위탁하니 _창 39:4

"요셉이 그의 주인에게 은혜를 입어⋯⋯"라는 구절의 원어는 직역하면 '요셉이 주인의 눈들 안에서 은혜를 발견했다'입니다. 주인 보디발이 얼마나 애정과 신뢰 어린 눈으로 요셉을 바라보았기에 요셉이 그 주인의 눈 안에서 하나님의 은혜를 발견했을까요? 또 한편으로는 이런 생각도 듭니다. '요셉이 얼마나 충성했기에 보디발이 그처럼 애정 어린 눈, 호의가 가득한 눈으로 요셉을 바라보았을까?'

주님은 "내 이웃을 내 몸과 같이 사랑하라"고 하셨습니다(레 19:18).

요셉의 형통

요셉은 비록 종이었지만, 주인 일을 내 일과 같이 여기며 지치지 않는 열정으로 충성했습니다. 이것은 자기 열심과는 다릅니다. 그는 은혜로 주인을 섬겼습니다. 그랬기에 보디발로부터 큰 신뢰를 받습니다. 주인 보디발이 보기에 요셉이 책잡을 데가 없습니다. 뭐든지 맡기기만 하면 자기보다도 잘합니다.

그러므로 요셉이 드디어 보디발의 가정 총무가 됩니다. 보디발은 자기의 소유를 다 요셉의 손에 위탁합니다. 종의 신분으로는 대단한 성공입니다. 항상 하나님 때문에 주인을 섬기고, 하나님의 이름을 걸고 일을 하니까 하나님이 요셉을 축복하실 수밖에 없습니다.

우리도 그렇습니다. 예수 안 믿는 사람 앞에서도 하나님의 은혜를 보여 주는 사람이 되어야 합니다. 그러려면 무엇보다 내가 먼저 그늘을 섬겨야 합니다. 내 힘이 아니라 하나님의 은혜로 섬겨야 합니다. 요셉이 종이지만 은혜로 섬기니까, 그 모든 것이 권위 있는 섬김이 되었습니다. 내 힘, 내 의지로 사람을 섬기면 지치게 마련입니다. 생색도 납니다. 그래서 "나는 이렇게 잘해 주는데, 당신이 나한테 뭘 해 줬냐?" 하고 난리를 칩니다. 그나마 있던 은혜도 다 사라집니다. 하지만 은혜로 섬기면 지치지 않습니다. 생색날 것도 없습니다.

그가 요셉에게 자기의 집과 그의 모든 소유물을 주관하게 한 때부터 여호와께서 요셉을 위하여 그 애굽 사람의 집에 복을 내리시므로 여호와의 복이 그의 집과 밭에 있는 모든 소유에 미친지라 _ 창 39:5

보디발이 요셉을 신뢰하게 되니 여호와의 복이 그의 온 집안에 미칩니다. 여호와께서 '보디발을 위하여' 복을 주신 게 아닙니다. '요셉을 위하여' 보디발의 집에 복을 내리셨다고 합니다. 요셉이 순종하니 그 주인의 집에까지 복이 넝쿨째 굴러들어 왔습니다. 요셉이야말로 복의 전달자입니다. 이런 요셉의 형통이 우리 모두에게도 임하길 바랍니다. 믿는 사람의 발걸음 닿는 곳마다 은혜가 전염되고, 형통이 전염되는 것입니다.

아브라함 한 사람으로 인하여 사람들이 어떻게 복을 얻어 가는지가 성경의 수제입니다. 예수 믿는 우리도 그렇습니다. 복의 전달자입니다. 나 한 사람 순종함으로 내 옆의 수많은 사람이 복을 받는다는 것을 잊어선 안 됩니다. 그러므로 우리는 "나는 복덩이다. 예수 믿는 나를 함부로 보지 마라!"라는 자존감을 갖기를 바랍니다.

힘든 환경 가운데서 요셉은 얼마든지 형들을 원망할 수 있었습니다. "저것들은 내 형이 아니야. 인간 말종들이야. 반드시 내가 성공해서 복수할 거야. 다 죽여 버릴 거야!" 얼마든지 이럴 수 있었습니다. 그러나 '여호와께서 그와 함께하심'으로 요셉은 자기 인생을 해석했습니다. 어떻게 해석하느냐가 너무나 중요합니다. 항상 하나님 때문에 주인을 섬기고, 하나님의 이름을 걸고 일을 했습니다. 그러니 하나님이 요셉을 축복하실 수밖에 없습니다. 해석이 달라지고 더 나아가 그 은혜로 주인을 섬겨서 주인까지 복을 받게 했습니다.

이렇듯 어떤 일도 남 탓이 아니라 내 탓인 걸 인정해야 합니다. 남의 죄가 아니라 내 죄를 보는 '발상의 전환'을 하면 그 어떤 인생도

다 해석됩니다. 그럴 때 나만 형통해지고, 나만 복받는 게 아닙니다. 내 형제, 내 이웃, 내 주인의 집에까지 복이 미칩니다.

손대는 일마다 술술 풀리는 사람이 있습니다. 시험을 보면 그냥 아는 문제만 다 나옵니다. 직장에서도 칭찬은 혼자 받고, 출세 가도를 달립니다. 좋은 배우자 만나서 만족스러운 결혼생활을 합니다. 투자만 하면 이익이 납니다. 어려운 일을 당해도 누군가가 도움을 줘서 금세 해결됩니다. 대단히 잘나 보이지도 않은데 이렇게 잘나가는 사람들을 보면 우리는 "운이 좋아서"라고 합니다.

그런데 『보이지 않는 차이』라는 책을 보니 '운이 따르는 사람들에게는 49가지의 보이지 않는 차이'가 있다고 합니다. 그 구체적인 내용을 일일이 다 소개할 수는 없지만, 한마디로 요약하자면 '운은 타고나는 게 아니라 노력으로 만들어 낼 수 있다'라는 것입니다. 특히 진심으로 좋아하는 일을 하는 동안, 또는 다른 사람들을 기쁘게 해 주는 과정에서 행운을 만날 기회가 늘어난다고 합니다. 또한 행운을 부르는 황금률을 한마디로 정의하면 '좋아하는 일을 남을 위해서 하며 기꺼이 욕을 먹는 것'이라고 합니다.

그러면서 저자는 "세상에서 가장 힘이 센 행운은 외부에서 만날 수 있는 것이 아니고 내면에서 찾아내는 것이다. 그 행운의 이름은 '좋은 해석'이다"라고 합니다. '좋은 해석' 앞에서는 아무리 무서운 불운과 악운이라도 꼬리를 내리고야 만다는 것입니다. 그리고 '나다움'과 '만족'을 찾아내는 것이야말로 최고 경지의 행운이라고 합니다.

그러므로 내 주제를 알고, "너는 나보다 옳다" 하는 것이야말로 최고의 '좋은 해석'입니다. 이 해석을 못하면 "세상은 불공정하다"만 부르짖을 수밖에 없습니다. 날마다 속이 부글부글 끓습니다. 원망투성이가 됩니다. 그래서 맨날 애꿎은 가족만 들들 볶습니다. 그러면 들어오던 복마저도 깜짝 놀라서 나가 버립니다.

우리가 누구에게 충성하고 누구를 섬겨도 그렇습니다. 그 충성과 섬김이 '은혜로 하는 것인가, 내 힘으로 하는 것인가'를 점검해야 합니다. 은혜로 섬기면 범사에 형통하지만, 생색으로 섬기면 있던 형통도 달아납니다.

애굽으로 팔려 가서 종이 되는 너무 힘든 상황에서도 '좋은 해석'을 하고, 은혜로 주인을 섬긴 요셉입니다. 그러므로 범사에 형통하게 되어서 주인의 집까지 복을 넘치게 했습니다.

예수 믿는 우리도 가정에서, 직장에서 이런 존재가 되어야 합니다. 맨날 "너 때문에 되는 일이 없다" 하며 남만 탓해서는 안 됩니다. '내 남편, 내 아내, 내 자녀가 나로 인해 얼마나 힘들까?'를 생각해야 합니다. 내 주제를 알아야 합니다. "나보다 네가 옳다" 고백함으로 그들의 기쁨이 되어야 합니다. 항상 내 기쁨보다는 상대방의 기쁨을 생각해야 합니다. 내 목숨도 아끼지 말아야 합니다. 고달픈 인생도 감내해야 합니다. 몸과 마음을 다해 섬기고 충성해야 합니다. 그리하면 내 남편, 내 아내, 내 자녀, 내 회사, 내 나라에 성공을 안겨 주는 자가 될 것을 믿습니다. 복의 근원이 될 줄 믿습니다.

+ 나는 내 가족, 내 지체들을 얼마나 은혜 가득한 눈으로 바라봅니까?

+ 내 가정, 내 직장, 내 공동체를 은혜로 섬깁니까, 내 힘으로 섬깁니까?
+ 나는 누구에게 어떤 성공을 안겨 주고 있습니까?
+ 복의 근원이 되기 위해 내려놓아야 할 나의 생색은 무엇입니까?

청지기로서의 형통입니다

주인이 그의 소유를 다 요셉의 손에 위탁하고 자기가 먹는 음식 외에는 간섭하지 아니하였더라 요셉은 용모가 빼어나고 아름다웠더라 _창 39:6

종에게는 소유권도, 관리권도 없습니다. 그런데 요셉이 하도 일을 잘하니 주인 보디발이 자기 소유를 다 위탁합니다. 자기 전 재산을 요셉에게 맡긴 것이나 다름없습니다.

하지만 아무리 보디발이 믿고 모든 걸 맡겼어도 요셉이 잘못 관리하면 끝 아닙니까? 주인의 진노를 사게 될 것입니다. 그러니 요셉은 살림 잘 꾸리는 법을 자연스럽게 배웠을 겁니다. 애굽의 귀족 생활도 배우게 됐습니다. 그리고 이 경험이 훗날 총리로서 나라 살림을 지혜롭게 꾸리는 토대가 됐습니다.

제 시댁도 살림이 크고 사람이 많았습니다. 남편이 소천한 뒤로는 병원 건물도 제가 관리했습니다. 그러느라 세무서 가서 부가가치세 신고도 하고 그랬습니다. 그런데 이 경험이 오늘날 목회에 얼마나 많이 도움 되는지 모릅니다. 이 또한 우연이 아닌 것입니다.

나한테 맡긴 것을 결코 내 것으로 여기지 아니하고, 청지기 역할을 잘 담당하면 하나님이 우리에게 세상 모든 걸 맡겨 주실 줄 믿습니다. 하나를 잘 관리하면 다른 것도 다 맡기실 줄 믿습니다.

그런데 요셉은 용모까지 "빼어나고 아름다웠더라"고 합니다. 맡은 일마다 잘하고 잘생기기까지 했다니, 여러분 열불 나시죠? 세상에 이런 복이 없습니다. 하지만 이 또한 운이 좋아서가 아닙니다. 나중에 애굽 왕 바로를 만나 협상해야 하는 요셉입니다. 지질하게 보이면 업신여김을 받지 않겠습니까? 그러니 요셉의 용모까지 빼어나게 하신 하나님이십니다. 이스라엘의 구원을 위해 만세 전부터 하나님이 준비하신 작품이 바로 요셉입니다.

하지만 잘생긴 주인공이라고 마냥 좋은 것은 아닙니다. 잘생겨서 아버지 사랑을 독차지했지만, 그 때문에 형들로부터 시기 질투를 당했습니다. 원망의 대상이 되었습니다. 죽음 직전까지 몰리고, 노예로 팔려 가서 종살이해야 했습니다. 이스라엘의 구원을 위해서 불운의 역할을 도맡은 것입니다.

그러므로 하나님은 요셉에게 너무 미안해하셨습니다. 그래서 요셉에게 형통한 복을 주신 것입니다. 우리 인생도 그렇습니다. 요셉처럼 억울한 일을 잘 당하면 하나님이 범사에 형통하게 해 주실 줄 믿습니다. 복을 넘치도록 부어 주실 것을 믿습니다.

저도 시집살이를 하며 정말 억울한 일이 많았습니다. 하지만 그때 순종한 것 때문에 하나님이 지금 이렇게 복을 주신 것을 믿습니다. 그러니 지금 제 인생에는 억울한 것이 하나도 없습니다.

제가 이 설교를 할 무렵입니다. 외교부에서 인턴으로 일하는 최다니엘이라는 23살 청년의 이야기가 신문 지상에 오르내렸습니다.

이 청년은 6대 모태신앙인이고, 집안 식구들도 한결같이 공부를 잘합니다. 그런데 이 청년이 중학교 1학년 때 목사인 아버지가 가출했답니다. 유전을 개발한다는 아프리카 사람 말에 솔깃해서 교회는 물론 집까지 죄다 담보해서 투자했는데 사기를 당하고 만 것입니다. 그래서 교회도 가정도 풍비박산 나고, 아버지는 집을 나가고 말았습니다.

그런데 하나님이 상처 많은 이 가정을 불쌍히 여기시고 축복하셨습니다. 8백만 중에 32명을 뽑는 보스턴 대학 장학생으로 최다니엘 청년이 떡하니 선발된 것입니다. 보스턴 대학 박사과정까지 8년 장학금을 받았다고 합니다. 게다가 누나도 보스턴 대학에서, 동생은 하버드 내학에서 장학금을 받고 다닌답니다.

하지만 이런 축복은 그저 주어진 것이 아닙니다. 집안이 풍비박산 났어도 어머니가 예배를 사수했답니다. 자녀들에게 "공부해라" 대신 "예배드리자, 기도하자" 했답니다. 그리고 중고등부 교회 활동에 반드시 참여하게 했다고 합니다. 방학 때는 어김없이 봉사나 선교에 내보냈답니다.

그러니 아이들은 어머니가 장사하느라 집을 비워도 자기가 해야 할 일들을 알아서 척척 했습니다. 공부도 알아서 열심히 했습니다. 일찍 철이 든 것입니다. 결국 어머니의 사업도 성공하고 자녀들 공부도 성공했습니다. 범사에 형통하게 되었습니다. 꼭 요셉 이야기 같습니다. 그런데 그 어머니는 아직도 자녀들이 명문대 들어간 것보다 하나님의 자녀라는 것을 더욱 자랑스럽게 여긴다고 합니다. 이것이 성공의 척도라고 합니다.

아무리 6대째 신앙을 지켜 온 가정이라도 그렇죠. 집과 교회가 무너지고 목사인 아버지마저 가출했는데, 그 자녀들에게 하나님에 대한 원망이 없었겠습니까? 그런데 이 청년의 말에 의하면 그때 그를 붙들어 준 사람들이 교회 형들이랍니다. 밥도 사 주고 상담도 해 주고…… 그래서 그 형들을 보며 '저 형들은 정말 하나님을 사랑하는구나'를 느꼈다고 합니다. 자신이 수련회 때 새로운 사람으로 태어난 것도 형들의 헌신 더분이었다는 것입니다.

그래서 이제는 자신도 이타적인 삶을 살기로 결단했답니다. 외교관이 되어서 하나님을 위해서 일하겠다고 합니다. 중동의 평화를 위해 파견되고자 틈틈이 히브리어와 아랍어까지 익혔답니다. 또 팔레스타인, 튀르키예로 가서 영어를 가르치고 봉사 활동을 할 것이라고 했습니다.

집안이 망하고 아버지가 가출한 사건이 이 집안에 너무나 큰 축복이 되었습니다. 또한 그 어머니가 믿음의 끈을 놓지 않고 자녀들을 하나님의 방향으로 앉혀 놓으므로 하나님이 그 자녀들의 범사를 형통하게 하셨습니다. 복의 근원이 되고, 복의 통로가 되게 하셨습니다.

그런데 저는 또 한편으로는 이 기사를 보면서 이 집안의 형통에 '옥에 티'가 있음을 보았습니다. 그 어머니는 기도할 때 '4년 장학금'을 빼놓지 않고 부르짖었다고 합니다. 그리고 명문대도 그냥 명문대가 아니라 '아이비리그', 아이비리그 중에서도 '하버드대'라고 기도했답니다. 이 어머니에게는 기도만 하면 안되는 일이 없었던 것 같습니다. 하지만 저는 이것이 '요셉의 한계'가 아닌가 싶습니다.

일류대, 명문대 가는 것이 형통의 전부가 아닙니다. 한벌이 뛰어나고, 용모가 빼어나다고 다 천국 가는 것이 아닙니다. 지질한 유다 모델도 필요합니다. 단지 우리의 구원을 위해서는 형통의 모델도 필요하다는 것을 지금 요셉이 보여 주고 있는 것입니다.

+ 하나님이 내 손에 위탁하신 청지기 역할은 무엇입니까? 그 역할을 잘 감당하고 있습니까?
+ '내가 이런 지질한 일까지 해야 하나?' 하면서 불평하고 있는 일은 무엇입니까? 이 불만족스러운 일이 나의 범사를 형통하게 하시기 위한 하나님의 계획임이 깨달아집니까?

예수 믿는 우리도 그렇습니다.
복의 전달자입니다.
나 한 사람 순종함으로 내 옆의 수많은 사람이
복을 받는다는 것을 잊어선 안 됩니다.
그러므로 우리는 "나는 복덩이다. 예수 믿는 나를
함부로 보지 마라!"라는 자존감을 갖기를 바랍니다.

저는 2대 독자로 입양되었습니다. 고등학교 때 제가 입양됐다는 이야기를 우연히 듣고 충격으로 가출도 하며 방탕하게 살았습니다. 절에 다니시던 어머니는 제 마음을 돌리려 굿도 했지만 마음대로 되지 않자 교회에 나가셨습니다. 그 후 어머니는 제 뜻과는 상관없이 저를 고향 친구의 딸과 결혼시키셨습니다. 결혼 후에도 여전히 밖으로만 헤매던 저는 "교회 다니기로 한 약속을 왜 안 지키느냐" 따지는 아내와 주일 아침마다 싸웠습니다. 하는 수 없이 한 달에 한두 번 따라 나가기도 했지만 맨 뒤에서 졸기 일쑤였습니다.

부재중 아빠였어도 아이들은 공부도, 신앙생활도 잘하며 사춘기도 없이 잘 자라 주었습니다. 하지만 원치 않는 대학에 입학한 딸은 영어 연수를 시작으로 영국과 브라질, 캐나다를 떠돌며 지금까지 방황을 멈추지 않고 있습니다. 해외로 나가기 위해 자기 몫의 보험금을 달라고 요구하며 온 가족을 힘들게 한 적도 있습니다. 사실 딸의 그런 행동은 입양 사실을 알게 된 후 밖으로 나돌던 제 모습을 쏙 빼닮았습니다. 친아들이 아니라는 열등감에 젖어 돈 문제만 나오면 "아직도 나를 믿어 주지 않는다"며 분을 내고 딸 앞에서도 어머니께 대들며 싸웠습니다.

목장에서 저의 이런 나눔을 들은 집사님들이 "제발 수요

예배에 빠지지 말고, 가정예배를 꼭 드리라"고 처방해 주었지만, 어머니와 속마음을 털어놓으며 예배드리기 싫어 요리조리 피했습니다. 하지만 딸에게 도저히 제 마음을 전달할 수 없어 딸을 섬긴다는 마음으로 가정예배를 드리기 시작했습니다. 하나님은 억지로라도 드린 그 가정예배를 통해 제 마음의 상처를 치료해 주셔서 이젠 어머니와 같이 식사하고 예배드리는 것이 편안해졌습니다. 또한 딸에게 용서를 비는 마음으로 수요예배를 드리기로 결단하니 말할 수 없는 은혜와 평강이 찾아왔습니다.

　　요셉이 애굽으로 팔려 간 것은 하나님께서 이끄신 일이라고 합니다(창 39:1). 제가 입양된 것도 하나님께서 꿈을 주시기 위해 형제 중에 나를 뽑아서 보내신 것임을 깨닫게 되었습니다. 참으로 공평하신 하나님입니다. 목자가 된 지 2년 만에 입양 문제가 해석되니 내가 얼마나 문제 부모였나 회개가 되고, 딸이 불쌍하여 가슴이 메입니다. 딸아, 너무 미안하고 사랑한다. 어머님, 감사합니다. 하나님, 사랑합니다.

하나님 아버지, 앉으나 서나 요셉의 형통한 삶을 너무나 부러워하는 우리입니다. 그래서 날마다 요셉의 형통을 구합니다. 요셉처럼 형통하게 살고 싶습니다. 그런데 요셉의 형통은 '이끌려 가는' 형통이라고 합니다. 은혜로 섬기는 형통이요, 청지기로서의 형통이라고 합니다.

그럼에도 이끌려 가는 기막힌 사건이 오면 원망부터 하는 우리임을 고백합니다. 은혜로 섬기는 요셉을 보고 '나도 은혜로 섬기사' 하여도 며칠을 못 갑니다. 내 힘으로 섬기니 너무나 지칩니다. 생색만 납니다. 청지기 역할도 힘듭니다. 자식도, 돈도, 명예도 모든 게 내 것이라 여깁니다. 그러다 내 뜻대로 되지 않으면 또 남 탓을 합니다. 그래서 우리가 형통하지 못한 것을 이제야 알았습니다. 불쌍히 여겨 주옵소서.

그런데 요셉이 도저히 용서할 수 없는 그 환경에서 '좋은 해석'을 함으로 말미암아 범사에 형통하게 되었다고 합니다. 이제는 우리도 이런 요셉의 형통을 누리게 되기를 원합니다. 억울한 일, 불공정한 일을 당해도 '좋은 해석'을 함으로 그 고난을 잘 통과하게 하옵소서. 내 가정, 내 직장, 내 공동체도 내 힘이 아니라 오직 은혜로 섬기게 하옵소서. 그리하여 주가 주시는 은혜를 보이는 인생이 되게 하옵소서. 하나님이 위탁하신 어떠한 청지기 직분도 불평하지 않고 잘 감당하게 하옵소서. 그래서 나로 인해 내 가족, 내 이웃이 모두 복받기를 원합니다. 우리가 가는 곳곳마다 복이 전염되기를 원합니다. 복덩어리가 될 수 있도록 주님, 도와주옵소서. 우리 자녀들도 요셉처럼 키워 주옵소서. 형통하게 하여 주옵소서. 인생을 잘 해석하게 도와주옵소서. 예수님 이름으로 기도하옵나이다. 아멘.

14 장

범사에
형통

창세기 39장 7~23절

하나님 아버지,
요셉처럼 범사에 형통하게 되는 우리가 되기를 원합니다.
말씀하여 주옵소서. 듣겠습니다.

지난 장에서 "요셉은 용모가 빼어나고 아름다웠더라"(창 39:6)라고 했습니다. 요셉의 어머니 라헬의 용모도 "곱고 아리따우니"(창 29:17)라고 했습니다. 성경에서 두 모자(母子)의 용모를 이렇게 칭찬하는 것은 참 특이한 경우입니다. 하지만 용모가 빼어나고 아름다운 것이 꼭 축복만은 아닌 것 같습니다. 라헬은 그 외모로 평생 야곱을 힘들게 했습니다. 요셉은 뛰어난 외모로 인해 불같은 시련을 겪습니다. 채색옷 입고 형들의 질투를 받더니, 이제는 여자의 유혹을 끈질기게 받게 된 것입니다.

그때나 지금이나 용모가 뛰어난 사람은 유혹당할 일이 많습니다. 또한 남들로부터 늘 좋은 소리만 듣다 보니 겸손해지기가 어렵습니다. 예쁜 용모도 하나님 때문에 쓰면 좋은데 그러기가 너무 어렵습니다.

요셉만 보아도 유혹이 끈질기게 따라옵니다. 이제부터 보겠지만 요셉의 외모에 반한 보디발의 아내가 요셉을 유혹하기 시작하죠. 앞에서 여호와께서 요셉과 함께하시므로 요셉뿐 아니라 보디발의 집과 모든 소유에까지 여호와의 복이 미쳤다고 했는데(창 39:5), 보디발의 아내에게는 그 복이 미치지 않았나 봅니다.

하지만 요셉은 이런 불같은 유혹을 거절합니다. 그러므로 범사에 형통하게 됩니다. 범사에 형통하려면 어찌해야 할지 요셉의 적용을 통해 살펴봅니다.

유혹에서 형통했습니다

그 후에 그의 주인의 아내가 요셉에게 눈짓하다가 동침하기를 청하니
_창 39:7

보디발은 당시 애굽의 최고 실력자 중에서도 손꼽히는 친위대장입니다. 나는 새도 떨어뜨릴 권력을 가졌지만 그만큼 바쁘기도 했을 것입니다. 보디발이 가정에 소홀하니 부인이 얼마나 외로웠을까요? 더욱이 애굽은 나날이 번영을 이루었습니다. 문명과 학문이 발달했지만 뒤로는 사치와 향락이 만연했습니다. 고위 관리들은 말할 것도

범사에 형통

없고, 그 부인들조차 소일거리가 없어서 각 나라에서 잡혀 온 노예들과 공공연히, 아무렇지도 않게 행음했습니다. 그러니 보디발의 아내도 서슴없이 요셉더러 "나와 동참하자"라고 했을 것입니다.

이때 요셉의 상황은 또 어땠습니까? 어린 나이에 어머니를 잃었습니다. 아버지도 곁에 없습니다. 집 떠나온 지도 오래되었습니다. 게다가 청년의 때입니다. 누군가가 '청년의 정욕은 고장 난 시한폭탄'이라고 했지요. 그러니 요셉인들 그 정욕을 어찌 피하겠습니까? 그런데 보디발의 아내가 "같이 자자"라고 하며 유혹한 것입니다.

그러잖아도 어머니 라헬의 품이 그립던 요셉입니다. 그러니 보디발 아내의 유혹이 요셉에게 얼마나 어려운 시험이었을는지 상상이 됩니까? "대적 마귀가 우는 사자 같이 두루 다니며 삼킬 자를 찾나니"(벧전 5:8)라고 했습니다. 마귀에게 물리면 벗어날 자가 없습니다.

오늘날 우리나라도 마치 애굽 같은 강대국이 되었습니다. 향락이 만연하고, 성이 문란합니다. 성매매와 동성애로 몸살을 앓고 있습니다. 더구나 동성애 독소조항을 포함한 차별금지법을 통과시키고자 동성애자들과 인권 단체가 힘을 모으는 것을 봅니다. 하지만 동성애는 한마디로 성 중독의 끝판왕입니다.

한 신문에 난 '동성애자의 고백'을 읽고 저는 너무 충격을 받았습니다. 이 글에 의하면 동성애는 곧 '식성(食性)'이라고 합니다. 그래서 동성애자들은 종일 자기 입맛에 맞는 대상을 찾는답니다. 식성을 발견하면 그다음부터는 눈에 보이는 것도 없다고 합니다. 성욕이 증대해서 소위 찜방이라는 곳에서 하루에도 몇 차례씩 관계를 갖는답니다. 식성에 따라 상대를 마구 바꾸기도 하는데, 더 무서운 것은 한 번 맛을 들이면 끊기가 힘들다는 것입니다. 요즘 드라마에서 동성애를 마치 로맨스 이야기처럼 아름답게 포장하지만, 실제 동성애자들은 그런 드라마에 공감하지 못한다고 합니다. 동성애는 그런 것이 아니기 때문입니다.

이 글을 쓴 사람 역시나 초등학교 때부터 동성애를 시작했지만 오랫동안 끊지 못했다고 합니다. 그러나 치료를 시작한 지 6년 만에 기적같이 '식성'이 끊어졌답니다.

그런데 지금 우리 사회는 어떻습니까? 동성애는 죄가 아니라고 주장하는 이들이 점점 늘어납니다. 소수 인권을 부르짖습니다. 하지만 동성애는 결코 그런 문제가 아닙니다. 파멸의 문제인데 다들 무엇인지 모르고 '합법화 운운' 합니다.

동성애는 영육 간에 치료받아야 합니다. 한 나라는 물론이고 우리의 미래를 병들게 하는 무서운 죄입니다. 정말 기도해야 합니다.

언젠가 우리들교회 한 청년이 편지로 상담을 요청했습니다. 선교 단체에서 만난 친구가 자신이 동성애자임을 커밍아웃했다는 것입니다. 편지의 내용은 다음과 같습니다.

모태신앙인인 제 친구는 아버지가 어머니를 살해하고 자살하는 사건을 겪으면서 큰 상처를 입었습니다. 그래서 하나님에게 반항하는 심정으로 일부러 동성애를 시작했습니다. 그런데 지금은 "동성애가 죄인 것을 알지만 도저히 헤어나기가 힘들다"면서 "동성애를 끊을 수 있도록 도와달라"고 합니다. 얼마 전 검사 결과 에이즈(AIDS) 양성반 응이 나오자 "하나님께 벌받는 것 같다. 나의 죗값이다"라고 말하던 친구가 지금은 너무 억울해만 합니다. "이제는 일자리도 다 끊어지고, 연애도 결혼도 할 수 없다. 무엇을 위해 살아야 하는지 삶의 이유도 못 찾겠다"라고 하면서 동성애 대상을 찾고 또 찾고 있습니다…….

모태신앙인에, 10년 가까이 선교 단체에서 일하던 청년이 이런 지경인데 다른 청년들은 오죽하겠습니까? 너나없이 동성애에 빠지 기 쉬운 환경에 노출되어 있습니다. 이것이 현실입니다. 하지만 예수 믿는다는 청년이 왜 이리도 핑계가 많습니까? 왜 인생을 허비합니까?

범사에 형통하게 되려면 에이즈에 걸렸을지라도 동성애자들을 위한 사명을 찾아야 합니다. 에이즈가 치료되는 게 형통하게 되는 것 이 아닙니다. "나는 동성애 때문에 이리되었지만, 당신들은 이렇게 살 지 마라! 하나님께로 돌아오라!" 담대히 전하면 범사에 형통하게 될 줄 믿습니다.

그렇다면 요셉은 보디발 아내의 동침 요청에 어떻게 대처할까요?

8 요셉이 거절하며 자기 주인의 아내에게 이르되 내 주인이 집안의 모 든 소유를 간섭하지 아니하고 다 내 손에 위탁하였으니 9 이 집에는 나 보다 큰 이가 없으며 주인이 아무것도 내게 금하지 아니하였어도 금한 것은 당신뿐이니 당신은 그의 아내임이라 그런즉 내가 어찌 이 큰 악 을 행하여 하나님께 죄를 지으리이까 _창 39:8~9

당시 애굽에서는 이시스(Isis)라는 여신을 숭배했습니다. 이시스에게 제사할 때는 남녀가 음란한 행위를 하는 것이 공식적인 절차였습니다. 그런 시대이니까 남녀가 공개적으로 관계하는 것조차 죄로 여기지 않았습니다. 건강한 가치관이 무너져 있었습니다. 예수가 없는 사람들은 "내가 하고 싶은 것을 하는 게 왜 죄냐"고 합니다. 그러므로 보디발의 아내 역시나 아무 거리낌 없이 "동침하자" 했을 것입니다.

그런데 요셉의 입장은 어떻습니까? 자신에게 모든 소유를 위탁한 주인의 아내와 동침하는 것은 인간적인 신뢰를 저버리는 행위입니다. 양심의 문제, 도덕의 문제입니다.

요셉은 여기서 더 나아갑니다. "내가 어찌 이 큰 악을 행하여 하나님께 죄를 지으리이까"라고 고백합니다. 이것이 하나님께 죄짓는 행위임을 알았다는 것입니다.

동성애도, 외도도 마찬가지입니다. 하나님께 죄짓는 것임을 알아야 합니다. 그래야 유혹을 끊을 수 있습니다. 술, 담배, 게임, 도박도 그렇습니다. "끊어라, 끊어라" 한다고 끊을 사람이 어디 있습니까? 그보다 더 좋은 걸 제시해야 합니다. 그렇다면 더 좋은 것이 무엇입니까?

형들이 죽이려고 했을 때 요셉을 건져 주신 하나님입니다. 요셉이 구덩이에 던져졌을 때도 물이 없게 하심으로 그를 살리신 하나님입니다. 노예로 팔려 갔어도 애굽의 친위대장 보디발의 집에 오게 된 것도 전적으로 하나님이 함께하셨기 때문입니다. 그런 하나님을 만난 요셉입니다. 무엇과도 비교할 수 없이 좋은 하나님을 만난 겁니다.

그러므로 우리도 "왜 바람을 피우냐, 너 죽고 나 죽자!" 할 것이 아닙니다. 배우자의 핸드폰을 뒤진다고 해결될 일이 아닙니다. 그런 치사한 짓으로는 풀어질 문제가 아닙니다. 믿음의 공동체로 인도해야 합니다. 사람의 힘으로는 절대 못 끊습니다. '더 좋으신' 하나님을 알게 해야 합니다. 하나님 앞으로 인도해야 합니다. 중독보다 더 좋은 예배의 맛을 알게 해야 합니다. 억지로라도 이끌려 예배에 오면 '참 좋으신 하나님'을 만나게 됩니다. 가치관이 달라집니다. 내 죄도 보게 됩니다. 유혹도 담대히 거절하게 됩니다. 형통하게 되는 것입니다.

한 집사님이 출장 가는 길에 어떤 여자를 알게 되었다고 합니다. 이후 교제하며 문자를 주고받았는데 3개월여 만에 아내에게 들키고 말았습니다. 안 지운 문자 하나가 남아 들켰습니다. 그래서 "재수 없게 들키다니……" 하면서 하나님을 원망했답니다. 이분이 모범생에다 나름대로 신앙생활을 잘하는데 속으로는 이렇게 유혹이 있습니다.

하지만 그분의 아내 집사님은 요동하지 않았습니다. 이 일을 기회 삼아 남편을 우리들교회로 인도했습니다. 처음에 남편은 말씀도, 목장 나눔도 이해가 안 되고 싫었다고 합니다. 그러나 점점 변하기 시작했습니다. 외도를 고백하는 다른 지체들의 간증을 듣고 자기 죄도 고백했습니다. 양육도 받고 목자도 되었습니다. 외도가 들통난 사건이 저주가 아니라 축복이 된 것입니다.

우리 주님은 이 세대를 가리켜 악하고 음란하다고 하셨습니다 (마 12:39). 돈 잘 벌려고 악을 행하고, 돈 잘 벌면 음란에, 성적 유혹에 빠질 수밖에 없습니다. 사탄은 내가 무엇에 가장 약한지, 어디가 약한지 너무나 잘 압니다. 그래서 항상 나의 약한 곳을 집중해서 공격합니다. 그래서 요셉도 자신의 가장 약한 부분을 공격당한 것이 아닌가 싶습니다.

우리도 그렇습니다. 여러 가지 죄악 때문에 넘어가는 것이 아닙니다. 한 가지 약점 때문에, 한 가지 죄 때문에 넘어갑니다. 그러므로 유혹에 넘어가지 않으려면 하나님 앞에서 약한 내 모습부터 보아야 합니다. 명예에 약한지, 인정에 약한지, 돈에 약한지, 이성에 약한지, 외모에 약한지 내 약점을 알아야 합니다. 그로부터 오는 유혹은 단호히 거절해야 합니다. 그리하면 형통하게 될 줄 믿습니다.

+ 나의 가장 추악한 약점은 무엇입니까?

+ 하나님 앞에서 큰 악을 행하는 것임을 알면서도 거절하지 못한 유혹은 무엇입니까?

'끈질긴' 유혹에서 형통했습니다

여인이 날마다 요셉에게 청하였으나 요셉이 듣지 아니하여 동침하지 아니할 뿐더러 함께 있지도 아니하니라 _창 39:10

한번 유혹에 실패했으면 웬만한 여자 같으면 창피해서 물러갔을 것입니다. 그런데 보디발의 아내는 물러서지 않습니다. 날마다 동침을 요구합니다. 권력자의 아내이기 때문에 '내 마음대로 할 수 있다'라는 생각에 사로잡혔을 수도 있습니다. 직장 내 성희롱, 성추행이 그렇습니다. 그 끝에 권력이 있고, 돈이 있습니다.

더구나 당시 노예의 가치는 새 한 마리 값도 안 되었습니다. 생살여탈권(生殺與奪權)이 주인에게 달려 있었습니다. 그렇기에 요셉이 주인 아내의 요청을 거절하기가 너무 어려웠을 것입니다. 한편으로는 '그래, 동침해서 저 여자까지 내 것으로 만들면 내가 진짜 주인 행세를 할 수 있을 텐데'라는 마음도 들지 않았을까요? '그까짓 거 소원이라는데 한번 들어주자' 하는 마음도 있을 법합니다.

이 모든 마음의 끈질긴 유혹까지도 요셉이 어떻게 거절했습니까? "함께 있지도 아니하니라"고 합니다. 먼저는 하나님 앞에서 큰 악임을 알고 거절했는데, 이번에는 함께 있지 않으므로 끈질긴 유혹에 대처합니다. 물리적으로도 함께 있지 않는 적용이 정말 중요합니다.

"죄가 너를 원하나 너는 죄를 다스릴지니라"(창 4:7)라고 했습니다. 죄를 다스리기 위해서 마인드 컨트롤만 하는 것이 아니라 죄가 득시글거리는 데는 보지도, 가지도, 있지도 말아야 합니다. 이것이 죄에 매이지 않고 죄를 다스리는 길입니다.

나를 유혹하는 사람이 같은 회사에 있다면 당장 그 회사에서 나와야 합니다. 같은 교회에 있다면 당장 거기서 나와야 합니다. 같은 공간에서 날마다 쳐다보면서 끊을 수는 없습니다. 시간과 공간을 차단해야 합니다. 사소한 것 같지만 중요합니다.

한 자매 이야기입니다. 이 자매는 교회 다니면서부터 혼전순결을 지키지 못한 것 때문에 죄책감이 너무 심했답니다. 그런데 시간이 좀 지나니 죄책감이고 뭐고 다 사라지더랍니다. 그래서 지금은 스스럼없이 남자 친구와 동침한답니다. 교회에서 듣는 말씀이 있으니 마음이 괴로웠지만 그 마음마저도 완악해졌다고 합니다. 벌받을 것 같아서 주님 뵙기가 두렵기만 하다고 합니다.

교회 공동체라고 안심할 수 없습니다. 제가 매번 "혼전순결 지켜라, 불신결혼은 안 된다" 하지만 이런 설교를 듣고도 넘어지는 청년들이 많습니다. 지금은 힘들어도 요셉처럼 끊는 적용을 하면 범사에 형통할 텐데, 잠시 뒤의 일을 몰라서 쾌락의 종노릇을 합니다.

＋ 지금 나를 끈질기게 유혹하는 사람이 있습니까?
＋ 유혹당할 걸 알면서도 발길을 끊지 못하는 곳, 눈과 귀를 열어 둔 곳은 어디입니까? 오늘부터 그곳(그 사람)에는 눈길을 두지도 않고, 그곳(그 사람) 소식은 듣지도, 아예 가지도 않기로 적용하시겠습니까?

죄짓도록 만들어진 환경에서도 형통했습니다

그러할 때에 요셉이 그의 일을 하러 그 집에 들어갔더니 그 집 사람들은 하나도 거기에 없었더라 _창 39:11

아무리 고상한 사람도 자기를 지켜보는 사람이 없으면 행동이 해이해지게 마련입니다. 타락하기 쉽습니다. 남몰래 돈도 횡령하고,

훔치고, 뇌물도 받습니다. 그런데 마침 요셉이 일하러 들어간 그 집에도 사람이 하나도 없다고 합니다. 사탄은 우리가 죄짓기 알맞은 환경을 딱 만들어 놓고 공격합니다. 아마 보디발의 아내도 그랬을 것입니다. 요셉이 그제도 거절하고, 어제도 거절하니 그 유혹의 강도를 점점 높입니다. 처음에는 눈짓으로, 그다음에는 말로 유혹해도 안 되니 이제는 지켜볼 사람이 없는 환경으로 그물을 딱 칩니다.

> 그 여인이 그의 옷을 잡고 이르되 나와 동침하자 그러나 요셉이 자기의
> 옷을 그 여인의 손에 버려두고 밖으로 나가매 _창 39:12

그러고는 드디어 행동으로 옮깁니다. 요셉의 옷을 잡았다고 합니다. 요셉의 바짓가랑이를 붙잡고 "요셉, 아이 러브 유! 사랑해요~" 하며 유혹했을 것입니다. 하지만 외도는 사랑이 아닙니다. 동성애도 '식성'이라고 했습니다. 식욕이나 다름없는 성욕입니다. 넘치면 불같이 타오르다가도 식으면 "별 여자 없다, 별 남자 없다" 하고 돌아오게 마련입니다. 그런데 다들 외도를, 동성애를 사랑으로 착각합니다. 보디발의 아내도 그랬을 것입니다.

그러나 요셉은 그것을 사랑으로 받아들이지 않습니다. 자기 옷까지 보디발의 아내 손에 버려둔 채 밖으로 나갑니다. 만약 이때 사람들이 요셉의 이런 모습을 본다면 얼마나 이상하게 여길까요? 그런데 요셉은 그런 오해까지도 감수합니다. 더구나 요셉에게 있어 옷은 유일한 재산이자 체면입니다. 하지만 옷이, 체면이, 돈이 중요한 게 아닙니다.

야고보서 4장 7절에서 "마귀를 대적하라"고 했습니다. 그런데 디모데후서 2장 22절에서는 "청년의 정욕을 피하라"고 했습니다. 정욕의 문제만큼은 "대적하라" 하지 않았습니다. "피하라" 했습니다. "도망가라" 했습니다. 왜 그렇습니까? 정욕의 문제는 마주해서는 끊을 수 없는 것입니다. 반드시 분리되어야 합니다. 같은 공간에 있으면 안 됩니다. 도망가야 합니다. 회사가 유일한 생명줄이라도 그곳에 유혹이 도사린다면 빠져나와야 합니다. 재산과 체면도 다 버려야 합니다. 이것이 형통하게 되는 길입니다.

그렇다면 우리는 어찌해아 즉시로 이런 적용을 할 수 있을까요? 요셉은 무엇보다 자기가 죄인이란 것을 알았습니다. 죄에 대해 민감했습니다. 자신이 100% 죄인임을 인정하고, 나 같은 죄인 살리신 하나님에 대한 인식이 있는 사람은 하나님을 두려워할 수밖에 없습니다. 이런 사람은 어떤 환경에 처해 있어도 좋은 해석을 하게 마련입니다. 세상 그 무엇보다 하나님을 더 두려워하기에 악한 짓을 할 수가 없습니다. 좋은 적용만 하게 되는 것입니다.

그러므로 우리도 요셉처럼 이 세상에서 가장 두려운 존재가 하나님이심을 알면 '게임 끝!'입니다. 내 배우자가 바람을 피우고, 내 자녀가 동성애에 빠졌다고 해도 속상해하지 마세요. 하나님이 그 마음을 붙잡으면 '게임 오버!'입니다.

+ '나는 100% 죄인이요, 나 같은 죄인 살리신 하나님'에 대한 인식이 있습니까? 그럼에도 여전히 끊지 못한 악한 일은 무엇입니까?

범사에 형통

+ 유혹을 거절하기 위해 그 손에 버려두고 밖으로 나와야 할 나의 옷은 무엇입니까? 체면, 돈, 음란, 쾌락, 게임, 도박, 약물, 술, 담배, 명품…… 이 중에 무엇입니까?

모함에서 형통했습니다

13 그 여인이 요셉이 그의 옷을 자기 손에 버려두고 도망하여 나감을 보고 14 그 여인의 집 사람들을 불러서 그들에게 이르되 보라 주인이 히브리 사람을 우리에게 데려다가 우리를 희롱하게 하는도다 그가 나와 동침하고자 내게로 들어오므로 내가 크게 소리 질렀더니 15 그가 나의 소리 질러 부름을 듣고 그의 옷을 내게 버려두고 도망하여 나갔느니라 하고 16 그의 옷을 곁에 두고 자기 주인이 집으로 돌아오기를 기다려 17 이 말로 그에게 말하여 이르되 당신이 우리에게 데려온 히브리 종이 나를 희롱하려고 내게로 들어왔으므로 18 내가 소리 질러 불렀더니 그가 그의 옷을 내게 버려두고 밖으로 도망하여 나갔나이다 19 그의 주인이 자기 아내가 자기에게 이르기를 당신의 종이 내게 이같이 행하였다 하는 말을 듣고 심히 노한지라 20 이에 요셉의 주인이 그를 잡아 옥에 가두니 그 옥은 왕의 죄수를 가두는 곳이었더라 요셉이 옥에 갇혔으나 _창 39:13~20

결국 끈질기게 적용하는 것 자체가 형통입니다. 오늘도, 내일도,

계속해서 적용하는 것입니다.

그런데 유혹에도 불구하고 옷까지 버려두고 도망했으면 이제는 요셉이 형통해야 마땅하지 않습니까? 하지만 형통은커녕 더 험한 일이 앞을 가로막고 있습니다. 모함당하고 노예보다 못한 죄수 신세로 전락합니다.

당시 노예가 주인의 아내를 겁탈하면 엉덩이 볼기를 천 대나 맞는 형벌이 주어졌습니다. 불구가 되든 죽든 상관이 없었습니다. 더구나 부인이 물증을 딱 가지고 있습니다. 요셉이 버려두고 온 옷입니다. 물증이 있으면 그 누구도 부인할 수 없습니다. 이 세상에서는 이렇게 모함을 당할 수도 있습니다. 그런데 보디발은 요셉을 당장 처형하지 않고 왕의 죄수를 가두는 옥에 가둡니다. 파렴치범으로 취급하지도 않고, 자기가 보호할 수 있는 곳에 가둔 것입니다. 그가 이처럼 최대한의 호의를 베푼 이유가 무엇입니까?

자기 부인의 성정을 그 누구보다 잘 아는 보디발입니다. 요셉이 그런 짓을 할 친구가 아니란 것도 알았습니다. 그만큼 신뢰했기에 요셉이 모함을 당한 것을 직감했던 겁니다.

21 여호와께서 요셉과 함께 하시고 그에게 인자를 더하사 간수장에게 은혜를 받게 하시매 22 간수장이 옥중 죄수를 다 요셉의 손에 맡기므로 그 제반 사무를 요셉이 처리하고 23a 간수장은 그의 손에 맡긴 것을 무엇이든지 살펴보지 아니하였으니……_창 39:21~23a

범사에 형통

요셉은 너무 멋있습니다. 때마다 적용을 잘합니다. 감옥에 가서도 맡은 일을 잘 섬깁니다. 척척 처리합니다. 그러니 이제는 간수장까지 은혜를 받습니다. 그 은혜로 옥중 죄수를 다 요셉의 손에 맡깁니다.

요셉이 어디를 가든지 하나님이 함께하십니다. "부당하게 고난을 받아도 하나님을 생각함으로 슬픔을 참으면 아름답다"(벧전 2:19)라고 했습니다. 부당한 현실에서도 요셉은 하나님과 교제함으로 그가 머무는 곳 어디나 여호와의 궁정으로 만듭니다. 그곳이 비록 감옥일지라도 말입니다.

현재의 고난은 장차 우리에게 나타날 영광과 비교할 수 없다고 했습니다(롬 8:18). 하나님은 100% 옳으시다는 걸 인정하는 것이 좋은 해석이고, 형통하게 되는 비결입니다.

내가 어디를 가든지 하나님만 생각하며, 하나님께 맡기고 최선을 다하면 범사에 형통하게 될 줄 믿습니다. 요셉은 유혹에도 형통했고, 끈질긴 유혹에도, 죄지을 수밖에 없는 환경과 심지어 모함에서도 형통했습니다. 일곱 번 넘어져도 다시 일어나는 오뚝이 같은 모델을 우리에게 보여 주고 있습니다.

+ 끈질긴 유혹을 거절했다가 억울하게 모함당한 적이 있습니까?
+ 어느 환경에 처했든지 맡은 일에 최선을 다하고 있습니까? '내가 이런 변을 당할 사람이 아니다!' 부르짖으면서 그저 억울해만 하는 일은 무엇입니까?

그러나 요셉을 형통하게 하신 분은 하나님입니다

……이는 여호와께서 요셉과 함께 하심이라 여호와께서 그를 범사에 형통하게 하셨더라 _창 39:23b

형통하게 하시는 분은 하나님입니다. 요셉이 스스로 형통할 수 없습니다. 내가 잘나서 형통할 수 없습니다.

형통이란 결코 좋은 환경이 아닙니다. 아무리 힘든 환경일지라도 그 힘든 환경에서 내가 말씀 따라 적용하면, 하나님이 천배 만 배 복을 주시는 것이죠. 그런데 그 적용마저도 내 힘으로는 할 수 없습니다. 하나님이 함께하셔야 합니다.

그런데 우리는 자꾸 내가 잘나서 형통한 줄 압니다.

C. S. 루이스는 『네 가지 사랑』이란 책에서 "하나님이 우리를 사랑하신다는 것을 믿는 순간, 우리 안에는 그분이 사랑이시기 때문이 아니라 우리가 본질적으로 사랑스러운 존재이기 때문에 사랑하신다고 믿고 싶은 충동이 생겨난다"라고 말했습니다.

우리가 하나님의 말씀을 깨달으면 깨달을수록 내게는 하나님이 사랑하실 만한 선한 것이 없다는 걸 알게 됩니다. 한편으론 그 진리를 깨달은 나 자신이 훌륭하다고 착각합니다. 그러다 '이건 아니지' 하고는 착각을 버리고, 또 그런 자신을 겸손하게 여깁니다.

비슷한 예로 한 성도님이 "나는 교만한 게 단점이다"라고 나누면서 "그래도 내가 교만한 것을 아는 것이 어디냐?"라고 반문하시더군요. C. S. 루이스의 말처럼, 정말 우리는 스스로 사랑스러운 존재라 여기는 생각을 끝내 버리지 못합니다. 나에게 선한 것이 조금이나마 있다고 착각하는 것입니다.

그런데 정말 우리가 사랑받을 만합니까? 있는 모습 그대로는 도무지 사랑받을 수 없는 부분이 저마다 있습니다. 사랑스럽지 못한 것을 사랑해 달라는 건 썩은 빵이나 드릴의 굉음을 좋아해 달라는 것과 마찬가지입니다.

하지만 하나님은 우리의 사랑스럽지 못한 모습까지도 사랑하십니다. 오직 하나님의 은혜로 말미암아 부족한 내가 사랑받고 용서와 동정을 받을 수 있는 겁니다.

요셉의 형통이 그런 은혜입니다. 요셉이 잘난 것이 아닙니다. 요셉은 어릴 적부터 고생을 바가지로 했습니다. 시기 질투를 당하고, 구덩이에 던져지고, 팔려 가고, 종살이하고, 감옥에 가고…… 그야말로 온갖 고초를 다 당했습니다. 그럼에도 하나님은 이것이 형통한 인생임을 요셉의 인생을 통해 보여 주십니다.

우리가 환난이나 핍박이나 끈질긴 유혹을 당해도 그렇습니다. 범사에 형통하기 위해서는 내 의지로만 살아서는 안 됩니다. 하나님의 은혜를 깨달아야 합니다. 요셉이 그리했듯 하나님은 100% 옳으시고, 나는 100% 죄인임을 알아야 합니다. 하나님이 함께하지 않으시면 우리는 형통할 수 없습니다. 형통에 다른 길은 없습니다.

한 집사님이 우리들교회 홈페이지에 간증문을 올렸습니다.

직장에서 회의하던 중 집에 불이 났다는 며느리의 다급한 전화를 받고 정신없이 달려갔습니다. 집 앞 골목에 들어서니 소방차와 경찰차, 주민들이 가득했습니다. 그 사이를 비집고 들어가 아들과 며느리, 갓 태어나 두 달도 되지 않은 손녀를 정신없이 찾아 헤맸습니다.

잠시 후 슬리퍼를 신고 힘없이 나타난 아들, 아기를 안고 넋 나간 채 서 있는 며느리를 보는데 하늘이 무너졌습니다. 아들은 이미 경찰들에게 자신이 방화했다고 자수했고, 곧장 지구대로 붙들려 갔습니다.

······시커먼 연기 속에서 하나님이 물으셨습니다. '네 아들이 돼지 이천 마리보다 큰 아파트를 통째 잡아먹었다. 그러니 이제 아들을 버리겠느냐?' 그때 제 입에서 이런 대답이 나왔습니다.

'제 핏덩이고 살덩어리인데 어떻게 버리겠어요? 그놈을 버리면 저 자신을 버리는 것인데, 제가 살아서 어떻게 자식 놈을 버리겠어요······.' 그 순간 하나님이 우릴 위해 하나뿐인 아들 예수님을 어떻게 십자가에 죽으시도록 허락하셨는지 그 심정이 깨달아졌습니다. 제 집이 아니라 저를 불살라서라도 제 아들 놈, 병든 자식 놈, 죽어 가는 그의 영혼을 구할 수 있다면 기꺼이 죽을 수 있다는 것을 알았습니다.

······무엇을 어떻게 해야 할지 모르는 가운데 아파트와 경찰서를 오가는 중에 밤이 깊어 갔습니다. 아들의 부부목장에서 목자님과 권찰님께서 오셔서 이것저것 급한 것을 챙겨 주고 도와주셨습니다. 하나님은 악한 제가 죽지 못하도록 목장 식구들을 보내어 저를 먹이고 입히고 살려 주셨습니다. 저는 알지도 못하는 분들이 이렇게 돕는 것을 보며, 하나님께서 나를 죽이지 않으실 것을 피부로 느꼈습니다.

범사에 형통

이분은 믿음 생활한 지 30년이 넘었습니다. 교회 성가대에서 잔 뼈가 굵었고 기독학생회를 열심히 섬기기도 했습니다. 다른 종교단체에서 운영하는 대학에 교수로 임용될 기회를 종교적인 이유로 스스로 포기하신 분입니다. 그런데 엄청난 사건들이 한꺼번에 몰려왔습니다. 스무 살이던 아들이 여자 친구를 임신시키고는 가출하고 말았습니다. 암 투병 중이던 남편은 병세가 급격히 나빠져서 그만 저세상으로 떠나 버렸습니다.

졸지에 혼자가 되었을 때 이분이 우리들교회 얘기를 듣고 찾아왔습니다. 하루아침에 이런 상황이 나아질 거라고는 기대하지 않았습니다. 그러나 예배를 사수하고 목장에서 나눔을 하는 동안 조금씩 말씀이 들렸습니다. 암 투병 중인 남편을 홀로 두고 박사학위 취득에 몰두했던 이기적인 악과 남편에게 불순종한 죄를 보게 되었습니다. 그리고 가출했던 아들에게도 단칸방을 얻어 주어서 며느리와 살게 했습니다. 손녀도 얻었습니다.

이후 아들은 며느리와 함께 교회에도 꼬박꼬박 따라왔습니다. 그래서 '이제는 고난이 끝이구나' 했습니다. 그런데 끝이 아니었습니다. 어느 날 불같이 화를 내며 스스로 성질을 주체하지 못하는 아들을 보며 마음과 영이 많이 병들어 있음을 알게 되었습니다. 그날로 곧장 아들은 심리검사를 받고 약을 먹기 시작했는데 그 후 5일째 되는 날에 방화 사건이 일어난 것입니다.

이런 일이 계속 일어나는데 어떻게 형통할 수 있습니까? 하지만 이분은 이 사건을 통해 인격적으로 주님을 만났습니다. 맹목적인 믿음 생활로 허송세월했음을 뼈저리게 깨닫고 돌이켰습니다. 불태운 아파트보다 아들의 생명이 더 귀함을 알게 되었습니다. 나아가 다른 사람을 살리는 구원의 일에 힘쓰면 주님이 자기 아들을 살려 주실 것을 믿고 기도했습니다.

이후 어떤 일이 일어난 줄 아십니까? 그 아들이 구치소에 갇혀서 "하나님, 저를 석방해 주시면 하나님 잘 믿을게요" 하고 처음으로 기도했답니다. 그리고 이 기가 막힌 간증문을 교회 홈페이지에 올린 지 두 달여 만에 그 아들이 집행유예로 풀려났습니다.

내 자녀가 혼전 임신을 하고, 아파트를 불태워 먹어도 그렇습니다. 하나님 나라에는 절대 우연이란 없습니다. 어떤 일도 우리 집안의 구원을 위해 주신 사건이라고 해석하고, 구원을 위해 살아가기로 적용하면 이야말로 범사에 형통한 것 아니겠습니까? 우리 모두가 이렇게 범사에 형통하게 되기를 축원합니다.

+ 감옥처럼 힘든 환경에서도 내가 묵묵히 잘 지고 가야 할 나의 십자가는 무엇입니까?
+ 하나님이 함께하심으로 형통하게 된 것은 무엇입니까?

옳고 그름, 인과응보, 기브 앤 테이크(Give & Take)……. 그동안 저는 이런 원칙들이 제 삶을 형통하게 하는 키워드라고 여겼습니다. 이렇게 내 기준을 세워 놓고 열심히 살면서 그것으로 다른 사람을 판단하며 살았습니다. 회사를 다니면서도 출근 전에 아르바이트로 새벽 강의를 뛰고, 퇴근 후에는 대학원에서 공부하며 하루를 바쁘게 보냈습니다. 한편으로는 지각하거나 업무 중에 개인적인 일을 하는 이들을 속으로 무시하며, 딴 짓하는 직원들을 일일이 윗사람에게 고발하기도 했습니다.

그러다 제가 하는 일마다 계약이 잘 성사되어 실적을 많이 올리니 보디발이 자기 소유를 요셉의 손에 다 위탁한 것처럼 제 손에 위탁되는 일이 많아졌습니다(창 39:6). 저는 직원들의 업무비 사용 내역을 결재할 때, 혹시 개인적으로 사용한 것은 아닌지 꼼꼼히 따지며 그들에게 캐물었습니다. 하지만 저도 직급이 올라가고 권한이 늘어나니 돈의 유혹을 받기 시작했습니다. 요셉은 보디발 아내의 유혹을 거절했지만 저는 '내가 회사에 벌어들인 돈이 얼만데'라는 생각으로 개인 영수증을 청구하며 제 주머니를 채웠습니다. 그야말로 내로남불(내가 하면 로맨스, 남이 하면 불륜)의 전형이 되어 직원들의 행동 하나하나를 옥죄면서도, 나는 안 그런 척하며 회삿돈을 은근히 횡령

한 것입니다.

　요셉은 노예로 낮아진 환경에서도 하나님이 함께하시므로 형통하고, 보디발 아내의 유혹도 거절했는데(창 39:8), 지난 날 저의 모습을 돌아보니 회개가 나옵니다.

　이후 저는 여러 사건을 겪으며 아내와 엄마의 때를 잘 보내고자 15년간 근무하던 회사를 그만두었습니다. 회사에서 유리한 조건을 제시하며 제가 돌아오기를 원하자 '역시 내가 없으면 회사가 안 돌아가지'라고 생각했는데, 그건 저의 착각일 뿐 지금 회사는 더 잘 돌아가고 있습니다. 믿음의 공동체에서 말씀으로 양육받지 않았다면 화려한 경력을 자랑하며 여전히 죄의 유혹에 빠져 살았을 인생입니다. 이런 저의 교만을 회개하며 주께서 허락하신 아내의 자리, 엄마의 자리에 겸손히 순종할 수 있기를 기도합니다.

하나님 아버지, 애굽의 노예로 팔려 가는 고난에도 청지기 사명을 잘 감당하고, 보디발 아내의 끈질긴 유혹을 뿌리쳐도 모함을 받아서 옥에 간히는 요셉을 봅니다. 참 억울한 인생인데, 그럼에도 하나님이 함께하셔서 요셉을 범사에 형통하게 해 주심을 봅니다. 우리도 요셉처럼 범사에 형통한 인생이 되기를 원합니다.

그런데 범사에 형통하려면 무엇보다 하나님 앞에서 악한 내 모습부터 보라고 하십니다. 나를 끈질기게 유혹하는 그 악들을 멀리하라고 하십니다. 도망을 가는 한이 있더라도 함께 있지 말라고 하십니다. 하지만 살다 보니 유혹당할 일이 너무나 많습니다. 끈질긴 유혹일수록 끈질기게 적용하라고 하시지만 체면도, 재산도 버리지 못합니다. 하나님 나라에는 절대 우연이란 없는데, 힘든 일을 당하면 그저 억울하기만 합니다. 불쌍히 여겨 주옵소서.

요셉이 유혹하는 여인의 손에 자기 옷을 버려두고 밖으로 나간 것처럼 이제는 모든 유혹을 뿌리치기 원합니다. 돈과 명예, 음란과 쾌락, 게임과 도박, 술, 담배, 명품과 체면의 옷을 벗어서 버리게 도와주옵소서. 집안에서, 직장에서 모함받아도 내 악함부터 먼저 보고, 옥에 간히는 고난의 환경에 처하여도 악을 멀리하지 못하고 유혹에 넘어간 내 죄를 먼저 보게 하옵소서. 함께하시는 하나님을 믿고 그 어떤 일에도 최선을 다하기로 결단하오니 인도하여 주옵소서.

내 의지로, 내 힘으로는 결코 형통할 수 없음을 인정합니다. 주님이 도와주셔야겠습니다. 하나님만이 우리를 고쳐 주시고, 형통하게 하시는 줄 믿습니다. 여호와께서 요셉과 함께하셨듯이 우리와도 함께하여 주옵소서. 여호와께서 요셉을 범사에 형통하게 하셨듯이 범사에 형통한 우리가 될 수 있도록 은혜 위에 은혜를 더하여 주옵소서. 예수님 이름으로 기도하옵나이다. 아멘.

그 는 나 보 다 옳 도 다

초판 발행일 ㅣ 2024년 7월 10일

지은이 ㅣ 김양재

발행인 ㅣ 김양재
편집인 ㅣ 송민창
편집장 ㅣ 정지현
편집 ㅣ 김윤현 정연욱 진민지 고윤희 이은영
디자인&일러스트 ㅣ 이수라

발행처 ㅣ 큐티엠
주소 ㅣ 경기도 싱남시 분당구 판교공원로2길 22, 4층 큐티엠 (우)13477
편집 문의 ㅣ 070-4635-5318   **구입 문의** ㅣ 031-707-8781
팩스 ㅣ 031-8016-3193
홈페이지 ㅣ www.qtm.or.kr   **이메일** ㅣ books@qtm.or.kr
인쇄 ㅣ ㈜신성토탈시스템
총판 ㅣ ㈔사랑플러스 02-3489-4300

ISBN ㅣ 979-11-92205-90-8

큐티엠(QTM, Question Thinking Movement)은 '날마다 큐티'하는 말씀묵상 운동을 통해
영혼을 구원하고, 가정을 중수하고, 교회를 새롭게 하는 일에 헌신합니다.